图书在版编目(CIP)数据

精读三国演义20讲：读写与思辨能力提升之道/王迪著.
—北京：中国青年出版社，2023.8
ISBN 978-7-5153-6978-5

Ⅰ.①精… Ⅱ.①王… Ⅲ.①阅读课－中小学－教学参考资料 Ⅳ.①G634.333

中国版本图书馆CIP数据核字（2023）第095425号

精读三国演义20讲：读写与思辨能力提升之道

作　　者：王　迪
责任编辑：周　红
文字编辑：张祎琳
美术编辑：佟雪莹
出　　版：中国青年出版社
发　　行：北京中青文文化传媒有限公司
电　　话：010-65511272 / 65516873
公司网址：www.cyb.com.cn
购书网址：zqwts.tmall.com
印　　刷：大厂回族自治县益利印刷有限公司
版　　次：2023年8月第1版
印　　次：2023年8月第1次印刷
开　　本：787mm×1092mm　1/16
字　　数：336千字
印　　张：25
书　　号：ISBN 978-7-5153-6978-5
定　　价：59.90元

● 王迪 著

精读三国演义20讲

读写与思辨能力提升之道

中国青年出版社

写在前面

《三国演义》难读。犹记得大学二年级，为了作业和文学院学生的名头不得不去翻开这本书。至今仍记得坐在大学自习室的椅子上，我挺得直直的背，故作姿态自然是对于逃避的克制。是的，纷繁众多的人物（一千多个），目不暇接的战争，脑子要绕个弯想一想的阴谋阳谋，不时出现的文学文化常识，都成了让人却步的理由。

十年后，我成了老师，需要带领学生读这本“四大名著”之一，有的学生兴致盎然，却醉于情节本身，对历史的思考和文学技法的领悟流于表层，有的学生则不感兴趣，畏难情绪与我当年如出一辙。如何帮助学生更好地领略这本名著的魅力呢？

再次拾起《三国演义》，或许是语文教师的专业训练养成了我精读文章的本领，或许是长年面对学生的提问锻炼了我面对文本的敏锐，又或许是人生阅历的增长培植了我的耐心，无论如何，这次的阅读，我深陷其中，直觉得《三国演义》一书“仰之弥高，钻之弥坚”，它对人的召唤犹如悬崖之于攀岩者，银河之于探索者。读了“三国”而再去观望古往今来的小说，心境有如光风霁月一般明澈，带着发现源头的喜悦，“中国第一部长篇章回体历史演义小说”终于不再是当初要背诵默写的一句文学常识，而是实实在在地融化进故事，演变成认知。阅读这本书，你分享到的正是这种阅读时的感动、喜悦、发现与领悟。

三国乱世，战争多，各色人物多，叙事时还要魏、蜀、吴三头并叙，初读者纷繁复杂之感难免。那么，如何帮助读者在阅读中理清头绪，获得较为清晰和整体的感受呢？为此我做了以下设计：全书分为两部分，第一部分共十五讲，为分述，围绕重点人物、重要历史事件、关键局面等作局部鉴赏分析；第二部分共五讲，为综述，概述《三国演义》这本小说的文学文化常识、创作手法等。

其中，分述的章节，包含一个文化现象、两场重要战争、三个经典故事、九个/组重要人物。关注“禅让”现象有利于读者明白小说中人物的文明困境；关注战争（官渡之战和赤壁之战）可以突出《三国演义》作为战争小说的内容特色；关注经典故事（“青梅煮酒”“舌战群儒”“三顾茅庐”）会帮助读者明白汉语文化中的典故内涵；关注经典人物（十常侍与董卓、袁绍与吕布、武将群像、东吴群像、曹操、刘备、诸葛亮、关羽、司马懿）既可以帮助读者在繁杂的情节中理出事物发展的动因，又可以领略千姿百态的人物风貌，在历史的哲思中更为重视人的精神力量。

而综述的章节中，《三国演义》的“前世今生”和“主题之辨”这两章，呼应小说阅读中需要把握的两大问题；“剪裁之妙”“叙事之巧”“故事串效应”这三章充分挖掘小说的叙述技巧，希望能够提升读者的阅读鉴赏与写作能力。

此外，在行文中，挑选了原著的重点章节作为例子来精读，避免了文中随处举例造成读者阅读负担过重、门槛过高的问题，让读者在欣赏学习的同时，又可一窥原著文字的魅力。

在编排体例上，每个章节前特别设计了“阅读导引”专题板块，分为

“阅读回目”“阅读指导”和“阅读支持”。其中“阅读指导”特别关注了对阅读方法的指导，比如，《三国演义》前三十回讲述东汉末世群雄并起，事件头绪繁多，在阅读时我们可以抽象出影响这一历史时期的主要力量，比如“十常侍和董卓”“吕布和袁绍”，对他们的所作所为进行一番探究，即可窥见乱世之所以乱的原因，油然生发历史兴衰之叹。又比如，讲“舌战群儒”，我们不妨联系三国中的其他使节，如邓芝；讲“青梅煮酒”，不妨联系小说中孙权和曹操、刘备和孙权惺惺相惜的情节，这就是联系阅读的方法。而讲人物的章节，希望体现的阅读方法是对每个人物提炼出最耐人深思的点，带着问题去阅读与思考。比如，诸葛亮是“人神之困”，司马懿是“乱世为官”，刘备是“为什么是他”，曹操是“遗臭流芳本一身”，关羽是造神运动，等等。凡此种种，不一而足。“阅读支持”则是对小说中涉及的文学文化典故进行辅助说明。

每个章节后还附有“思辨读写”板块，第一部分是趣味阅读，希望用丰富的沉浸式阅读形式带领读者玩转《三国演义》，第二、第三部分分别是“写作加油站”和“阅读加油站”，致力于落实具体的知识点，帮助有需要的读者进行切实的提升。

如果再对这本书作一个趣味介绍的话，那它应该是这样的：

这是一本慕古追今的书。读《三国演义》如果止于愉悦于小说情节，追慕古人风貌，也不能算作将这本书读活了。鲍鹏山诗歌《漫长下午图书馆独坐》中写道：“我感到一双双死而未瞑的眼睛/我感到一种死不服输的杀气/我亦感到一种死而未绝的相思与柔情/与死而未绝的怜悯……”数次读《三国演义》，我也感到那一双双眼睛，穿越时空投注在脊背上的分量；我还在想：它对于我们今天的价值何在？读吕布和袁绍，发现他们竟然死于同

一个原因——自恋；读“三顾茅庐”，疑惑诸葛亮为何一而再再而三地犹豫出山？是积极进取，还是归隐田园？这样的人生难题直到今天依然困扰着人们。读张飞、赵云、许褚、张辽一干武将，感受到生命的力与美，这对于久坐书桌和电脑前的现代人是何等的冲击。读司马懿，想他的前忠后乱，告诉我们可要想好了，假如进入一家家族企业做高管得有多难。

这是一本鉴赏书。“华容道”曹操三笑，这个惊险的故事怎么来个“豹尾”？关云长“水淹七军”人生战绩达到顶峰，为什么本回结尾就是他一箭被射倒？小说的情节排列有怎样的讲究？陆逊是按照诸葛亮的对照人物写的，他们居然有几乎一样的小说章节？诸葛亮火烧藤甲兵后为什么痛哭流涕？这本书对战争有什么反思？曹操逃跑时可以让“人马践踏而行”，刘备逃跑时却携民过江痛哭流涕，二人的命运皆峰回路转，这又是对怎样价值观的褒扬？吕布之死难道咎在爱照镜子？袁绍之败恰在“四世三公”的高贵出身？刘备向庞统道歉透露了他怎样的隐秘心思？关、张二人之后而有诸葛亮，刘备怎么处理这个友谊难题？诸葛亮的六出祁山是为大局计量，还是来自情感逻辑的偏执？马谡失街亭过不在诸葛亮的大意而在他的孤独？小说技法、主题思想、人物品析，在这本书中都自然地融进每一个故事、每一回讲义中。无论如何，哪怕浅显，这是一本有思考温度的书。

这是一本语文老师写的书。所以，它是贴心的。一个老师会经常设想他人的阅读困难，比如文言诗文。我念中文系时初读这本书，对小说中的诗文常粗读而过，大意自然能明白，却限于水平和所下功夫，不能理解其中的玄妙。古代小说少有“议论”和心理描写，诗文就是兼具这二者功能的，相当于“文章之眼”，其实是万万不能马虎的。为了弥补我年少时的糊涂，这本书对诗文讲得很细，比如第五讲“三顾茅庐”，把体现诸葛亮思想矛盾的诗文均细读了一番；第十讲“曹操”更是对诗文中的典故一一加以解说。再者，语文老师长期锻炼精讲能力，对文本读得很细。比如小说第六十八回写孙权本在“濡须坞”中，却为救属下徐盛冲到“垓心”。“濡须坞”位于龟山上，它和七宝山两山夹一水，在不远处汇入长江。坞，关隘。垓，平地。这段话说的是孙权本来在有堡垒和天险保护的指挥所中，却冲到了毫无遮拦的平地上。这样一细读，我们才深切感受到他对下属的关心之切。

无论如何，写作此书时，诚惶诚恐有之，自惭形秽有之，阅读的喜悦与感动自然更常有之。倘若此举能使读者愿意接近《三国演义》这块美玉，倘若这本书够格做一块砖头，我将深以为幸。

祝阅读之旅快乐、顺利！

王迪

2023年初春

说明：

1. 本书引用的小说文本内容，均出自《三国演义》原著，版本为：罗贯中著，人民文学出版社，1953年11月第1版，2019年6月北京第4版，2020年3月第46次印刷。
2. 本书摘抄引用的评点，均出自《毛宗岗批评本〈三国演义〉》，版本为：罗贯中著，毛宗岗评点，孟昭连、卞清波、王凌校点，岳麓书社，2015年9月第1版，2018年4月第7次印刷。
3.《三国志》，陈寿著，裴松之注，中华书局，2006年9月第1版，2016年11月第11次印刷。

目录

第一部分

十常侍和董卓，身份地位、人物行状悬殊，却同样祸国殃民，自私自利。将二者并举，可以为东汉末年的天下乱象诊脉。

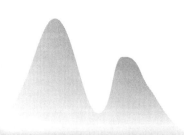

第一讲

十常侍与董卓

自私自利肥己的沙

阅读导引

阅读回目：

第一到十回

阅读指导：

《三国演义》从乱世起笔写起，前十回常给人一种你方唱罢我登场的凌乱感。稍加区分，就能发现，混乱之中包含着祸国与救国两股力量。其中祸国一方有十常侍和地方诸侯董卓。之所以将他们并举，是因为二者有着完全相同的人生观——自私自利，从他们身上可以推究致乱之由。

当我们需要阅读的内容较为纷杂时，不妨从行为动机上对人物进行分组，则能理出一条精神脉络，清晰地看到事情的走向。

阅读支持：文化常识

中涓："中涓"是中国古代专供君主及其家族役使的官员，在宫廷中负责服侍皇帝、传递文书、联系内外、主持跪拜等各种杂务。自东汉开始，全由被阉割后失去性能力的人担任，这些人又称宦官。"宦"是星座之名，宦者四星在帝座之西，因而用为帝王近幸者的名称。在《三国演义》中出现的黄门、中贵、常侍等都是指宦官。被称为太监，是唐朝以后的事情。

明朝是宦官最为盛行的时代，明太祖朱元璋为了便于管理宦官，使能各司其职，废内侍省，设九监、二库、六局，后来发展为二十四衙门，即十二监、八局、四司，各设掌印太监领导，专管皇帝及皇室生活诸事。后来又设立了由宦官负责的东厂、西厂、内行厂，对官府和百姓进行侦缉和刑狱，又插手干预财政、管理皇庄、经理仓场、提督营造等。也正因为此，明朝频出太监祸国事件。

《三国演义》前十回主要讲述了东汉末年天下大乱，内有十常侍祸国殃民，外有黄巾起义烽火燎原，更有雄霸一方的诸侯董卓趁乱篡权。与此同时，在国难之际，也涌现出了刘备、曹操、袁绍、孙坚、司徒王允等一干人欲扶国救民于水火之中。把握了这两股互相抵牾的力量，就把握了小说前十回的主要大势。宦官虽然是残缺之人，董卓却是西凉豪雄，但将他们放在乱世这一语境之下考量后，我们会发现：这二者有着完全相同的人生观，实是一路人，从他们身上可以推究致乱之由。持有如此人生观的人，恐怕在今天依然可以遇到。

一、十常侍

《三国演义》开篇自“天下大势，分久必合，合久必分”写起，叙汉朝四百年治乱兴衰：

> **汉朝自高祖斩白蛇而起义，一统天下，后来光武中兴，传至献帝，遂分为三国。推其致乱之由，殆始于桓、灵二帝。桓帝禁锢善类，崇信宦官。及桓帝崩，灵帝即位，大将军窦武、太傅陈蕃共相辅佐。时有宦官曹节等弄权，窦武、陈蕃谋诛之，机事不密，反为所害，中涓自此愈横。**（1页）

宦官既是地位低下之人，何以能够达到祸患朝廷的地步呢？

其一，近侍皇帝，易获信赖。皇帝不像平民百姓，自幼由父母亲人抚养长大，衣食起居皆由宦官宫女照顾，用句家中长辈常说的话，宦官才是“看着皇帝长大的”人，他们知道他的口味、习惯、性情、爱好甚于皇帝的父母，比如张让，灵帝就直呼他为“阿父”；还有的宦官则是“陪着皇帝长大的”，是皇帝真正的发小儿。由于皇子的特殊身份，帝后会指定某几个官宦子弟作为伴读。但由于从小就有君臣之分，小小的皇子并没有真正的朋友，能陪他嬉戏玩闹的反而是这些宦官。可以说，是他们抚慰了小皇帝孤独而沉重的心灵。此种关系，若身在其中的皇帝没有非凡的智慧和责任心，则很容易为宦官左右。不幸的是，汉灵帝刘宏正是这样一位平庸的天子。他的臣子们既不体恤他作为一个寻常人的情感需求，又对他的责任和智商寄予了不合宜的期待，因此就上演出一幕悲壮的冲突。我们来看一下小说中是怎样说的：

> **一日，帝在后园与十常侍饮宴，谏议大夫刘陶，径到帝前大恸。帝问其故，陶曰："天下危在旦夕，陛下尚自与阉宦共饮耶！"帝曰："国家承平，有何危急？"陶曰："四方盗贼并起，侵掠州郡。其祸皆由十常侍卖官害民，欺君罔上。朝廷正人皆去，祸在目前矣！"十常侍皆免冠跪伏于帝前曰："大臣不相容，臣等不能活矣！愿乞性命归田里，尽将家产以助军资。"言罢痛哭。帝怒谓陶曰："汝家亦有近侍之人，何独不容朕耶？"呼武士推出斩之。刘陶大呼："臣死不惜！可怜汉室天下，四百馀年，到此一旦休矣！"武士拥陶出，方欲行刑，一大臣喝住曰："勿得下手，待我谏去。"众视之乃司徒陈耽，径入宫中来谏帝曰："刘谏议得何罪而受诛？"帝曰："毁谤近臣，冒渎朕躬。"耽曰："天下人民，欲食十常侍之肉，陛下敬之如父母，身无寸功，皆封列侯，况封谞等结连黄巾，欲为内乱。陛下今不自省，社稷立见崩摧矣！"帝曰："封谞作乱，其事不明。十常侍中，岂无一二忠臣？"陈耽以头撞阶而谏。帝怒，命牵出，与刘陶皆下狱。是夜，十常侍即于狱中谋杀之，假帝诏以孙坚为长沙太守，讨区星。**（第二回，14—16页）

谏议大夫刘陶与司徒陈耽冒死相谏，其忠心亦可昭日月，措辞言语更是振聋发聩。江山都要丢了，为什么灵帝的反应却是"怒"，以至于将国家重臣处斩的处斩，下狱的下狱？这一句话可能道出了他的心声：**汝家亦有近侍之人，何独不容朕耶**？这句话的意思是：你刘陶家里不是也有一些侍奉你，能陪你喝喝酒、聊聊天、看看歌舞的人吗？怎么你们这些人就是容不下皇帝我有几个这样的人？灵帝又对陈耽说："封谞作乱，其事不明。十常侍中，岂无一二忠臣？”“难道我的朋友中就没有一两个好人？忠诚于我的人？”灵帝不愿意承认他信赖的封谞曾经为了钱财就勾连黄巾叛党，夺他的江山。忠臣的话若是真的，更戳了皇帝的心窝子。

若用寻常人的情感逻辑去推理，刘宏是值得同情的；但问题就在于他不仅仅是刘宏，更是汉灵帝，是系国家天下于一身的天子。他混淆了或者说从未分清过个人情感与公共职责的关系，因此将江山社稷交到了自己的“常侍”手上。

宦官们持有了皇帝的情感牌，更利用这种信任勾连外戚，结为利益共同体。连堂堂一国太后都要敬他们三分，跟自己的哥哥说：“**我与汝出身寒微，非张让等，焉能享此富贵**？”（第二回，18页）看来何太后之所以能生下皇子，何进之所以能位列大将军，皆系与宦官勾结得势。这已经暗示了中常侍们得宠的另一个原因了——勾连外戚，掌握娴熟的政治手段。

何进贵为大将军，手下又有袁绍、曹操一众忠臣出谋划策，最终还是死于宦官之手，除了他个人的愚蠢外，还在于宦官弄权手段之高超。我们读小说：蔡邕上疏后，马上被十常侍以他事陷罪，放归田里。张钧谏言，十常侍立刻判断出“**此必破黄巾有功者，不得除授，故生怨言**”（第二回，13页）。各地叛乱，他们一方面瞒住皇帝，一方面又假借皇帝诏书命孙坚前去讨贼。可以说，在宫廷中浸淫已久，宦官们的政治智商已与朝廷重臣匹敌，犹如小物修炼成仙一般，以他们的道行，被斗倒，已然相当不易。

总之，因为侍奉皇帝、勾连外戚、见习政治斗争，历朝历代，特别是到了朝代后期，君主不够贤明时，往往会出现宦官之乱。《三国演义》下半部提到的蜀汉后主刘禅宠幸黄皓就是一个很近的例子。

明白了宦官得势的原因，我们再来看一看以“十常侍”为代表的宦官们是如何祸国殃民的。拥有了权力的他们首先要做的就是聚敛钱财。手段之一是卖官鬻爵，之二是索取收受贿赂。我们来看一下小说是怎么说的：

赵忠、张让差人问破黄巾将士索金帛，不从者奏罢职。皇甫嵩、朱儁皆不肯与，赵忠等俱奏罢其官。（第二回，14页）

（破黄巾功臣卢植被囚，告知刘玄德。）**植曰："我围张角，将次可破，因角用妖术，未能即胜。朝廷差黄门左丰前来体探，问我索取贿赂。我答曰：'军粮尚缺，安有馀钱奉承天使？'左丰挟恨，回奏朝廷，说我高垒不战，惰慢军心。因此朝廷震怒，遣中郎将董卓来代将我兵，取我回京问罪。"**（第一回，8页）

却说前将军、鳌乡侯、西凉刺史董卓，先为破黄巾无功，朝议将治其罪，因贿赂十常侍幸免。（第三回，21页）

读这些文字，常感痛心。十常侍究竟是怎样的一批人？前文刚刚评论过，他们的政治智商几乎和国家重臣匹敌。但是他们却只动用这些脑筋排除异己，攫取钱财，并将这一点视为自己人生的唯一目标。在他们的头脑中不仅没有国家概念，更没有仁义忠贞道德操守；他们的价值观实在得很，有钱就有一切，管他是不是发的国难财，管他是不是沾满汗水或鲜血！他们的目光短视得很，除了自己，谁都看不见，也谁都不在乎；只要此刻能够得享荣华，哪怕下一分钟身死，也不在乎。这就是十常侍的人生观。

但反过来，也正是因为他们的短视，才自取其祸，最终身死。俗话说"天下兴亡，匹夫有责"，这句话看似是一句道德劝诫，其实是一句忠言，因为"天下兴亡，关乎人人"。十常侍想不到这一层，才成了国家的蛀虫，人人诛之而后快。

但他们在捕杀何进时，倒说了一句名言：**"汝言我等甚浊，其清者是谁？"**（第三回，24页）

这个世界上污浊之人果真不止宦官，更有因为贿赂他们而幸免的董卓。

二、董卓

董卓盘踞陕西地界，统西凉大军二十万，本来就常有不臣之心，接到何进令他进京剿灭十常侍的诏令，当然大喜。主簿陈琳对何进这种做法的评价是“**倒持干戈，授人以柄，功必不成，反生乱矣**”（第二回，20页）。侍御史郑泰更是直说“**董卓乃豺狼也，引入京城，必食人矣**”（第三回，21页）。那么他进京畿，做了哪些事呢？

第一件事：废立皇帝，树立威权。第一个发出反对之声的是当时的荆州刺史丁原。**他推案直出，立于筵前，大呼：“不可！不可！汝是何人，敢发大语？天子乃先帝嫡子，初无过失，何得妄议废立！汝欲为篡逆耶？”卓视之，乃荆州刺史丁原也。卓怒叱曰：“顺我者生，逆我者死！”遂掣佩剑欲斩丁原。**（第三回，25页）卢植劝谏，董卓的反应又是“**大怒，拔剑向前欲杀植**”（同上，25页）。袁绍劝阻，董卓的反应依然是：**怒曰：“天下事在我！我今为之，谁敢不从！汝视我之剑不利否？”**（同上，28页）三次都是直接拔剑砍人，原因就在他自己陈说的那句至理名言“顺我者生，逆我者死”！他想要的效果就是“天下事在我”。为了达到这个目的，董卓可以舍弃赤兔马、黄金珠宝，甚至放下身段率先向吕布下拜施礼。

当八路诸侯迫近洛阳，董卓做的第二件事是强行迁都。为得钱财他捉拿洛阳富户数千家，夺他们的家财，杀他们的家人；同时差吕布发掘先皇及后妃陵寝，攫取陪葬的金银财宝。待到将宫殿民宅洗劫一空后，又一把

学生阅读作业　　樊语馨　绘

火烧了宗庙宫殿甚至整个洛阳城；再是驱驰天子和百姓迁往长安。为什么这么做？董卓又说了一句名言：**“吾为天下计，岂惜小民哉！”**（第六回，47页）

当讨伐董卓的联盟解体，孙坚已死，董卓就越加骄横。我们看看他又做了什么。

> **自号为“尚父”，出入僭天子仪仗，封弟董旻为左将军、鄠侯，侄董璜为侍中，总领禁军。董氏宗族，不问长幼，皆封列侯。**（第八回，62页）

——这是将国家私有，以家为国。

> **离长安城二百五十里，别筑郿坞，役民夫二十五万人筑之。其城郭高下厚薄一如长安，内盖宫室，仓库屯积二十年粮食，选民间少年美女八百人实其中。金玉、彩帛、珍珠堆积不知其数，家属都住在内。**（同上）

——这是不知有国事，有国难，只知有一己的享乐。

> **卓往来长安，或半月一回，或一月一回，公卿皆候送于横门外。卓常设帐于路，与公卿聚饮。一日，卓出横门，百官皆送，卓留宴，适北地招安降卒数百人到。卓即命于座前，或断其手足，或凿其眼睛，或割其舌，或以大锅煮之。哀号之声震天，百官战栗失箸，卓饮食谈笑自若。**（同上）

——这是对投降的士兵不仁不义，残忍如豺狼，视他人的生命为儿戏。

纵观董卓的行为做派，我们可以用四个字概括他的人生观，那就是“唯我独尊”。当他人意志和自己的意志发生冲突时怎么办？顺我者生，逆我者死！当人民利益和自己的利益相冲突时怎么办？“吾为天下计，岂惜小民哉！”当国家需求与个人需求相冲突时怎么办？国家为自己让路。我们看到了董卓无限膨胀的自我，正如他肥胖的身躯一般。

但是，这样的人生观妨碍了吕布的利益，也触怒了太多臣民，所以董卓最后为吕布所杀，尸首也被弃之市集示众。古人是相信有来世的，因此弃尸是很严重的惩罚。我们看小说中的这段描写——

> **卓尸肥胖，看尸军士以火置其脐中为灯，膏流满地，百姓过者，莫不手掷其头，足践其尸。王允又命吕布同皇甫嵩、李肃领兵五万，至郿坞抄籍董卓家产、人口。**（第九回，74页）

点灯的做法太有想象力了，必定大快人心，董卓搜刮得来的民脂民膏于阴间都无法带走，悉数归于土地了。

《三国演义》从东汉末年乱世说起，为我们描述了十常侍和董卓为代表的这两种人物形象，前者为财，后者为权，二者都将自我的欲望完全凌驾于他人之上、国家之上，其结局只能是自取灭亡。因为他们的人生观是狭隘的，不知自我与他人的息息相关；他们的人生观又是短视的，不知今日事与明日事事事相依。在他们身上，我们看不到任何理想的迹象，看到的只是鼠目寸光。用鲁迅的话来说：他们都是自私自利肥己的沙。

思辨读写

拓展阅读：

搜索、阅读明朝太监魏忠贤的故事，深入思考为什么太监可以祸国。

写作加油站：

董卓欲行废立事时，丁原推案直出，据理力争，**卓怒叱曰：“顺我者生，逆我者死！”遂掣佩剑欲斩丁原。**“顺我者生，逆我者死！”出自《庄子·盗跖》，有力地表现了董卓唯我独尊的嚣张个性。在写作中，你也要精心设计一两句人物语言，使人物性格呼之欲出。

阅读加油站：

阅读小说片段，回答问题。

卓尸肥胖，看尸军士以火置其脐中为灯，膏流满地。百姓过者，莫不手掷其头，足践其尸。王允又命吕布同皇甫嵩、李肃领兵五万，至郿坞抄籍董卓家产、人口。

1. 解释加点词

百姓过（　　）者，莫（　　）不手掷其头，足（　　）践其尸。

2. 用董卓尸首点灯的惩罚有何寓意？

答：____

参考答案：

1.路过，没有一个人，用脚

2.一是董卓本身肥胖，二是象征董卓搜刮民脂民膏。（今天来看是很残酷的惩罚）

看似对立的两个人却有着相同的缺点，看似拥有世之所罕的资本，却最终成了“一叶障目”的“一叶”。小说不做道德说教，却令我们深受震撼。

第二讲

吕布和袁绍

一手好牌是如何打烂的

阅读导引

阅读回目：

第三、五、十二、十九回

阅读指导：

在三国鼎立之前，小说依然和时局一样，呈现出动荡与琐屑，以人物为主线去阅读，可知兴衰之理。吕布和袁绍作为这一阶段的重要雄主，究竟为什么最终败下阵来，阅读时宜见微知著，从若干细节下手，寻找他们性格中的主流，而且要辩证地看待问题，思考优点背后的缺点。

阅读支持：

1. 赤兔马：本名“赤菟”。兔取菟字意思，古代楚人称虎为“於菟”，赤兔的意思是身体大红色、像老虎一样凶猛的神驹。在《三国演义》中，先为吕布坐骑，后为关羽坐骑。

2. 唐猊铠：以透骨草、萝卜子、穿山甲等为原料熬煮成皮后制成的铠甲。如古猛兽唐猊皮做成之甲，故称。

3. 方天画戟：方天画戟是一种古代兵器名称，因其戟杆上加彩绘装饰，又称画杆方天戟，是顶端作“井”字形的长戟。主要使用者有吕布等人。历史上，方天画戟通常是一种仪设之物，较少用于实战，不过并非不能用于实战，对使用者的要求极高。

《三国演义》前十讲描述东汉末年天下大乱，祸国殃民与救民水火两股力量此起彼伏。接下来的二十讲，“国家”退居到次要地位；主题变成了“逐鹿中原”，也就是“汉家天下，人人可得”。众所周知，这场军阀混战的结果是曹操、刘备、孙权三家鼎足三分；而当初格外有竞争力的吕布、袁绍却成了这场竞争中的失败者。这二人有一个共同点，就是都将自己的优势变成了劣势，俗话说就是将一手好牌打烂了。

一、吕布

“人中吕布，马中赤兔”这句话从汉朝流传到今天快两千年了，依然为人们津津乐道。

这位吕布屡次登上《三国演义》前二十回回目，是一位推动情节发展的重要人物。第三回“馈金珠李肃说吕布”，说的是吕布杀了丁原归顺董卓后，董卓的势力才达到顶峰。第五回“破关兵三英战吕布”，讲的是十八路诸侯欲救国势于衰亡，被吕布敌住，“三英”指的是刘关张三兄弟。第九回“除凶暴吕布助司徒”，讲的是因为吕布的倒戈，董卓迅速兵败而亡。第十一回“吕温侯濮阳破曹操”，第十二回“曹孟德大战吕布”，第十四回“吕奉先乘夜袭徐郡”，三回均讲的是吕布、曹操、刘备三人的徐州之争。从回目来看，能和吕布匹敌的那是后来三分天下的两位霸主，曹操尚且能和此时的吕布匹敌，而刘备就要惨得多；尽管徐州太守“陶恭祖三让徐州”，他都没有守住，为吕布所夺。再看第十六回“吕奉先射戟辕门”这一出讲的是袁术要攻打刘备，刘备吓得跑到吕布那里求救，而他凭借一己之力使双方罢兵，救了刘备的命。我们的吕“英雄”最后一次登上回目是在第十九回，“下邳城曹操鏖兵 白门楼吕布殒命”，耐人寻味的是逮住吕布的是曹操，最终以一语之威要了他的命的却是刘备。

从刚才总结的内容来看，吕布在争雄的各路军阀中确实是一个举足轻重的人物。这样一位人物，为什么会失败呢？我们不从他的缺点谈起，而从他的优点谈起，也许更能找到原因。

之所以被称为“人中吕布”，作为“人杰”存在，吕布具有两大优点，为世人所罕：一是体格英武；二是武艺超群。

《三国演义》从未像夸赞吕布这样热烈地夸赞过一位男性的外貌，大概稍微能和他媲美的就是“锦马超”和赵云。第三回吕布第一次出场，作者说他“**器宇轩昂，威风凛凛**”（第三回，25页），以至于吓退了董卓；第二次出场，作者又嫌这两个词太抽象，写道：“**只见吕布顶束发金冠，披百花战袍，擐**（huàn）**唐猊铠甲，系狮蛮宝带，纵马挺戟，随丁建阳出到阵前**”（同上，26页），杀得董卓大败，退兵三十里；写服装写得这么细了，作者还嫌不过瘾，待吕布和十八路诸侯联军打时，更加细致地写道：“**见吕布出阵：头戴三叉束发紫金冠，体挂西川红锦百花袍，身披兽面吞头连环铠，腰系勒甲玲珑狮蛮带，弓箭随身，手持画戟，坐下嘶风赤兔马。**”（第五回，43页）这是连金冠的样式，战袍料子的产地，铠甲和腰带的花纹，以及左右手的武器和胯下的坐骑都一一写全了。好像战争忽然停止了，定格了，参与战争的所有人都被吕布的英姿飒爽震慑住了。要是有男版的“一顾倾城”的故事，那主角必须是吕布。为什么一而再，再而三地写吕布的英俊？原因很简单，一定是很多人爱听、爱看、爱畅想。在“看脸”这一点上，古今中外全都如此。

吕布知不知道自己英俊？当然知道，而且在意得很。最明显的证据在第十九回。

> （吕布）**日与妻妾痛饮美酒。因酒色过伤，形容销减**（“形容”在这里意为面庞和脸色），**一日取镜自照，惊曰：“吾被酒色伤矣！自今日始，当戒之。”遂下令城中，但有饮酒者皆斩。**（第十九回，163页）

最著名的镜子控是谁？白雪公主的后妈——日日照镜子关心自己是

不是天下第一美。因为看到自己不够美了，吕布果断戒掉了酒，并且下令全城戒酒。耐人寻味的是吕布最终正死在这件事上。其手下侯成，见有人盗马，舍命追回，诸将与其作贺。侯成又自酿酒五六斛，欲与众会饮，先进献吕布。吕布大怒，侯成被打了五十背花，手下人无不丧气。其后才有了众将衔恨，结谋反水曹操，生擒吕布。吕布自己戒酒是在意容貌，令全城戒酒是在意自己而视他人如草芥。吕布之死正在“自我”二字。

再看他的第二个特点，武艺超群。能体现这一点的莫过于“辕门射戟”。这是吕布为了阻止袁术击灭刘备而想出的办法。“辕门”是军队大门，离三人所在的中军一百五十步；“戟”是一种武器，它上面的“小枝”极为细小。“辕门射戟”这个外交手段之所以能令袁术退兵，是因为没有人相信吕布可以做到。这可是比中国人最耳熟能详的“百步穿杨”还要厉害的武功。但吕布居然做到了！放在今天，吕布不仅能凭借外貌倾倒众人，还能拿到射箭等若干项奥运冠军。

再看看第十二回的这段描述——

（曹操）**兵至濮阳，吕布欲自将出迎，陈宫谏：“不可出战。待众将聚会后方可。”吕布曰：“吾怕谁来？”遂不听宫言，引兵出阵，横戟大骂。许褚便出，斗二十合，不分胜负。操曰：“吕布非一人可胜。”便差典韦助战，两将夹攻，左边夏侯惇、夏侯渊，右边李典、乐进齐到，六员将共攻吕布。**（第十二回，101页）

看到了吗？一个人武艺强到一定程度，就可以轻蔑地说一句“我怕谁”，然后一个人上场。再看看和他对阵的阵容：典韦，有名的大力士，可以在没有武器的情况下抡起两个人作战；夏侯惇，被人射中眼珠，可以拔出剑来吃掉眼珠继续战斗的猛士；许褚、夏侯渊、李典、乐进，每一个都是猛将；吕布居然可以以一敌六，全身而退。

再看吕布临死前的重大决策：每天坚守不出，与妻妾饮酒作乐。为什么做这个决策，难道他没有想过自己的未来吗？答案在这句话里：**“吾有画戟、赤兔马，谁敢近我！”**（第十九回，161页）读到这里，有没有在心里不自觉地一笑——为吕布的自负、天真？他以为他是谁？神仙吗？发一掌可以击退千军万马。事实是他的赤兔马和方天画戟被人偷了，只被手下的一个小官就给绑结实送给曹操了。

这似乎是对吕布的一种嘲弄。拿掉了“赤兔马和方天画戟”这些身外之物的吕布，还有什么可依赖的？按理说所依赖的只能是自己。刘备很早就知道这一点，他没有吕布那样伟岸的身躯，更没有他那样超群的武艺；硬是凭借着会做人、会动脑——也就是讲仁义、善谋略，为自己在乱世中赢得了一席之地。一个人的“好名声”是不是可以当武器使用？看看刘备就知道了。《水浒传》中的宋江同样是凭借他“及时雨”的道德名声最终当上了梁山泊的老大哥。“善谋略”是不是可以当武器使用？当然。想想诸葛亮就知道了，草船借箭、火烧新野、七擒孟获，故事太多，诸葛亮从来不上前线与敌人肉搏，都是坐着一辆小车在战胜后被推出来。历史上著名的英雄项羽，小时候叔父让他学剑，他不学，说他要学“万人敌”，那就是谋略之道。

可是，仁义道德也好，神机妙算也罢，都恰恰是吕布缺乏的。常用来评价吕布的有两个词：见利忘义、有勇无谋。

为什么会见利忘义？因为吕布所爱的那些漂亮的金冠、威武的铠甲、嘶鸣的宝马，以及一打仗就能随风飘起来的百花战袍，都需要“利”去换取。

再说“有勇无谋”。假设翻开小说仔细梳理，你一定会发现，吕布似乎有一项本事，就是总能在关键时刻不听正确的意见。他的每一项败绩包括最后的身死，之前总有一句这样的话："遂不听宫言。""宫"就是指陈宫，很多人为他叫屈。为什么会在"勇和谋"这两点上如此失衡？恐怕就是吕布太勇敢了，以至于他觉得勇敢就可以解决一切事情，因此他在刚愎自用这条道路上越走越远，终于送掉了自己的好容貌和好武艺。

二、袁绍

袁绍的第一次出场是入宫收蹇硕，第二次是与曹操一起带剑护送何进入宫，危难之际将赵忠、程旷、夏恽、郭胜四个阉党剁为肉泥。《三国演义》早期，小说家有意识将袁、曹二人并立，袁绍的确是不折不扣的爱国青年。董卓专权时，想要废立皇帝，群臣惶怖，没有一个人敢反对，又是袁绍挺身而出，我们看他和董卓的对话——

> **卓怒曰："天下事在我！我今为之，谁敢不从！汝视我之剑不利否？"袁绍亦拔剑曰："汝剑利，吾剑未尝不利！"**（第三回，28页）

这种责任感何来？安全感又何来？

提起袁绍，同时代的人说得最多的一句介绍词是"袁家四世三公"。"三公"指的是能够执掌国家朝政的大官，比如在《三国演义》中经常看到的"太尉、太傅、司空"。"四世三公"这个词语典故就出自袁家，后来指世代官居高位。这项政治资本有多重要，举几个例子来看：其一，袁绍可以拔出剑来和凶残的董卓对峙，董卓不但不敢杀他，还给他封了官儿；其二，明明是曹操组织的十八路诸侯救国联盟，却主动推举袁绍做盟主；

其三，冀州地方官韩馥不仅在袁绍没有粮食的时候给他送粮，后来索性连一个州的政权都送给他了，原因是什么？他说的第一句话就是“吾乃袁氏故吏”。

比起袁绍的“四世三公”，曹操却是阉人之后，他的爸爸是过继给太监当儿子的，这一点，陈琳写讨伐曹操的战斗檄文时还专门说过，叫“遗丑”。两个人的政治资本差那么多，为什么后来赢的那个人不是袁本初呢？原因当然很多，此文单论一点：袁绍专收名誉——只结交有名望的人。

这个特点，在第五回展现得最明显。战势紧急关头，他轻视了三个日后重量级的人物，那就是由公孙瓒带来的刘备、关羽、张飞。同样是面对刘备，曹操说的是“**某非破黄巾刘玄德乎？**”（第五回，41页），敬的是刘备的实际功业。袁绍说的是“**吾非敬汝名爵，吾敬汝是帝室之胄耳**”（同上）。着意的是刘备的渺远血统。再看这一段，此时董卓一方的华雄打败了孙文台，挫动盟军锐气，阵前连连损兵折将。危急时刻，关公挺身而出。

> **绍问现居何职，瓒曰：“跟随刘玄德充马弓手。”帐上袁术大喝曰：“汝欺吾众诸侯无大将耶？量一弓手，安敢乱言！与我打出！”曹操急止之曰：“公路息怒。此人既出大言，必有勇略，试教出马，如其不胜，责之未迟。”**（第五回，42页）

可以说，袁绍看人是凭官职，而曹操看人是凭本事。待到关羽温酒斩了华雄，张飞叫嚷着冲出去杀了董卓。袁绍的弟弟袁术坐不住了，说我们这些大人物还没出手呢，你一个小兵吵嚷什么！曹操说：“**得功者赏，何计贵贱乎？**”（同上）袁术气得说：“你们这等人若是只看重一个小县令，那我就走了。”虽然这里发作的是弟弟而不是袁绍，其实他们的想法是一

学生阅读作业 渠轲 绘

致的，你只看后文袁绍对三人没有一点赏赐就知道。倒还是曹操敬重他们的功绩，悄悄派人送去了酒。

后来，袁绍终于高看刘备一眼，愿意出兵助他一臂之力，那是因为刘备带来了郑玄郑尚书的亲笔信——还是看重名声。就是否进攻许都的问题，他选择听刘备而不是帐下谋士田丰的。我们看袁绍怎么跟田丰说话——“你们这些人弄文轻武，使我失大义！”这一句寒了所有谋士的心，看来在袁绍心里，他们不过是出出主意的门客而已。后来田丰下狱，沮授灰心，许攸出逃。一次次傲慢的代价是乌巢粮仓被劫，官渡之战失败，袁绍彻底失去了争雄天下的机会和实力。

为什么袁绍看人，“专收名誉”呢？答案很简单，因为他自己是“四世三公”的后代，只觉得这世界上再也没有比这样的荣耀更重要的事了！对名誉的看重，就是对自我的看重。

吕布也好，袁绍也好，他们都有一个共同的缺点，就是刚愎自用、不听人言，这一点直接导致了他们的失败。所谓的“刚愎自用”，就是对自我的过分看重。正是因为这一点，吕布和袁绍将自身的优势变成了“一叶障目”的“一叶”。

《三国演义》不是一部道德说教的书，但我们读里面的故事，想人物的风貌，不能不从中受到一点触动，这些触动就是我们读此书有益的收获。

思辨读写

做一做：

参考吕布的外貌、衣着描写，查找资料，绘制一幅吕布身着战袍的肖像。

写作加油站：

在《三国演义》中，对吕布衣着的描述是“头戴三叉束发紫金冠，体挂西川红锦百花袍，身披兽面吞头连环铠，腰系勒甲玲珑狮蛮带”。苏轼在《念奴娇·赤壁怀古》中写周瑜周公瑾“羽扇纶巾，谈笑间，樯橹灰飞烟灭”。不同的衣着透露出不同人物的性格。为你笔下的人物也设计出合适的衣着吧！

阅读加油站：

猜猜看，《三国演义》中这些外貌描写分别是写谁的？

A. 方颐大口，碧眼紫髯。

B. 一位少年将军，面如冠玉，眼若流星，虎体猿臂，彪腹狼腰。

C. 生得身长七尺五寸，两耳垂肩，双手过膝，目能自顾其耳，面如冠玉，唇若涂脂。

D. 身长八尺，豹头环眼，燕颔虎须，声若巨雷，势如奔马。

参考答案：

A. 孙权

B. 马超

C. 刘备

D. 张飞

曹、刘、孙三位一代霸主，不独曹刘二人有青梅煮酒之谊，其余人之间俱有。不独爱我者、用我者为知己，能忌我者、欲杀我者亦知己。

第三讲

我们为什么都爱『青梅煮酒』

阅读导引

阅读回目：

第二十一回，涉及第十六、二十四、五十四、六十一回

阅读指导：

"青梅煮酒"故事的背景是曹操挟天子以令诸侯；刚被汉献帝认了皇叔的刘备为吕布所欺，前来投奔；面对这样一个人物，是留是杀？"青梅煮酒"是不是一场鸿门宴？阅读时不妨带着这个问题进行思考。

另外，"青梅煮酒"既是曹刘二人关系的一次试探，又通过"论英雄"对混乱的汉末局势进行了一次总结，因此，在阅读时还需回顾集中体现曹刘二人政治立场不同的几场冲突。

阅读方法：

在《三国演义》中，曹刘有"青梅煮酒"，孙刘有"驻马坡观山水"，孙曹有濡须口通信，三国领袖人物俱有惺惺相惜的故事，可进行联系阅读，体会三国英雄人物风貌。

最为我们称道的"青梅煮酒"之青梅故事，其实出自《世说新语》，小说家别具匠心，为这次步步惊心的对谈安排了如此浪漫的桥段，想想看，达到了怎样的艺术效果？

操笑曰："在家做得好大事！"唬得玄德面如土色。操执玄德手，直至后园，曰："玄德学圃不易！"玄德方才放心，答曰："无事消遣耳。"操曰："适见枝头梅子青青，忽感去年征张绣时，道上缺水，将士皆渴，吾心生一计，以鞭虚指曰：'前面有梅林。'军士闻之，口皆生唾，由是不

渴。今见此梅，不可不赏。又值煮酒正熟，故邀使君小亭一会。”玄德心神方定。

阅读支持：文化常识

1. 飞龙在天：《周易》上经乾卦云：飞龙在天，利见大人。取气势正盛、万事亨通之意。

2. 潜龙在渊：《周易》上经初九：潜龙，勿用。九四：或跃在渊，无咎。“潜龙在渊”意思是说人生有高潮有低谷的时候，我们在低谷的时候不要迷失，而要时刻准备着。根据中国古代的哲学，水满则溢，月盈则缺。蓄势待发之时是事物最强势的时候，达到巅峰则预示走弱的开始。

3. 鸿门宴：刘邦与项羽争天下，项羽势强，设宴试探刘邦心意；范增安排项庄舞剑除掉刘邦；樊哙舞剑以保护刘邦，刘邦趁机逃走。鸿门宴，后用来比喻不怀好意的宴请，加害客人的宴会。

4. 青梅竹马与青梅煮酒：在中国人的情感世界中，有两个词语尤其温柔，恰都与青梅相关。“青梅竹马”，指自幼两小无猜相伴长大的情状，是爱情的至高境界；“青梅煮酒”指势均力敌，相敬相惜，是友情的最高境界。两个词语皆取“青梅”为媒介，都有成长可期的意味。少小时青梅竹马，长大后青梅煮酒，大概是国人最理想的情感状态。三国人物繁盛，不独曹操和刘备有青梅煮酒，孙刘、孙曹俱有。当然，将这四字变成一种情感代言，还应该感谢小说家的生花妙笔。《三国演义》第二十一回值得细读。

一、曹刘青梅煮酒

1. 刘备奔曹

曹刘相遇伏脉在第十六回，刘备被吕布夺了根据地小沛，前来投奔曹操。对于刘备是杀是留的问题，曹操集团曾经有过争论。

首先发言的是“反刘派”。**荀彧入见曰：“刘备，英雄也。今不早图，后必为患。”**（第十六回，139页）在曹操决定善待刘备之后，程昱还来进谏曰：**“刘备终不为人之下，不如早图之。”**（同上，139页）曹操真的没有看出来刘备是英雄吗？当然不是。恰恰相反，他自己说全天下的英雄只有刘备和自己。那为什么曹操此时不杀刘备，还给他钱粮，给他豫州牧的官职呢？原因在郭嘉的这番话中：**“主公兴义兵，为百姓除暴，惟仗信义以招俊杰，犹惧其不来也。今玄德素有英雄之名，以困穷而来投，若杀之，是害贤也。天下智谋之士，闻而自疑，将裹足不前，主公谁与定天下乎？夫除一人之患，以阻四海之望，安危之机，不可不察。”**（同上）后为对程昱解释，曹操又强调**“方今正用英雄之时，不可杀一人而失天下之心”**（同上）。但我们也不能将郭嘉界定为“拥刘派”，因为他对刘备的态度其实是“防”。

对于为什么不杀刘备这个问题，千百年来，读小说的，读三国历史的，人们讨论得很多，善讲三国的易中天先生将这些原因大致归纳为三个：其一，刘备确实有英雄之名，和曹操之前杀的吕伯奢一家，以及之后杀的狂士祢衡不可同日而语；杀掉刘备代价很大，曹操甚至把它想象成“杀一人而失天下之心”。为什么割据宛城的张绣后来投降曹操，袁绍的大将张郃、高览，谋士许攸纷纷倒戈曹操？这些都是曹操善待英雄、坚持信义、坚持政治正确的结果，是曹操内心算的一笔账。其二，此时的曹操还不够强大，没有被权力欲望蛊惑，还是一位心系国家社稷、渴望建功立业的英雄，而不是不择手段、铲除异己的白脸奸臣。其三，刘备此时只有英雄之气概，没有英雄之根基，曹操内心并没有真的觉得他可以危害到自己。

面对这样棘手的一个人，曹操的安排是：不杀他，把他留在自己身边监视。

2. 衣带密诏

曹操对刘备存有疑心，刘备投奔曹操就是诚心诚意吗？在二人论英雄之前，也有这么三出戏。一是在第二十回，曹操表奏刘备军功，引荐他见汉献帝。这一见不要紧，穷途之时的汉献帝当即认了皇叔。有细心的网友仔细研究了小说中所列的家谱，发现刘备比献帝矮上好几辈儿呢！认皇叔纯粹是两个人把对方当作一线生机演出的双簧戏。无论如何，刘备捞到了“刘皇叔”这个重要的政治资本。荀彧马上敏锐地发现了两人的企图，提醒曹操，可惜这条重要的线索竟被他错过了。第二出戏，“曹阿瞒许田打围”，曹操借围猎之机大兴僭越之事，关羽欲斩之，被刘备紧急制止。第三出戏，董承受献帝衣带诏密除曹操，拉刘备入了伙。

也就是说，曹操对于刘备来讲，也是一个棘手的人物，既要依附他依仗他，又要防着他，甚至设法谋害他。翻阅《三国志》，这三件事皆可查，时间顺序却并非如此。小说家如此乾坤大挪移，是在暗中拉满了弓，令读者不禁想：关系如此特殊的两个人，对手戏该怎么演？

3. 青梅煮酒

故事的开始是“**玄德也防曹操谋害，就下处后园种菜，亲自浇灌，以为韬晦之计**”（第二十一回，174页）。“韬晦”的意思就是把光芒收敛起来，有意隐蔽才能和意图，避免人注意和猜疑；俗话说就是“忍”。胡冲《吴历》记这段事，甚至写清楚刘备种的是芜菁（大头菜），还写曹公使人窥门。小说写这件事，就更见磊落与惊险。

一日，关、张不在，玄德正在后园浇菜，许褚、张辽引数十人入园中曰：“丞相有命，请使君便行。”玄德惊问曰：“有甚紧事？”刘备为什么“惊”？大家看看这排场，大力士许褚和大将张辽带着数十人来到园中，而且关羽和张飞都不在。这像是请人喝喝酒聊聊天的架势吗？分明是“人为刀俎，我为鱼肉”，刘备当然“**只得随二人入府见操**”。这出“煮酒论英雄”以曹操强势、刘备弱势开场。待见了面，**操笑曰：“在家做得好大事！”唬得玄德面如土色**。（同上）为什么？因为刘备刚刚领受衣带诏啊，难道已经被曹操发现了？连读者也不禁为玄德捏了把汗。然而曹操话锋一转，又——**执玄德手，直至后园，曰：“玄德学圃不易！”玄德方才放心，答曰：“无事消遣耳。”**（同上）所谓兵不厌诈，这样的情节安排既让读者心里跟着一起一落，又符合曹操的个性，也给故事蒙上了一层迷离的色彩——如果曹操有心试探刘备，为何后来又直言他才是当世英雄呢？

> **操曰：“适见枝头梅子青青，忽感去年征张绣时，道上缺水，将士皆渴，吾心生一计，以鞭虚指曰：‘前面有梅林。’军士闻之，口皆生唾，由是不渴。今见此梅，不可不赏。又值煮酒正熟，故邀使君小亭一会。”玄德心神方定。**（同上）

所谓“青梅煮酒”中的“青梅”和“桃园三结义”中的“桃园”一样，是说书艺人和小说家出于浪漫情怀而添加上的。“望梅止渴”是《世说新

学生阅读作业　　卞楚然　绘

语》中的著名段子，放在这里格外恰当：诗人曹操注意到枝头梅子泛青，军事家曹操想到征战的艰难，政治家曹操想到要用这个氛围使刘备放松戒备，或是借机试探心声，或是英雄之间相惜相慰。

4. 纵论英雄

怎么从喝酒闲聊过渡到“论英雄”这个关键主题呢？老天帮了忙——

酒至半酣，忽阴云漠漠，骤雨将至。从人遥指天外龙挂，操与玄德凭栏观之。操曰：“使君知龙之变化否？”玄德曰：“未知其详。”（同上）这是曹操借机挑起话头，刘备讳辞。**操曰：“龙能大能小，能升能隐；大则兴云吐雾，小则隐介藏形；升则飞腾于宇宙之间，隐则潜伏于波涛之内。”**（同上）这段话太容易让人联想了。此时谁正在兴云吐雾，飞腾于宇宙之间？当然是曹操，或者是曹操心中的蓝图。谁正在“隐介藏形”“潜伏于波涛之内”？当然是刘备。**“方今春深，龙乘时变化，犹人得志而纵横四海。”**（同上）这句是一个预言：后来的曹操克袁术，败袁绍，定辽东，统一了北方大片领土；而刘备从曹操这里逃离后也最终开创了一方属于自己的天地。

再看下面这两个回合——

操曰：“龙之为物，可比世之英雄。玄德久历四方，必知当世英雄。请试指言之。”

玄德曰：“备肉眼安识英雄？”

操曰：“休得过谦。”

玄德曰：“备叨恩庇，得仕于朝。天下英雄，实有未知。”

操曰：“既不识其面，亦闻其名。”（同上）

观上面一段，曹操锋芒毕露，步步紧逼；刘备藏拙守愚，步步忍让。

曹操的问题太难回答了：张扬暴露，会招来杀身之祸；装傻作愚，会招来愤怒和轻视。考验刘备情商的时候到了——

玄德曰：“淮南袁术，兵粮足备，可为英雄？”操笑曰：“冢中枯骨，吾早晚必擒之！”玄德曰：“河北袁绍，四世三公，门多故吏，今虎踞冀州之地，部下能事者极多，可为英雄？”操笑曰：“袁绍色厉胆薄，好谋无断，干大事而惜身，见小利而忘命，非英雄也。”玄德曰：“有一人名称八俊，威镇九州——刘景升可为英雄？”操曰：“刘表虚名无实，非英雄也。”玄德曰：“有一人血气方刚，江东领袖——孙伯符乃英雄也？”操曰：“孙策藉父之名，非英雄也。”玄德曰：“益州刘季玉，可为英雄乎？”操曰：“刘璋虽系宗室，乃守户之犬耳，何足为英雄！”玄德曰：“如张绣、张鲁、韩遂等辈皆何如？”操鼓掌大笑曰：“此等碌碌小人，何足挂齿！”（同上，175页）

说袁术粮食多，袁绍出身好，刘表名声大，孙策年纪小，刘璋血统好，确实都是这些人的优势，刘备的回答滴水不漏。然而我们却看不到他的表情。写曹操却写了三次“笑”，甚至第三次笑还自我陶醉地拍起掌来。相声中有捧哏和逗哏之说，刘备捧哏捧得尽心尽力；曹操自我表现也发挥得酣畅淋漓。难道曹操真的只是想过把瘾吗？他真的不知道刘备是在自我隐藏吗？

下一秒，曹操就抛出了一句名言：“**今天下英雄，惟使君与操耳！**”判断依据是什么？“**夫英雄者，胸怀大志，腹有良谋，有包藏宇宙之机，吞吐天地之志者也。**”（同上）这句话是说所谓英雄，第一要在任何时候都不坠青云之志，第二要为了自己的志向犹如龙飞天和潜行一样能屈能伸。

曹操的这一番话，这一双眼，简直犹如X光一样，把他刘备苦心经营的“韬晦”之计全看穿了。那么曹操会如何对付这样一个可以和自己匹敌的人呢？我们不禁为刘备捏一把汗。当事人也吓得筷子都掉到了地上。这不正坐实了自己的心虚吗？然而他就那么借雷声掩饰过去了。能有如此的勇气与机智，刘备不愧为英雄，连曹操都如此高看他。故事欲要结尾，又有关羽效鸿门舞剑骤添一变。**操笑曰：“此非‘鸿门会’，安用项庄、项伯乎？”玄德亦笑。操命：“取酒与二‘樊哙’压惊。”**（同上，177页）这一豹尾，在叙事上使力道不泄；在人物塑造上以关张二人之平庸，反衬刘备之智慧，曹操之气量。至此，“青梅煮酒论英雄”终于进入了尾声。余音是曹操给了玄德五万人马，命他去攻打袁术。刘备这样描述自己的心情：**“吾乃笼中鸟、网中鱼。此一行如鱼入大海、鸟上青霄，不受笼网之羁绊也！”**（同上，178页）这一出波澜起伏的故事以曹操的强势、刘备的弱势开始，却以刘备的大获全胜而结束。

以这段故事为起点，放眼小说接下来的八十回，“青梅煮酒”的温情之后，英雄干戈激烈上演。纵论英雄时这一场大雨，演变成版图上的血雨腥风，连刮数年，而且胜败结局完全印证曹操的判断。在全书的结构上，这是中间的一大关锁；在叙事上，这是将雨闻雷的伏笔，是提纲挈领的领笔；在主题上，更借这一浪漫的故事，阐明英雄的真意所在。于刀林剑雨中，有如此清扬的一笔，直似凉风扫尘。点明主题不觉刻意，只觉得巧妙自然——举重若轻莫过于此。

二、驻马坡前忆孙刘

读此回，还应再读五十四回。东吴欲夺荆州，招赘刘备为婿，欲使其有去无回。暗流汹涌，二人仗剑试石，各怀心思，各赌荆州去向。剑拔弩张之际，忽来一段闲文：

二人弃剑，相携入席。又饮数巡，孙乾目视玄德，玄德辞曰：“备不胜酒力，告退。”孙权送出寺前，二人并立，观江山之景。玄德曰：“此乃天下第一江山也！”至今甘露寺牌上云：“天下第一江山”。（第五十四回，434页）

这段小说其实源自以下史实：刘备前往京口（今镇江）途中，曾留宿金陵，他洞察到这座城邑必将在未来历史中扮演一个重要的角色，于是力劝孙权迁都。几年之后，东吴迁都秣陵，第二年改称“建业”，意在这里建帝王业。这是江南文化登上中国历史大舞台最为坚实的一步，是对传统中原中心论的挑战。接下来这段“驻马坡”的故事历史上是诸葛亮和孙权的际遇，小说家不仅借来一用，还让这两位三国霸主有了一段少年般的赌赛——

二人共览之次，江风浩荡，洪波滚雪，白浪掀天。忽见波上一叶小舟，行于江面上，如行平地。玄德叹曰：“‘南人驾船，北人乘马’，信有之也。”孙权闻言自思曰：“刘备此言，戏我不惯乘马耳。”乃令左右牵过马来，飞身上马，驰骤下山，复加鞭上岭，笑谓玄德曰：“南人不能乘马乎？”玄德闻言，撩衣一跃，跃上马背，飞走下山，复驰骋而上。二人立马于山坡之上，扬鞭大笑。至今此处名为“驻马坡”。（同上）

孙刘二人后来各成霸业，有联盟有战争。前观山，后观水，驻马坡前英雄相惜，直似青梅煮酒。现在的历史遗迹驻马坡，位于南京清凉山以东、蛇山经西的虎踞关处，不知道往来的游人按下快门留念的一瞬间是否追慕当年的盖世英雄和那个伟大的时代。

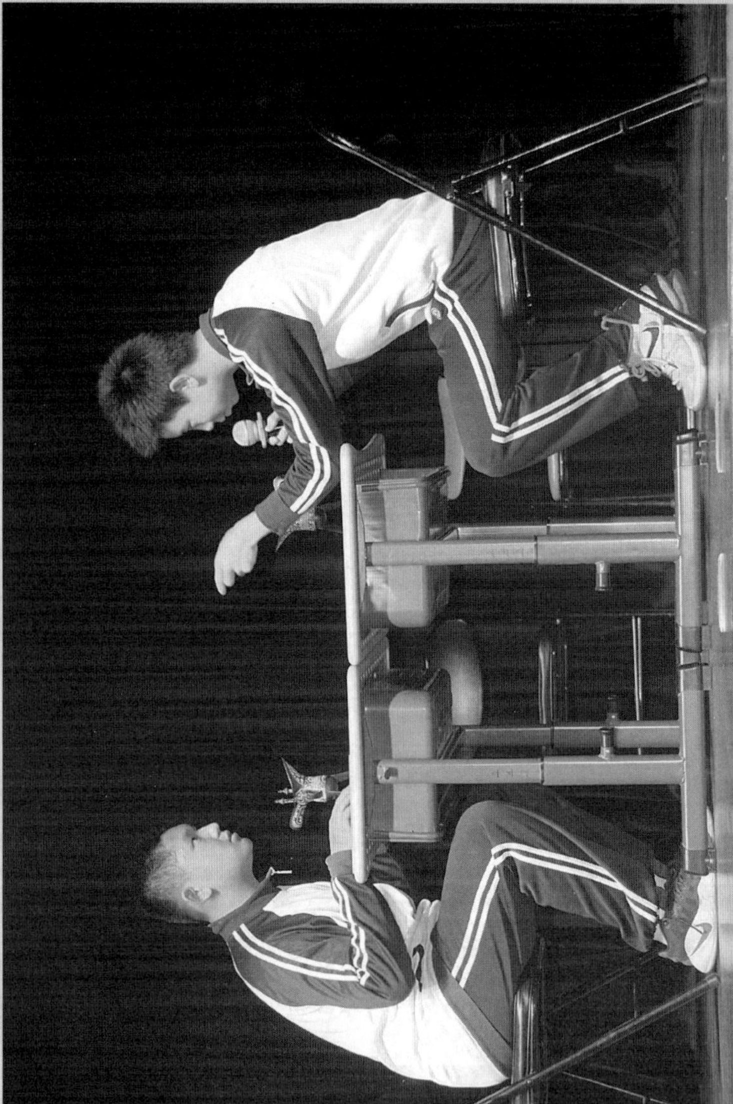

学生表演《三国演义》片段　方维钧　夏启瑞　演出《青梅煮酒论英雄》

三、濡须口孙权致书

读青梅煮酒，还需再读小说第六十一回。话说曹操在许都受魏公之位，加九锡，又思下濡须口以收孙权。见东吴兵整肃有致，遂感叹“生子当如孙仲谋”。征战之中，各有胜负，曹操忽梦三日同天，恰接孙权书信。

操启视之。书略曰：“孤与丞相，彼此皆汉朝臣宰。丞相不思报国安民，乃妄动干戈，残虐生灵，岂仁人之所为哉？即日春水方生，公当速去。如其不然，复有赤壁之祸矣。公宜自思焉。”书背后又批两行云：“足下不死，孤不得安。”

曹操看毕，大笑曰：“孙仲谋不欺我也。”重赏来使，遂下令班师，命庐江太守朱光镇守皖城，自引大军回许昌。孙权亦收军回秣陵。（第六十一回，496页）

孙权比曹操小27岁，是子侄辈，然他执掌东吴一方土地，气势上丝毫不输曹操，虽是求和之意，却含威胁之机。最可爱莫过于背后八个字：“足下不死，孤不得安。”如刘璋之徒，张鲁尚未犯界，先自恐惧；曹操收诅咒之言，能察对手之直率之可爱，察对手的委婉称赞，这是英雄的气度，更是英雄与英雄之间的惺惺相惜。

四、为什么我们都爱青梅煮酒？

曹刘有青梅煮酒，孙刘有驻马坡观山水，孙曹有濡须口致信，小说家让三国领袖各有交集。小说家采择这些遗落在缝隙的闲笔，使三国历史不流于权力欲望之争，而处处洋溢着健康、向上、阳刚的生命力。曹操、刘备、孙权，论智谋，论气度，三家势均力敌，够格较量。这才是三国之为三国的密钥。天生一非常之人，必更生非常之人以济之以难之：如刘备之遇曹操，诸葛亮之遇司马懿，姜维之遇邓艾。“既生瑜，何生亮”固然是一种悲哀，若“只生瑜，不生亮”又何尝不是另一种悲哀？孔明吊公瑾之言曰：“从此天下更无知音。”不独爱我者为知己，能忌我者亦知己；不独欲用我者为知己，欲杀我者亦知己也。世有匹敌，终好过独孤求败。

我们都爱青梅煮酒，因为那是我们对友谊的最高期许。

思辨读写

掩卷长思：

1. 什么样的朋友可以配得上青梅煮酒？你有这样的朋友吗？

2. 辩论：曹操请刘备赴的这次酒宴，是不是“鸿门宴”？

写作加油站：

要风得风　要雨得雨

曹刘二人是怎么从青梅煮酒过渡到“论英雄”这个关键主题的呢？老天帮了忙——酒至半酣，忽阴云漠漠，骤雨将至。从人遥指天外龙挂，操与玄德凭栏观之。曹操遂由龙挂引出飞龙在天与潜龙在渊。

小说家经常借助景色描写推进情节。在你的友谊故事中，势必也有一场风雨一片风景起到了贴近心灵的作用，不妨回忆一下。

阅读加油站：

阅读小说选段，根据上下文，推断“韬晦”一词的意思。

玄德也防曹操谋害，就下处后园种菜，亲自浇灌，以为韬晦之计。关、张二人曰：“兄不留心天下大事，而学小人之事，何也？”玄德曰：“此非二弟所知也。”二人乃不复言。

答：________________________________

参考答案：

韬晦，指光芒收敛，借指才能行迹隐藏不露。

袁绍军十倍于曹操军，为何官渡一战却被打得单衣幅巾出逃？除了许攸的叛逃还有别的原因吗？这一讲我们将一边梳理战争情节，一边寻找其中的胜败之机。

第四讲

官渡之战

胜败有因

阅读导引

阅读回目：

第三十、三十一回

阅读指导：

《三国演义》堪称一部描写战争的百科全书。阅读战争，不需要是一个军事学家，只需要通过阅读把握战争起承转合的关键事件——如许攸叛逃曹操，即能审视战争全貌。理清情节后，需追溯战争形势逆转的原因，从而看清背后人的因素，品析人的性格在其中起到的巨大作用，比如曹操、郭嘉、袁绍、许攸、田丰、沮授。

阅读支持：文化常识

微子去殷，韩信归汉：

微子是商纣王的哥哥，他看到纣王十分无道，屡次规劝他不听，就投奔了周武王；韩信离开项羽，归到刘邦麾下，成为刘邦手下第一大将。

写三国时期的历史避不开战争，或者说三国时期的风云际会正是由大大小小的战争组成，异彩纷呈的人物正是在战争中大放异彩。

《三国演义》堪称一部描写战争的百科全书。全书共记载了四次大型战争，前三次战争都以少胜多，且从结果上形成了三国鼎立的局面。首先是官渡之战，曹操打败强敌袁绍，统一了北方，率先成为一方霸主，这段描写主要集中在第三十和第三十一回。接着是赤壁之战，孙刘联军打败曹操，形成了南北对峙的局面，在其后的岁月中又经过刘备的经营，逐渐形成了三国鼎立的天下大势。这次战争从第四十三回“诸葛亮舌战群儒”孙刘结盟形成到第五十回“诸葛亮智算华容道”战争结束，共七回，是笔墨最为浓重，演义最为充分精彩的一次战争。第三次战争是夷陵–猇亭之战，讲的是鼎盛时期的蜀国政权企图吞灭吴国，被陆逊火烧七百里连营逼回白帝城。刘备在此托孤于诸葛亮，而后仙逝。这段描写主要集中在第八十三、八十四回“守江口书生拜大将”“陆逊营烧七百里”。其后若干年，魏蜀吴之间虽然大小战争时时爆发——比如被淡化的吴魏之间的濡须口战争，却没有谁可以吞并谁，始终保持三足鼎立的局面。最后一次是魏灭蜀的战争，钟会和邓艾率领的魏军攻破了蜀国城池，掳走了蜀后主刘禅，基本奠定了全国统一的政治面貌。这段描写主要集中在第一百一十六回到第一百一十八回“钟会分兵汉中道”“邓士载偷度阴平”。把握住了这几大战争，就把握住了这部小说的基本结构。这一讲我们一起阅读官渡之战，它篇幅虽短，却写得扣人心弦。

一、以弱敌强

战争一开始，袁绍一方占据着绝对的优势。曹操起军七万，袁绍呢，将大军七十万。绍军十倍于操军！用小说的话说是“**旌旗遍野，刀剑如林**”“**东西南北，周围安营，连络九十馀里**”（第三十回，244页）。这毕竟是小说，双方兵力的对比不可坐实去理解，但对比悬殊是可以肯定的。面对这样的阵势，曹军的反应是“闻之皆惧”。所以从一开始，曹操和袁绍双方的较量就不仅仅是武力的，更是心智的。最先站出来给团队打气的是荀攸：“**绍军虽多，不足惧也。我军俱精锐之士，无不一以当十。**”（同上）在战争进入相持阶段，曹操迟疑不决之时，写信回去问留守许昌的荀彧，又是荀彧鼓励了曹操。

“**承尊命，使决进退之疑。**”（第三十四回，247页，本段出处皆同）当头这一句，说得果敢、自信。做谋士的能够这样说话，这种自尊从何而来？当是从主公对自己长久以来的尊重中培养起来的。第二句：**愚以袁绍悉众聚于官渡，欲与明公决胜负，公以至弱当至强，若不能制，必为所乘：是天下之大机也**。这一句讲的“天下之大机”既是对曹操的，当然也是对袁绍的，就看谁能得到它。荀彧奉劝曹公，这样的时候是没有退路的。第三句：**绍军虽众，而不能用；以公之神武明哲，何向而不济！**这一句讲两个领导人对比，领兵不在多，而在能够善用。第四句：**今军实虽少，未若楚、汉在荥阳、成皋间也**。这里荀彧用的是一个典故，汉高祖刘邦和项羽争夺天下时，曾被项羽包围在荥（xíng）阳，情势危急，后来和张良一起齐心协力渡过难关，并最终开创汉朝基业。荀彧对曹操说，今天我们再艰难，也比当时高祖打天下强得多——这是鼓励。后两句：**公今画地而守，扼其喉而使不能进，情见势竭，必将有变。此用奇之时，断不可失**。这两句是荀彧给曹操提出了具体的建议：我们现在扼住袁军的咽喉让它无法进军，这就是巨大的成果啊！在这样的僵持中，只要耐心等待一定能够找到时机，这正是用奇兵的时候，千万不可以失去时机啊！整个书信最后一句：**惟明公裁察焉**。裁，裁夺，根据事情定夺；察，省察。翻译过来就是只有明公您能够理解定夺这件事情。此句外在语势沉重，内里却饱含期望。曹操的反应是“**得书大喜，令将士效力死守**”。

读这段的时候，内心常常充满感动——为的是曹操和手下谋士能够如此知心、尊重、互相扶持。曹操作为主公，当然应该是这一集团的精神支柱，但他也是凡人，也有害怕、犹豫、不自信的时候，这正是人性的真实；而写这封信的荀彧，是何等的英明、自信，他不像是谋士，更像是创业伙伴那样，以自己的智慧和强大的心志支持着曹操。

刚才我们说这场战争不仅仅是武力的较量，还是心志的较量，其实它更是团队的较量。

二、情随事变

回到小说的情节上，我们来看看战争本身的跌宕起伏。首先，曹军在袁绍大军压境时输了一仗，全部退回官渡。接着袁绍从审配之言建起土山放箭，曹军输了一阵；曹操又从谋士刘晔之言用发石车挽回败局。袁军又想暗打地道，偷袭曹营；曹军绕营掘长堑，再次瓦解袁军的进攻。可谓兵

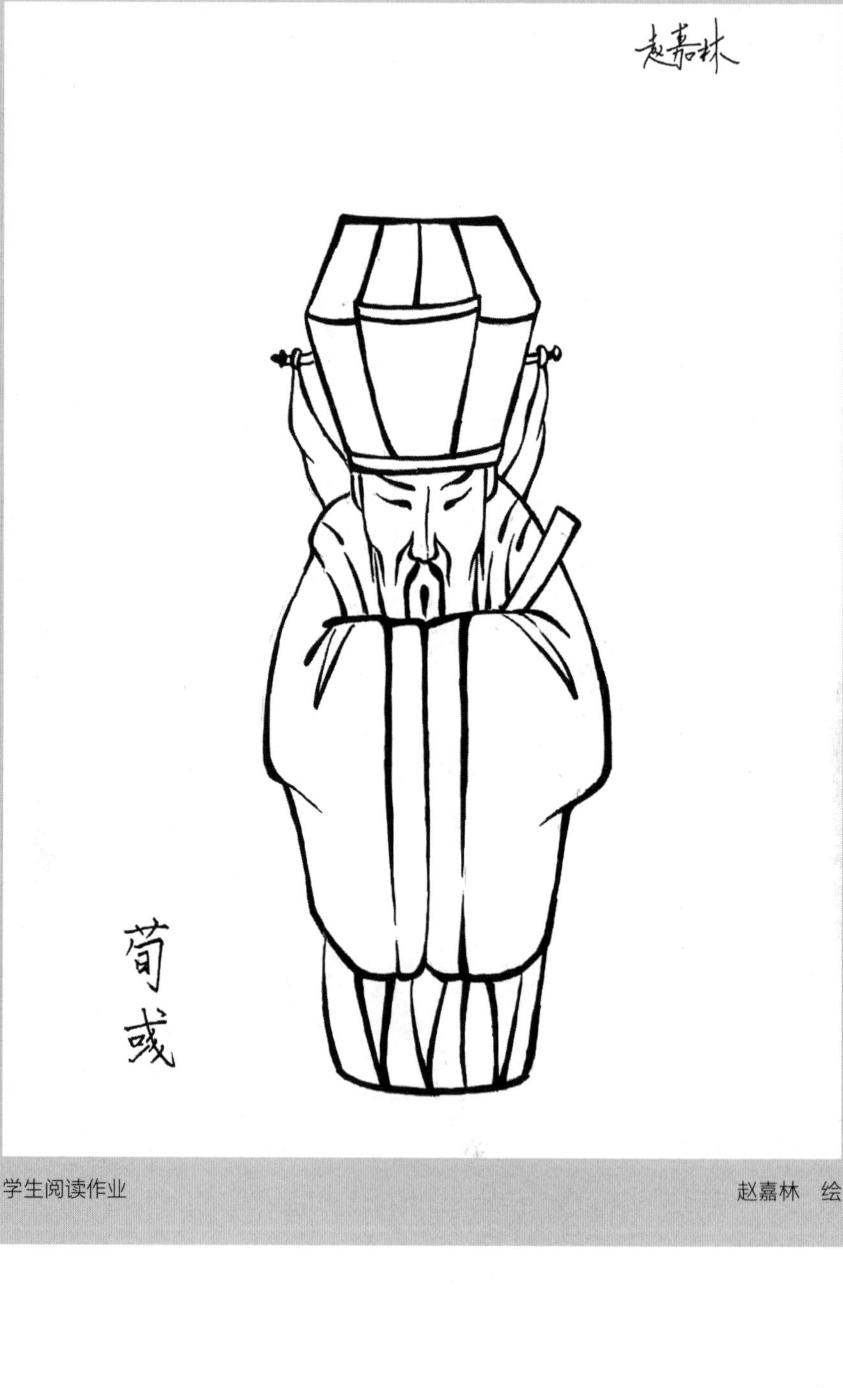

学生阅读作业 赵嘉林 绘

来将挡，水来土掩，战争处于僵持阶段。这对曹操是不利的，因为曹军的粮草不够用啊！袁绍倒是刚刚接手了粮食丰沛的冀州。

这时候才有了我们上面说的，曹操给荀彧写信，问进退之计。荀彧的预测是“情见势竭，必将有变”。小说紧承此而写——曹军截获了袁军通讯兵，偷袭了敌方运粮的部队。但这小小的胜利，却导致袁绍派兵增援了屯粮重地乌巢。曹军的通讯兵又恰恰被截获，粮食告急的消息大白于敌军眼前。难道天意的天平已经向袁绍一方倾斜了吗？当然没有。先是袁绍不肯相信这条重要的军事消息，再是连献计的许攸一并打走了。为什么呢？因为这时候审配正好来信告许攸的状，说他在地方的时候曾经多受贿赂，还纵容子侄一辈的人多收税，中饱私囊。于是袁绍骂他：“**滥行匹夫！尚有面目于吾前献计耶！**”（同上，248页）翻看第一回，小说特地采一段史实记述曹操当地方官时，设五色棒，谁违反了规矩就打谁，连宫中权贵尚且不避。要放在那时，许攸早让曹操收拾了。但这是什么时候？生死决战的时刻！需要的是一个人的智谋，而不是他的道德。所以我们看袁绍的话“你这个品行不端的人，怎么好意思还给我出主意”；而曹操会想：都什么时候了，还管他的道德瑕疵干什么！前者务虚名而不知变通，后者察时用人果断相信：两位领导人的水平，决定了这场战争的走向。许攸叛逃曹操，彻底改变了官渡之战的胜败走向。

三、跣足出迎

听说许攸私奔到寨，曹操的反应是这样的——（此段引用皆出自249页）

大喜，不及穿履，跣足出迎。遥见许攸，抚掌欢笑，携手共入。你看怎么个大喜啊？连鞋子都顾不上穿，光着脚跑出来，又是拍掌，又是大笑，又是拉人家手，感受到曹操的激动了吗？为什么如此？正像他在小说后面自说自话的那样：许攸来了，事情就好办了。**操先拜于地。攸慌扶起曰："公乃汉相，吾乃布衣，何谦恭如此？"操曰："公乃操故友，岂敢以名爵相上下乎！"**曹操先给许攸行了个跪拜礼，不提职位，单讲交情，这既是曹操的真诚，又是他收人心的策略。

许攸直接告诉曹操破袁绍的计策了吗？没有。他先说：**"吾曾教袁绍以轻骑乘虚袭许都，首尾相攻。"操大惊曰："若袁绍用子言，吾事败矣。"**这是震曹操一震，使曹操后怕；接着又问曹操粮草之事，最后徐徐道出他截获了曹军的信息。这两招为的是使自己卖个好价钱。作为小说而言，这二人的一来一回写得特别好看——

> **攸曰："公今军粮尚有几何？"操曰："可支一年。"攸笑曰："恐未必。"操曰："有半年耳。"攸拂袖而起，趋步出帐曰："吾以诚相投，而公见欺如是，岂吾所望哉！"操挽留曰："子远勿嗔，尚容实诉，军中粮实可支三月耳。"攸笑曰："世人皆言孟德奸雄，今果然也。"操亦笑曰："岂不闻'兵不厌诈'！"遂附耳低言曰："军中止有此月之粮。"攸大声曰："休瞒我！粮已尽矣！"操愕然曰："何以知之？"攸乃出操与荀彧之书以示之曰："此书何人所写？"操惊问曰："何处得之？"攸以获使之事相告。操执其手曰："子远既念旧交而来，愿即有以教我。"**

数数看，足足三个回合，许攸胸有成竹，他的拂袖而起，趋步出帐，他的大声怒叱；曹操的笑，附耳，惊，执其手。这些都是多么生动的描写！所谓兵不厌诈，无过于此。写书的人写得过瘾，看书的人更看得过瘾。注意曹操最后那句话“愿即有以教我”。即，立刻的意思。您赶快把您知道的教我吧——这就带着点恳求的意思了。这才有了后来的乌巢劫粮。

四、乌巢劫粮

曹操亲自率军劫寨，打着袁军的旗号说是往乌巢护粮；得手后又夺了守将淳于琼部队的衣甲旗帜，冒充败军去劫袁绍大本营；杀了增援部队，又回报袁绍谎称乌巢已经解围；脱身前去增援自家队伍。这一仗的结局是袁军大败，两员大将张郃、高览归顺曹操。最后直打得袁绍“**披甲不迭，单衣幅巾上马**”（252页），也就是穿着家居服就上马了。而之前的他是什么样子呢？这一回的开头写到“**金盔金甲，锦袍玉带**”（244页），对比之下，其狼狈之状至此。还有一个小小的细节耐人寻味，而且这一细节是小说从史书里直接抄出来的——“**绍急渡河，尽弃图书车仗金帛**”（252页）。谁打仗还带着那么多图书啊？大概只有袁绍想以此来装点名士的风范吧。但是纵观他的语言，我们竟没有看到一句有文采的话。倒是曹操，说话很讲究，比如他对张郃和高览这样说：“**二将军肯来相投，如微子去殷，韩信归汉也。**”（252页）微子是商纣王的哥哥，他看到纣王十分无道，屡次规劝他不听，就投奔了周武王；韩信是刘邦手下第一大将，荀彧前面提到的“楚、汉在荥阳、成皋之间”，正是有了他汉高祖才最终反败为胜建立了江山。曹操引用这两个典故，是对他们二人身份和才智的极大的赞扬。这绝对反映了他的学识、文采。

之后，曹操又做了一件令人拍手称快的事儿，我们读一读——

于图书中检出书信一束，皆许都及军中诸人与绍暗通之书。左右曰："可逐一点对姓名，收而杀之。"操曰："当绍之强，孤亦不能自保，况他人乎？"遂命尽焚之，更不再问。（253页）

这样的以己度人，胸怀大度，正是贾诩所说的"王霸之度"。

五、田丰、沮授之死

最后还想说一下故事的开头和结尾。

这一回开始时田丰已经下狱了，狱中继续上书进谏，袁绍以怠慢军心之由差点斩了他。沮授复进谏，"**我军虽众，而勇猛不及彼军；彼军虽精，而粮草不如我军。彼军无粮，利在急战；我军有粮，宜且缓守。若能旷以日月，则彼军不战自败矣。**"（244页）从最后的结果来看，沮授的话是完全正确的。但这时候的袁绍已经完全沉浸在胜利在望的幻觉中了，将沮授关了禁闭。乌巢粮仓被劫之前，他又冒死求见，袁绍的反应是大怒，斩了放他出来的士兵，斥责他"妄言惑众"。为什么会有这种反应？因为在袁绍心中，这个世界上的人他最能干，最英明神武，只要是他袁绍想做的事情一定会心想事成，容不得别人说反话。这大概是"四世三公"这种家庭出身带给袁绍的一种优越感，或是一种幻觉。这一回的最后沮授身死。

在下一回的开始又重点写了田丰之死，其实这才是官渡之战真正的结尾。小说写道——

却说败军相聚，诉说丧兄失弟，弃伴亡亲之苦，各各捶胸大哭，皆曰："若听田丰之言，我等怎遭此祸！"（第三十一回，254页）

袁绍本来也是后悔的，听说田丰在狱中笑话他，当即决定结果他的性命。我们读读这段——

却说田丰在狱中。一日，狱吏来见丰曰："与别驾贺喜！"丰曰："何喜可贺？"狱吏曰："袁将军大败而回，君必见重矣。"丰笑曰："吾今死矣！"狱吏问曰："人皆为君喜，君何言死也？"丰曰："袁将军外宽而内忌，不念忠诚。若胜而喜，犹能赦我，今战败则羞，吾不望生矣。"狱吏未信。忽使者赍剑至，传袁绍命，欲取田丰之首，狱吏方惊。丰曰："吾固知必死也。"狱吏皆流泪。丰曰："大丈夫生于天地间，不识其主而事之，是无智也！今日受死，夫何足惜！"乃自刎于狱中。后人有诗曰："昨朝沮授军中失，今日田丰狱内亡。河北栋梁皆折断，本初焉不丧家邦！"（同上）

为什么要将"田丰之死"作为官渡之战的结尾呢？因为它道出了袁绍以强势而亡的原因："外宽内忌，不念忠诚，损兵折翼。"这样的情节安排反映了《三国演义》这部小说的战争观：胜败结局往往早已注定。

思辨读写

推荐阅读：

马伯庸《三国配角演义》之《官渡杀人事件》。

写作加油站：

首尾呼应

官渡序曲，袁绍志在必得，把警醒自己的田丰下狱，沮授关了禁闭；后来乌巢劫粮，战势逆转，被二人言中，袁绍不体恤忠良，反而将田丰杀害。一头一尾道出了袁绍失败的原因："外宽内忌，不念忠诚，损兵折翼。"你在写作中，也可以尝试用这种首尾呼应的写法，加深对于主题的表现。

阅读加油站：

阅读曹操"跣足出迎"的故事，回答问题。

攸曰："公今军粮尚有几何？"操曰："可支一年。"攸笑曰："恐未必。"操曰："有半年耳。"攸拂袖而起，趋步出帐曰："吾以诚相投，而公见欺如是，岂吾所望哉！"操挽留曰："子远勿嗔，尚容实诉，军中粮实可支三月耳。"攸笑曰："世人皆言孟德奸雄，今果然也。"操亦笑曰："岂不闻'兵不厌诈'！"遂附耳低言曰："军中止有此月之粮。"攸大声曰："休瞒我！粮已尽矣！"操愕然曰："何以知之？"攸乃出操与荀彧之书以示之曰："此书何人所写？"操惊问曰："何处得之？"攸以获使之事相告。操执其手曰："子远既念旧交而来，愿即有以教我。"

选段生动地写出了许攸叛逃曹操后，二人之间的心理战，表现了曹操兵不厌诈，一步步最终诚恳接受许攸建议。请摘抄动作、神态的描写。

参考答案：

人物	神态、动作描写
许攸	笑、拂袖而起、趋步出帐、笑、大声
曹操	挽留、笑、附耳低言、愕然、惊、执其手

“三顾茅庐”背负了刘备怎样的绝望与希望？诸葛亮一而再再而三不肯出山原因为何？读完这篇文章你会发现诸葛亮的困惑和期许你也有。

第五讲

三顾茅庐

永在的难题与永恒的期待

阅读导引

阅读回目：

第三十四、三十五、三十六、三十七、三十八回

阅读指导：

“三顾茅庐”的故事，在史书中只有“凡三往乃见”五个字，却有诸多耐人寻味之处。

从故事双方来看，刘备为什么要“三顾”，他有怎样的执着？诸葛亮为什么要“三却”？他有怎样的犹疑？阅读小说这一章节，要着力探究君臣二人的心理，以理解乱世之中人在“兼济天下”与“独善其身”中的艰难抉择。

时至今日，中国人依然津津乐道“三顾茅庐”的故事，这是为什么？它对于当代的我们有怎样的启迪呢？

阅读方法：

诸葛亮的出场是典型的“未见其人，先闻其声”，这是中国古典小说的一大特色。在他出场前，刘备已经从若干其他人的口中了解了他，其实他们都是诸葛亮心声的化身。那么诸葛亮究竟想不想出山呢？认真读一读小说中人物的或歌或诗，特别是他们引用的典故，窥测一下他的心声吧。比如颍川石广元的歌声中提到“东海老叟”，用的姜子牙钓鱼的典故，表达的是渴望建功立业的心情，他就是支持出山的一派。

以下这些人物中，哪些支持出山？哪些支持隐居呢？

司马徽、农夫、博陵崔州平、颍川石广元、汝南孟公威、其弟诸葛

均、丈人黄承彦。

支持出山：____

支持隐居：____

阅读支持：文化常识

1. 管仲、乐毅：管仲也叫管夷吾，辅佐齐桓公成为春秋时期第一霸主，被称为“春秋第一相”。乐毅，统率燕国等五国联军攻打齐国，连下70余城，创造了中国古代战争史上以弱胜强的著名战例。二者是中国历史上文臣武将的典范。

2. 东海老叟、高阳酒徒：“东海老叟”指姜子牙。姜子牙在江边钓鱼，钓到周文王，周文王亲自驾车接他，后来他辅佐文王和武王伐纣，在牧野一战彻底歼灭商朝军队。“高阳酒徒”指郦食其。郦食其听闻刘邦胸有大志，前去拜谒刘邦，刘邦起先看不起儒生，故意在接见他的时候让两个女人服侍他洗脚，但之后听他大谈合纵连横之策，刘邦立刻停止洗脚，宴请郦食其。后来郦食其说服齐王归顺刘邦，一举收复了七十二城。二者都是历史上由于君主的赏识而干出大事业的人才。

3. 东郭野人：东郭野人是春秋齐桓公时期的一个贤士。据记载：齐桓公听说他是个贤士，渴望见他一面。一天，齐桓公连着三次去见他，他都托故不见，跟随桓公的人就说：“主公，您贵为万乘之主，他是个布衣百姓，一天中您来了三次，既然未见他，也就算了吧。”齐桓公却颇有耐心地说：“不能这样，贤士傲视爵禄富贵，才能轻视君主，如果其君主傲视霸主也就会轻视贤士。纵有贤士傲视爵禄，我哪里又敢傲视霸主呢？”这一天，齐桓公接连五次前去拜见，才得以见到他。成语“礼贤下士”就是出自这儿。

《三国演义》前三十回，汉末大乱，群雄逐鹿，曹操率先平定中原。

从三十回到第八十五回约略是这部小说的第二部分，在这一部分中曹操始终觊觎南方的土地，而孙权和刘备两个政权时而互相联合，时而互相掣肘，基本形成三国鼎立的局面。为什么势如破竹的曹操忽然阻路，蹭蹬无功的刘备忽然咸鱼翻身呢？其中一个原因是一位重要人物从山林中走出，来到了刘备身边，他就是诸葛亮。

"三顾茅庐"是中国人耳熟能详的故事，为什么千百年来人们依然津津乐道呢？在《三国志》中，关于这一情节只有"**凡三往乃见**"五个字，小说家又借助想象力丰富了哪些情节呢？精读这一部分，可以触摸到小说的主题、创作技法等方方面面的内容。

一、求贤若渴

刘备和诸葛亮的君臣际遇是千古佳话，要理解他们对于彼此的意义，先要看看他们是在何种情形下相遇的。

从刘备的角度来说，在遇到诸葛亮之前，他历经坎坷，功业不就。黄巾起义有功，却不被朝廷重用。投靠过吕布、袁绍、曹操、刘表，又都主动或是被动地离开，被攻打被追击，惶惶四处逃亡。先是寄人篱下志向不得展，托身曹操，虽有青梅煮酒论英雄，却被时时监视；托身刘表，被利用却不被重用；再是夹缝中求生存，几番险些丧命，曹操春风得意之时他却已经“三弃妻子”。“妻子”一词在古代指的是妻子和儿女，后来这个“子”再也没有在正史以及小说中出现过。很可能就此失散了。赵云称刘禅“主公就这么点骨血”，想必有一个原因就是刘备在奋斗过程中已经丢掉过自己的孩子。

《三国志·先主传》中说历史上的刘备“坚忍不拔”，这当然是他性格的主流。但在小说中也写到他在屡次的挫败中表现出来的脆弱。比如第三十一回，刘备被曹操围攻，前有张郃，后有高览，小说写道——**玄德两头无路，仰天大呼曰：“天何使我受此窘极耶！事势至此，不如就死！”欲拔剑自刎。**（259页，下同）这是刘备第一次想自杀，幸为刘辟和赵云所救。侥幸脱险后，他又说了一番这样的心里话——玄德叹曰：**“诸君皆有王佐之才，不幸跟随刘备。备之命窘，累及诸君。今日身无立锥，诚恐有误诸君。君等何不弃备而投明主，以取功名乎？”众皆掩面而哭。**这是小说中特别动人的段落。刘备雄心大志如此而能说出散伙之语，想必定有锥心之痛。还有一个成语来形容刘备此时心情的灰暗的，叫“髀肉复生”，这一情节记载在《九州春秋》里，小说第三十四回也引用了这一段：

（玄德）**起身如厕。因见己身髀肉**（髀肉指的是大腿内侧靠近大腿根的地方的肉）**复生，亦不觉潸然流泪。少顷复入席，表见玄德有泪容，怪问之。玄德长叹曰：“备往常身不离鞍，髀肉皆散，今久不骑，髀里肉生。日月磋跎，老将至矣，而功业不建，是以悲耳！”**（280页）

在《三国演义》第一回就介绍刘备“寡言语，喜怒不形于色”，要不是块垒叠胸太过压抑，刘备是不会说出这样情绪化的语言的。鲁迅先生批评《三国演义》这部小说“欲显刘备之长厚近似伪”，有些情节确实如此，作为一个政治家而言，有时仁厚、示弱也是手段，但这几个细节，将刘备的脆弱、压抑、苦恼统统呈现在读者面前。他去掉面具，更像一个人，更能唤起读者的同情，更能理解他的不易。《三国演义》这部小说在刻画人物方面既有主流性格的设定，又不乏侧面甚至矛盾面的描绘，这才使得人物形象有立体感，值得后世人不断品咂。

刘备好不容易跃马过檀溪，从蔡瑁设下的鸿门宴上逃得性命，但是他的政治生涯也再次随着与荆州集团的决裂而陷入低谷。正所谓“山重水复疑无路，柳暗花明又一村”，写小说最讲究绝境处峰回路转。刘玄德浑身湿漉漉的，却于林中遇到了隐者司马徽，迎来了人生最大的转机。读过此段，日后的小说多有似曾相识之感，比如读金庸《倚天屠龙记》，张无忌被迫跳下悬崖后，却得到了白猿腹中所藏的《九阳真经》；杨过跳下断肠崖，却在别有洞天中找到了小龙女……刘备于波翻浪滚之后，忽闻童子吹笛，其心境大概正如脱苦海而游阆苑，恍在神仙境。假设一下子遇到了诸葛亮，不啻于摔了跟头就捡了件宝贝，因为离现实太远，终不令人信服，因此，小说继续迂回曲折前行。写水镜先生极言伏龙、凤雏之才，却不明示；写徐庶与先主同在庄园，却彼此并不相见，直急得玄德寝不成寐，才又借相马一事引出。好不容易得了一个徐庶，却又被曹操设计赚走。认真读小说，你会发现知道徐庶要走后，刘备哭了好几回，听到消息大哭；一起喝酒时哭；长亭送别，在马上拉着徐庶的手泪如雨下；望着徐庶远去的背影，又哭着说："元直走了，我可怎么办啊！"为了目送徐庶远去，发愿将此处的树林全部砍去。读这些文字，能不能感到刘备的肝肠寸断、万念俱灰？

正是在这个时候，徐庶徐元直打马回头跟他推荐了诸葛亮，故事终于峰回路转。

二、司马徽再荐名士

读到这里，我们才突然发现：哦，原来徐庶的出现是为诸葛亮做的铺垫。汉语中有一个俗语"久闻大名如雷贯耳"，其实讲的就是铺垫的巨大作用。这个人还没出现，他的名声已经活在你的耳朵里了。第二位出场负责介绍诸葛亮的人是司马徽。他对于诸葛亮的介绍有两点价值：一是介绍了诸葛亮的才能和志向。我们看看小说第三十七回——

> （司马）徽曰："孔明与博陵崔州平、颍川石广元、汝南孟公威与徐元直四人为密友。此四人务于精纯，惟孔明独观其大略。尝抱膝长吟，而指四人曰：'公等仕进可至刺史、郡守。'众问孔明之志若何，孔明但笑而不答。每常自比管仲、乐毅，其才不可

量也。”（300页）

这段话是说孔明有一个自己的朋友圈子，包括徐庶在内的四个人读书时喜欢精读词句，而他却喜欢从大方面把握。有一次他们聊天时，孔明指着四位朋友说，你们呀这一辈子可以在一方土地当父母官。朋友问他的志向是什么呢，孔明没说话，但是他常常把自己比作管仲和乐毅。孔明以二人自比，除了恃才之意，当然也表明了自己愿做贤相的志向。“抱膝长吟”这四个字，“抱膝”是说正在隐居，过悠闲日子，“长吟”这个词语就是在舒展心中隐藏的愿望了。

既然有这样的志向，诸葛亮为什么不早点出山呢？小说里没有正面描写，但是在第九回我们找到了一首小诗：“**董卓专权肆不仁，侍中何自竟亡身？当时诸葛隆中卧，安肯轻身事乱臣。**”（75页）前两句讲的是董卓被王允和吕布杀死，蔡邕（蔡文姬的父亲）为了感激他对自己的提拔受牵连而死。后两句有一个时空的对接，说的是诸葛亮当时正在隆中隐居，因为世道这么混乱，他怎么肯出来侍奉这些乱臣贼子呢？由此看来，诸葛亮的隐居也是一种策略，正在等待最适合自己的时机。

可是难道现在出山就是最合适的时机吗？司马徽云：“**元直欲去，自去便了，何又惹他出来呕心血也？**”（300页）现在大家都知道一个词，叫“鞠躬尽瘁，死而后已”，出自诸葛亮的《后出师表》，这个词语就是“呕心血”的意思。临出门前，司马徽又说：“**卧龙虽得其主，不得其时，惜哉！**”（301页）得其主指的是刘备，不得其时应当指的是汉朝国祚已经终结，他们的政治理想不再具有号召力了。说这句话的时候，司马徽的表现是夸张地仰天大笑，言罢飘然而去。这一段文字的描述突然有点跳脱，好像司马徽成了神仙一样的存在，能够预言到孔明的命运。这大概就是他出场的第二个价值。《红楼梦》第五回，贾宝玉就通过做梦获知了众姐妹的结局。作为我国第一部长篇小说，《三国演义》对后世的小说创作多有影响，这也是我们研读它的意义。

关于“三顾茅庐”的铺垫，毛宗岗还有过一段精辟的评论：**水镜之荐孔明与元直之荐孔明，又自不同。元直则相告相嘱，惟恐玄德之无人，惟恐孔明之不出，是极忙极热者也；水镜则自言自语，反以元直之荐为多事，反以孔明之出为可惜，是极闲极冷者也。**（287页）这一分析指出了小说情节安排的错落多姿。

三、一顾茅庐

终于进入了三顾茅庐的情节。这一回中诗歌尤其多，却不可因为畏难而跳读，因为它们正是解读小说的密码。这正是不见孔明而极写孔明的做法。

进入隆中，先是有农夫作歌：“**苍天如圆盖，陆地似棋局；世人黑白分，往来争荣辱；荣者自安安，辱者定碌碌。南阳有隐居，高眠卧不足！**”（301页，下同）这讲的是乱世之中，人皆争名夺利，唯孔明高卧隆中。这一阕歌言说的是孔明的不凡，因此在当地他有一个尊称“卧龙先生”。又有一首古风单道卧龙居处。我们挑几句来读：“**高冈屈曲压云根，流水潺湲飞石髓；势若困龙石上蟠，形如单凤松阴里**”，在形容山势和水势时，诗人用的词语是“困龙和单凤”，既暗示居住者的龙章凤质，也表明了他此时正“困”于此。“**床头堆积皆黄卷，座上往来无白丁**”这一句说的是隐居主人好翻古书，好与读书人来往。“**叩户苍猿时献果，守门老鹤夜听经**”说的是隐居主人如神仙一般，连苍猿和老鹤也来亲近。“**囊里**

名琴藏古锦，壁间宝剑挂七星。”后句好理解一些，“七星”是宝剑的名字，由此推测“古锦”也有可能是名琴的名字，这两句是说主人身份高雅，文武双全。最后两句“**专待春雷惊梦回，一声长啸安天下**”写得太好了，好像是出自上天的旨意：孔明啊，醒醒吧，放弃你悠闲种田的美梦吧，出来拯救全天下的黎民百姓吧！如果说每个人都有自己的人生使命，那这就是孔明的使命。后面的小说我们会读到张飞“一声喝断长坂桥”，比比“一声长啸安天下”，前者顿时就成了武夫之举，而后者更像是一个超级英雄的作为。这句话写得太过有气势，我们现在也在用。

第一次来，没见到孔明，却也没白来，玄德遇见了孔明的朋友博陵崔州平。崔州平的一番话接近于泼冷水，我们择要来读一读，先说自古以来治乱无常，两汉二百年间，此时正是由治入乱之时，天下不会马上安定。“**将军欲使孔明斡旋天地，补缀乾坤，恐不易为，徒费心力耳。岂不‘闻顺天者逸，逆天者劳’、‘数之所在，理不得而夺之；命之所在，人不得而强之’乎？**”（302页）这说的是刘备和孔明将会面临的巨大困难，是劝退之意。往前呼应了司马徽所说的“孔明得其主，不得其时”，往后反衬了刘备的殷勤求贤。

四、二顾茅庐

来看刘备第二次拜访诸葛亮。小说中写到“**过了数日，玄德使人探听孔明**”（302页），这个数日恐怕应该是数月。因为第一次去，卧龙冈还松篁交翠，而这时已经是隆冬时节了。为什么这么久没来？刘备不是很着急吗？小说的这段空白或许恰恰说明了刘备对于是否请诸葛亮出山的犹豫。他后来问诸葛均：“**闻令兄卧龙先生熟谙韬略，日看兵书，可得闻乎？**”（305页，下同）这就是很明显的试探了，可以间接地反映他前段时间的心态。那诸葛亮呢？已经知道刘备来拜访他一次了，他的表现又是什么？用三弟诸葛均的回答是：“**或驾小舟游于江湖之中，或访僧道于山岭之上，或寻朋友于村落之间，或乐琴棋于洞府之内。往来莫测，不知去所。**”至少从表面上看来，并没有把刘备放在眼里。两个人似乎都处于试探中。而刘备的心情显然更殷切一些。我们来看这段小说——

> **回报曰：“卧龙先生已回矣。”玄德便教备马。张飞曰：“量一村夫，何必哥哥自去，可使人唤来便了。”玄德叱曰：“汝岂不闻孟子云：欲见贤而不以其道，犹欲其入而闭之门也。孔明当世大贤，岂可召乎！”遂上马再往访孔明。**（303页，下同）

“**欲见贤而不以其道，犹欲其入而闭之门也。**”孟子的这句话意思是：想要见到贤人却不用正确的方法，就好像你明明想进去这扇门，却自己把通往贤者的那扇门关闭了一样。小说开篇就介绍刘备“不甚好读书”“专好结交天下豪杰”，此处的引用却非常恰当，言语风格的转变要么是后世文人附庸美化之作，那么是他心怀恭敬连言语也文雅起来。再看下文——

> **行无数里，忽然朔风凛凛，瑞雪霏霏，山如玉簇，林似银妆。张飞曰：“天寒地冻，尚不用兵，岂宜远见无益之人乎！不如回新野以避风雪。”玄德曰：“吾正欲使孔明知我殷勤之意。如弟辈怕冷，可先回去。”**

读小说不是读史书，不可坐实了去读，比如对于天气，很明显是小说家的刻意安排，连玄德都直言“吾正欲使孔明知我殷勤之意”。历史上有一个著名的故事“程门立雪”，或许小说家曾从其中获得灵感。

北宋时期，福建将东有个叫杨时的进士，特别喜好钻研学问，到处寻师访友。到洛阳伊川书院求学时，杨时已经四十多岁了，学问也相当高，但他仍谦虚谨慎，不骄不躁，深得老师程颐的喜爱。一天，杨时和同学游酢一起向程颐请教学问，却不巧赶上老师正在屋中打盹儿，于是两人静立门口，等待老师醒来。一会儿，天飘起鹅毛大雪，越下越急，杨时和游酢却还立在雪中，游酢实在冻得受不了，几次想叫醒程颐，都被杨时阻拦住了。直到程颐一觉醒来，才赫然发现门外的两个雪人。从此，程颐深受感动，更加尽心尽力教杨时，杨时也不负重望，不仅学到了老师的全部学问，日后还自成一派，世称“龟山先生”。或许因为这个故事，小说家不仅给刘玄德安排了雪天求贤，也在第三次时，安排他在门外等着孔明醒来。刘备想要的效果就是“精诚所至，金石为开”。

冒雪前来，见到孔明了吗？只听到酒店中有人作歌，这人是诸葛亮吗？不知道。只听到路边酒馆中传来一阵歌声——

五、二顾茅庐

我们讲解歌声中的几句——“壮士功名尚未成，呜呼久不遇阳春！”这句话从字面上理解就是“我的春天怎么还不来啊？”，还有一种解释迂回些，所谓“阳春白雪，曲高和寡”，“阳春”一词可以理解为知音。就是说：“壮士我还没有建立功名，哎呀呀，赏识我的人怎么还没有出现啊！”这种解释似乎和后面的典故在语意上更为连贯。“君不见”从领的“东海老叟”一直到“鹰扬伟烈冠武臣”讲的是姜子牙的故事。说的是姜子牙在江边钓鱼，钓到周文王，周文王亲自驾车接他，后来他辅佐文王和武王伐纣，在牧野一战彻底歼灭商朝军队。“又不见”从领的这四句讲的是郦食其（yì jī）的故事。他听闻刘邦胸有大志，故去拜谒刘邦，而刘邦很看不起儒生，他在拜谒刘邦的时候，故意让两个女人服侍他洗脚，但之后听郦食其大谈合纵连横之策，刘邦立刻停止洗脚，宴请郦食其。这是被他的才略折服。后郦食其又说服齐王归顺刘邦，可以说凭口舌之力收服了七十二城，这样的功绩前无古人后无来者。这一首歌中可以说是满满的怀才不遇和建功立业的渴望。

这是他要找的孔明吗？不知道。又有一个人击桌而歌。“**吾皇提剑清寰海**”（303页，下同）讲的是汉高祖刘邦斩白蛇起义，打下一片江山；这一句一直到“**奸雄百辈皆鹰扬**”，讲的是汉家二百年基业到此天下大乱。最后四句“**吾侪长啸空拍手，闷来村店饮村酒；独善其身尽日安，何须千古名不朽！**”讲的是乱世当独善其身。

原来这两个人都不是诸葛亮，而是他的朋友“颍川石广元、汝南孟公威”。

接着往卧龙冈来，童子回答“**先生现在堂上读书**”，玄德大喜，读者也以为这一回总算见着了。还是未见其面，先闻其声，又听到一阵歌声——“**凤翱翔于千仞兮，非梧不栖；士伏处于一方兮，非主不依。**”这四句很好理解，讲的是作歌的人正在等待一位知音的到来。“**乐躬耕于陇亩兮，吾爱吾庐；聊寄傲于琴书兮，以待天时。**”那么这是最恰当的时机吗？司马徽认为不是，他的朋友崔州平也认为不是，诸葛亮怎么认为呢？可惜这个人又不是诸葛亮，而是他的弟弟诸葛均。

值得玩味的是当刘备问诸葛均，家兄是不是经常读兵书时，诸葛均回答“不知道”。若按寻常人的思路，必定心中大疑，这样的一个人值得自己这样寻访吗？但刘备不是寻常人，他丝毫没有动摇，而且比第一次来，求之更甚，为了留个念想，他还特地写了一封信。刘备说自己不爱读书，不是一个文化人，在《三国演义》这部小说中，我们只看到过两次刘备认真写点东西，一次是在白帝城给刘禅的遗诏，一次就是为请动诸葛亮写的这封自明心志的信。对于这封信，诸葛亮的评价是“**昨观书意，足见将军忧民忧国之心**”（309页）。也就是说，之所以能够见到他，这封信是起到了一定作用的。来读小说——

“**备久慕高名，两次晋谒，不遇空回，惆怅何似！**”（306页，下同）“惆怅何似”，意思是“我心里空落落的不知如何是好”。第一句，直接表达自己求贤若渴的心情。第二句从“**窃念备汉朝苗裔**”谈到国家现在的危亡之势，以一句“**备心胆俱裂**”作结，谈自己的忧国忧民。第三句“**虽有匡济之诚，实乏经纶之策**”。坦承自己的困境和对他的需要。第四句：“**仰望先生仁慈忠义，慨然展吕望之大才，施子房之鸿略，天下幸甚！社稷幸甚！**”这句说得尤好，意思是您出山不是帮我刘备，而是拯救苍生呢！这句话直接提升了刘备访贤的规格。

写完信，刚一出门，**忽见童子招手篱外，叫曰：“老先生来也。**”那人也唱了一首歌，“**长空雪乱飘，改尽江山旧。**”（306页，下同）这不正是时局的写照吗？**玄德闻歌曰：“此真卧龙矣！”滚鞍下马，向前施礼**。“滚鞍”二字足见其心情的激动。然而又不是他要找的孔明，而是他的岳父学唱孔明的《梁父吟》。这时候，小说家罗贯中非常细致地从远景写起，再推近，给了刘玄德一个特写：**正值风雪又大，回望卧龙冈，悒怏不已**。“悒怏”，愁闷不乐之意。读者尽可以揣想刘备此时的神情。

学生阅读作业　　　　徐馨岳　绘

六、三顾茅庐

好在刘备不是那么容易放弃的人。第三次，他真的像信里说的那样“**占卜，选择吉期，斋戒三日，薰沐更衣，再往卧龙冈谒孔明**”。“斋戒”如果粗浅地理解指的是不饮酒、不吃荤、不行娱乐活动，也包括后面说的沐浴更衣，总而言之就是让自己的身体和心灵都处于洁净的状态，一般用于祭祀、行大礼等严肃庄重的场合，以示虔诚庄敬。刘备信里这么写的时候，读者大概没有当真，因为毕竟“沐浴更衣”云云也是中国文化中常见的套话。没想到刘备真的这么做了。关羽和张飞的反应是“**闻之不悦**”，一起前来进谏。我们来看这段——

> **关公曰：“兄长两次亲往拜谒，其礼太过矣。想诸葛亮有虚名而无实学，故避而不敢见。兄何惑于斯人之甚也！”玄德曰：“不然，昔齐桓公欲见东郭野人，五反而方得一面。况吾欲见大贤耶？”张飞曰：“哥哥差矣。量此村夫，何足为大贤；今番不须哥哥去，他如不来，我只用一条麻绳缚将来！”玄德叱曰：“汝岂不闻周文王谒姜子牙之事乎？文王且如此敬贤，汝何太无礼！今番汝休去，我自与云长去。”飞曰：“既两位哥哥都去，小弟如何落后！”玄德曰：“汝若同往，不可失礼。”飞应诺。**（308页，下同）

看这段小说，其实关羽和张飞的反应才比较像正常人的反应。刘关张从黄巾起义开始，也已经戎马多年，历尽当世英雄，如果诸葛亮真像他的朋友们说的那样天下无双，怎么一直没听说过呢？一个人没有一点功业，怎么敢自比管仲乐毅呢？所以关羽说他“**有虚名而无实学，故避而不敢见**”，又说大哥你怎么就被他迷惑到这种程度呢？张飞说诸葛亮“**量**

此村夫，何足为大贤”，这个评价也很对啊，前两次去诸葛亮家，他都出去漫山遍野地游玩了，一点做学问的样子都没有。刘备为了回答关羽和张飞，一连引用了两个典故，一个是“东郭野人”的故事：春秋五霸之首齐桓公听说住在东门郊区外的一个人很有才，就去拜见，去了五次才见到。这个东郭野人后来做出一番功业了吗？历史没有记载，看来就是没有大效于世。这个结果不要紧，要紧的是齐桓公对待贤士的态度。关羽是爱读书的，对张飞这个莽汉，刘备就用了一个更通俗的例子，讲的是周文王访姜子牙的故事。读到这里，不禁让人疑惑起来。每次讲话都引经据典，这像是刘备说话的风格吗？翻翻《三国演义》这部小说，刘备的语言始终很口语化，甚至江湖化，比如他送别张松时说的那句“青山不老，绿水长存”才更像是他的话。为什么到了“三顾茅庐”这个章节，突然变得文气起来了呢？我们先把这个疑问留一留，结尾再说。

还有一个问题：刘备为什么违反常人的判断，坚持三顾茅庐呢？这个人身上的疑点不是很多吗？但是那么能干的徐庶推荐了他啊，那么贤明的司马徽推荐了他啊，只要有一线希望，我刘玄德就一定要亲自见见这个人。不怕失望，敢于相信：这就是非凡的勇气和魄力。非常之人行非常之事，由此看来，刘备是真英雄。再有另外一个原因，曹操当年不肯杀刘备时说了一句话：“方今正用英雄之时，不可杀一人而失天下之心。”现在诸葛亮在一个小圈子里有极高的名声，假设像关羽那样傲慢他，像张飞那样一条麻绳把他绑来，事情会有怎样的后果呢？玄德一无所有，唯有仁德爱人的名声，怠慢了诸葛亮就是怠慢了天下士人的心。反过来，如果对诸葛亮礼敬有加，结果如何？哪怕他像东郭野人那样并没有做出什么卓越的成就，但自己的爱士的名声却会广为流传，到时候“桃李不言，下自成蹊”，何愁没有真正的贤士呢？这才是政治家思考问题的层面。反观一下，像关羽和张飞这样的就事论事，看似是对的，反而失了高度。接着读小说——

童子曰："今日先生虽在家，但今在草堂上昼寝未醒。"玄德曰："既如此，且休通报。"分付关、张二人，只在门首等着。玄德徐步而入，见先生仰卧于草堂几席之上，玄德拱立阶下。半晌，先生未醒。关、张在外立久，不见动静，入见玄德犹然侍立。张飞大怒，谓云长曰："这先生如何傲慢！见我哥哥侍立阶下，他竟高卧，推睡不起！等我去屋后放一把火，看他起不起！"云长再三劝住。玄德仍命二人出门外等候。望堂上时，见先生翻身将起，忽又朝里壁睡着。童子欲报，玄德曰："且勿惊动。"又立了一个时辰，孔明才醒，口吟诗曰：

"大梦谁先觉？平生我自知。草堂春睡足，窗外日迟迟。"（309页，下同）

讲刘玄德二访诸葛亮时，我们曾说小说里有"程门立雪"的影子，看这第三次，果真就让诸葛亮睡着，玄德在门外等，"拱立阶下"，"拱立"的意思是肃立，恭敬地站着，就是即使在对方闭着眼睛，看不到自己时，依然发自内心地保持尊重的姿态。等了好久，急得张飞都要放火了，孔明却翻了个身，又睡去了。这小小的一个细节设计，看得人好心惊。这回连童子都要通报了，玄德再阻拦，又等了一个时辰（两个小时）孔明才醒。读者不禁要问了：孔明是真的睡着了？还是故意考验刘备呢？我们不知道，但可以联想"圯桥三进履"的故事去推测。

这个故事说的是汉朝名将张良，刺杀秦始皇失败后，流亡下邳。一日在桥上遇到一位村夫打扮的老人，老人故意把鞋子扔到桥下去，让张良去捡，还让他跪着给自己穿上，如是三次，张良皆恭恭敬敬。老人遂感念他的诚心，将《太公兵法》传给他，助他成了司马徽口中“旺汉四百年之张子房”。三次考验，张良得到的是一部兵书；而三顾茅庐，刘备得到的是诸葛亮的“鞠躬尽瘁，死而后已”。小说前文，司马徽正是用张良来比拟诸葛亮的。《三国演义》的故事虽然发生在三国，但成书于明代，这就使它在讲故事这方面有点集大成的意思。

再来看孔明吟的这首诗。**“大梦谁先觉？平生我自知。”**可以理解为“我什么时候从隐居的梦中醒来啊？这辈子我最了解我自己了。”还有一句隐含的话没说，那就是我现在该醒了，该出山了。**“草堂春睡足，窗外日迟迟”**，“日迟迟”不是说已经到了傍晚了，而是说春天光照时间渐长，天气趋暖，原出自《诗经·七月》：“春日迟迟。”这句话可以理解为景色描写，也隐含着春天正好、时机正好的意思。吟罢，不待童子通报，孔明就主动问曰：“有俗客来否？”看来这一切他早已了然于心。接下来的故事就是“隆重对策”了。

本以为都“隆中对”了，这下诸葛亮肯定会出山了吧？没想到小说再荡开一笔——

孔明曰：“亮久乐耕锄，懒于应世，不能奉命。”玄德泣曰：“先生不出，如苍生何！”言毕，泪沾袍袖，衣襟尽湿。孔明见其意甚诚，乃曰：“将军既不相弃，愿效犬马之劳。”（310页）“三顾茅庐”真正的结尾是孔明嘱付弟弟诸葛均曰：**“吾受刘皇叔三顾之恩，不容不出。汝可躬耕于此，勿得荒芜田亩。待我功成之日，即当归隐。”后人有诗叹曰：“身未升腾思退步，功成应忆去时言。只因先主丁宁后，星落秋风五丈原。”**（312页）“只因先主丁宁后，星落秋风五丈原。”读来令人心碎。我们都知道诸葛亮再也没能回到田园中，六出祁山他甚至没有再回到汉中，就葬在了定军山上。不知他几十年的鞠躬尽瘁中是否有某个瞬间想起家乡的八百株桑树，想起出山前许下的愿望？无论如何“待我功成之日”这一情节是小说中十分飘逸的一笔，写诸葛亮出茅庐的担当、感恩，以及在选择人生之路时的一点惆怅。这一笔使诸葛亮这个人物之后的所有权谋机变、努力奋斗都因为感恩这个母题而带上几分纯洁的色彩、悲剧的色彩；也使得这个人物沉重中有飘逸，神仙之貌下不乏凡人之情重。日本近代诗人土井晚翠就截取了上文诗句中的最后一句，写成著名长诗《星落秋风五丈原》，大概日本人心中的孔明情节就缘于此。

七、永恒的价值

回到开始的问题：“三顾茅庐”为什么成为了我们汉文化中非常著名的一个典故？从叙事技法来看：人皆言写故事要一波三折，“三顾茅庐”这个故事，不仅“三顾”本身一波三折，相遇前、相遇中、相遇后，竟能每每一波三折，折上叠折，这真是奇文字。从主题上来看——向内寻找：故事本身既有相遇相知的动人，又有天下担当的感人。向外寻找：故事之外也另有原因：

其一，小说中的诸葛亮始终在独善其身和兼济天下之间犹豫，而他最终的选择是辅佐刘备拯救苍生。在这个故事中，小说家安排刘备遇见了司马徽、农夫、博陵崔州平、颍川石广元、汝南孟公威、其弟诸葛均、丈人黄承彦，每个人都会唱一段歌，时而表现归隐之意，时而表现进取之心，其实他们每个人都是诸葛亮的化身，表现了他的真实的矛盾、犹疑。历史上的诸葛亮常常给人万千重担于一身的沉重的印象，但在小说中，作者又写出了他神仙般可以飞翔的样子。是积极进取，还是归隐田园？这样的人生难题直到今天依然困扰着人们，这就使“三顾茅庐”这个故事有了现代价值。

其二，为什么古往今来人们对于这个故事如此津津乐道？我们对比一下。在第十回，写到了曹操手下的谋士集团的来历：荀彧、荀攸是投奔而来，程昱是曹操派人在乡间找到的，郭嘉是曹操一纸文书征聘来的，刘晔、毛玠都是他发朝廷文书聘来的。孙家一方，周瑜是孙策的结拜兄弟，张昭是孙策亲自到家请来的，鲁肃是被周瑜引荐给孙权的。可以说三国时代的智谋之士，唯有诸葛亮享受过“三顾”的礼遇。这样的尊重深深地打动了历代知识分子，包括小说作者罗贯中的心，这就是原因。正因为刘备做出了这样的事，他也在士人心中享有了很高的尊敬，被塑造成了礼贤下士的典范。比如这个章节，不爱读书的刘备突然频繁引经据典，看似说给关羽、张飞听，其实更是替士人们说给主公听。直到今天，人们都希望着三顾茅庐的发生，那是因为人们渴望被尊重被赏识的心是不变的。

这就是这个故事永恒的价值。

思辨读写

辩论赛：

诸葛亮是否应该出山？

虽然诸葛亮出山是既成史实，但是通过讨论他的人生难题，可以让我们更好地理解三国时期的历史，也更好地理解出世和入世对于自己和社会的意义。

写作加油站：

背面敷粉法

背面敷粉法是写作方法的一种，是指不用全力对作品所描写的事物作正面刻画，而是着力去写与其特征相反或相对的其他事物，互相映衬对照，从而使这一事物的特征鲜明突出。

小说作者为写诸葛亮之犹疑，以友人、家人正衬之；刘备之耐心诚挚，以张飞之暴躁、关羽之迟疑反衬之。这种方法谓之“背面敷粉”。

文言加油站：

阅读关于卧龙岗环境的古诗，回答问题。

“襄阳城西二十里，一带高冈枕流水：高冈屈曲压云根，流水潺潺飞石髓；

势若困龙石上蟠，形如单凤松阴里；柴门半掩闭茅庐，中有高人卧不起。

修竹交加列翠屏，四时篱落野花馨；床头堆积皆黄卷，座上往来无白丁；

叩户苍猿时献果，守门老鹤夜听经；囊里名琴藏古锦，壁间宝剑挂七星。

庐中先生独幽雅，闲来亲自勤耕稼：专待春雷惊梦回，一声长啸安天下。”

1. 哪些诗句表现此处主人享受隐居之趣？

____

2. 哪些诗句表现此处主人心怀大志？

____

参考答案：

1. 柴门半掩闭茅庐，中有高人卧不起。修竹交加列翠屏，四时篱落野花馨；叩户苍猿时献果，守门老鹤夜听经。庐中先生独幽雅，闲来亲自勤耕稼。

2. 势若困龙石上蟠，形如单凤松阴里；床头堆积皆黄卷，座上往来无白丁；囊里名琴藏古锦，壁间宝剑挂七星。专待春雷惊梦回，一声长啸安天下。

人皆言“弱国无外交”，但是诸葛亮、赵咨、邓芝无不是临危受命，持弱而不守弱，以一己之力扛国家之鼎。在他们身上，不仅辞令艺术值得人学习，为国为主的责任感更是令人追慕。“舌战群儒”作为其中最经典的外交成功案例，里面蕴含着诸葛亮怎样的勇气、信心、智慧，甚至诡辩之术？

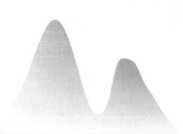

第六讲

舌战群儒

辩论的教科书

阅读导引

阅读回目：

第四十三、八十二、八十六回

阅读指导：

刘备为曹操所逼，几欲投江而死，此番诸葛亮使吴，是在己方极为不利的情况下立意说动孙权联合抗曹，成败系于一线。如何凭借口舌之力挽救颓势？舌战群儒，堪称辩论的教科书。阅读时可以粗略梳理出双方观点，看看诸葛亮如何一一驳斥。

回合与人员	吴方观点	诸葛亮观点
第一回合　张昭	诘责孔明个人和刘备集团的能力	以仁义之心和以待天时解释
第二回合　虞翻		
第三回合　步骘		
第四回合　薛综		
第五回合　陆绩		
第六回合　严峻		
第七回合　程德枢		

阅读支持：文化常识

1. 陆绩怀橘：典出《三国志 · 吴志》，陆绩，三国时吴国人，官至太守，擅长天文和历法。怀橘之说讲的是陆绩六岁时见袁术，因觉座间橘子味美，藏了三个在袖中，拜谢时滚了出来，当他回答是带给自己的母亲时，袁术嘉奖了他，意在表彰他的孝顺。

2. 伊尹耕莘：伊尹，辅佐成汤，建商灭夏。在崛起之前，伊尹曾种地为生。今山东莘县旧志说莘之北门曰伊尹田，伊尹田之北八里有莘亭，世传为伊尹躬耕之处。

话说刘备为曹操所逼，蔡夫人又乘刘表新亡，献了荆州，直教他无立锥之地，携民渡江，急得“欲投江而死”，亏得张飞喝断长坂桥才侥幸逃脱。当此之际，孙权当然成了二人争抢的对象，若孙权肯和刘备结盟，备尚有一线生机；若孙权真的像曹操说的那样“会猎于江夏”，哪怕仅仅是“坐山观虎斗”，刘备的结局都会是命悬一线。孙权这边的意见呢？以张昭为首的众臣，畏惧曹操势力，俱有投降之意。

面对这样的情形，诸葛亮能否凭口舌之力，挽狂澜于万一呢？

在《三国志·诸葛亮传》中，陈寿用数百字完整记下了诸葛亮劝孙权的话语，意在嘉言其危难之际缔结同盟之功。小说家为了凸显诸葛亮作为政治家、外交家的卓越才干，令他直面江东反对派，小说中孙权说：“**来日聚文武于帐下，先教见我江东英俊**”（348页）。“舌战群儒”就此开演。

第一个出场辩论的当然是主和派的主心骨，东吴托孤大臣张昭。孔明是以败军使者的身份来到此处，张昭抓住这一点，不问是战是和，先质疑他的个人能力。小说写道：“**朝廷旧臣，山林隐士，无不拭目而待，以为拂高天之云翳，仰日月之光辉，拯民于水火之中，措天下于衽席之上，在此时也。**”（349页，下同）这一串比喻句都在说大家对您的出山拭目以待，可是您的表现呢？“**何先生自归豫州，曹兵一出，弃甲抛戈，望风而窜；上不能报刘表以安庶民，下不能辅孤子而据疆土；乃弃新野，走樊城，败当阳，奔夏口，无容身之地。是豫州既得先生之后，反不如其初也。**”这是说刘备得了先生您之后怎么一路变成了“逃跑先生”？您这样的能力值得人信赖吗？面对这一番排山倒海的刁难，一般人也许会面红耳赤，先在情绪上败下阵来。我们看诸葛亮的表现：

孔明听罢，哑然而笑曰："鹏飞万里，其志岂群鸟能识哉？""哑然"本身就是笑的意思，首先在气势上，孔明并没有被打败，反而嘲笑了对手见识的浅薄。他自诩为"大鹏"，又如何解释自己的节节败退呢？孔明打了一个比喻，说一个人得了重病，就要先喝粥佐药调养身体，等到身体底子好了一点，再用肉和猛药治疗，这样才能痊愈。如果现在身体孱弱，一下子就下猛药，则安康难保。现在我的主公刘豫州势力正弱，不宜即刻就放大招。这个比喻倒是把失败解释了一下，也有漏洞，言谈之中岂不是自曝其短，承认刘备团队此时是羸弱的病人吗？既如此，他人有什么理由与你结盟。孔明话锋一转，说"**豫州不过暂借以容身，岂真将坐守于此耶？夫以甲兵不完，城郭不固，军不经练，粮不继日，然而博望烧屯，白河用水，使夏侯惇、曹仁辈心惊胆裂：窃谓管仲、乐毅之用兵，未必过此**"。我们以如此的弱势抵挡强兵，本来就说明了我们在用兵上的优势，证明了我们的潜力啊！可是那些失败的事情又怎么解释呢？孔明说"**至于刘琮降操，豫州实出不知，且又不忍乘乱夺同宗之基业，此真大仁大义也。当阳之败，豫州见有数十万赴义之民，扶老携幼相随，不忍弃之，日行十里，不思进取江陵，甘与同败，此亦大仁大义也**"。这几句话不仅在解释失败，而且把失败的原因描述成了我方的优势和政治资本，这样的口才就不能不令人佩服了。

从辩论的角度说，己方的阵脚已经守住了，该做的就是诘难对方了。孔明继续说，胜败乃兵家常事；汉家高祖数次被关羽大败，可垓下一战不就彻底反败为胜了吗？潜台词是：我们是潜力股，你们不要只盯着眼前；又接着说，国家的社稷安危，都是在于人谋。"人谋"的"人"绝不是那些夸夸其谈、空有名声的人；这样的人你跟他口头争论，没人比得上他，可是遇到事情又轻易变节，一事无成。真是天下的笑话！这最后一句剑锋就直指投降派张昭了，而且封死了对方的口，要再接口辩论，岂不正成了孔明所说的“夸辩之徒”？不但张昭接不上话，后面的所有人都有落入此番讽刺的可能了。

回顾一下这桩“舌战群儒第一难”，从张昭诘责孔明个人和集团的能力开始，孔明以现有成绩驳之，以仁义之心和以待天时解之，以夸辩无能讽之，层层力转乾坤，竟逼得对方哑口无言。言语机锋实在是精彩之至。

第二回合，又是一个尖锐问题：曹军所向披靡，你来劝我们跟你联合，打得过吗？说出这话的是虞翻。用小说的原文是：“**区区求救于人，而犹言‘不惧’，此真大言欺人也！**”（350页，下同）的确如此，“不惧”只是一个空口支票，您想让我和你结盟？硬实力在哪儿？这一点孔明回答不出来，因为此时真的没有。于是他掉转话头，另辟蹊径，不说自己不行，而说对方不行：“**今江东兵精粮足，且有长江之险，犹欲使其主屈膝降贼，不顾天下耻笑。由此论之，刘豫州真不惧操贼者矣！**”这一下可戳到对方的软肋了，当然会逼得虞翻不能对。

第三回合，步骘（zhì）发言。刚才孔明已经越说越在理，他采取的对策是推翻一切，不管你是对是错，你都是来游说我们。怎么洗脱“忽悠”之嫌？孔明说：“**步子山以苏秦、张仪为辩士，不知苏秦、张仪亦豪杰也：苏秦佩六国相印，张仪两次相秦，皆有匡扶人国之谋，非比畏强凌弱，惧刀避剑之人也。君等闻曹操虚发诈伪之词，便畏惧请降，敢笑苏秦、张仪乎？**”诸葛亮一边说自己是豪杰，一边说对方是胆小鬼。语言不管从何处落点，拐着拐着总落点在指责他们的投降主义。

第四回合，薛综发言。“**汉传世至今，天数将终。今曹公已有天下三分之二，人皆归心。刘豫州不识天时，强欲与争，正如以卵击石，安得**

不败乎？”我想这番发言是比较能代表投降派的心声。正因为这点，这番话很不好接，诸葛亮只能给曹操贴上“汉贼”的标签，拼命拿政治正确说事儿。而且比起前几个回合的客观冷静，他的态度是“厉声”，厉害的厉，言语也是激烈的，指责薛综：“**真无父无君之人也！不足与语！请勿复言！**”这么设计，大概是基于这部小说“忠君”的思想。后文又写，薛综的反应是“满面羞愧”。他真的就这么轻易放弃了自己的看法？我们不得而知，也许有一部分原因是古代人忠君的思想，还有一部分原因应该是他被孔明所表现出来的咄咄逼人以及强大的道德逻辑给打败了。

第五回合，质疑对方主帅刘备的出身。孔明四两拨千斤就给驳回了：“**高祖起身亭长，而终有天下，织席贩屦，又何足为辱乎？公小儿之见，不足与高士共语！**”不仅驳回了，还把对方贬为了小儿。值得一提的是孔明在回答陆绩的提问时，还用了这样一个反问句：“**公非袁术座间怀桔之陆郎乎？**”“陆绩怀橘”这个典故出自《三国志》，这个故事本意是赞扬陆绩的孝顺，孔明用在这里，却有讥讽对方贫穷偷盗之意，有点用道德的尺子压一压对方的预谋。

第六回合，东吴团队又把孔明之前的议论都推翻了，“您刚才说的都是强词夺理，没什么依据。请问您是哪个门派的？读哪门经书，跟的老师是大牛吗？”孔明说：“**寻章摘句，世之腐儒也，何能兴邦立事？且古耕莘伊尹，钓渭子牙，张良、陈平之流。邓禹、耿弇之辈，皆有匡扶宇宙之才，未审其生平治何经典。岂亦效书生，区区于笔砚之间，数黑论黄，舞文弄墨而已乎？**”（351页）“您指的那些人，都是只会引经据典的书呆子吧，他们怎么能扛起国家大事呢？您看种地的伊尹啊，钓鱼的姜太公啊，当过古惑仔的张良啊，他们最终都成为社稷之臣，也没听说他们是哪个门派的啊！这些伟大的人物哪个只做点舞文弄墨的事呢？”

第七回合，东吴团队醒过来了，说您一直在批评夸夸其谈的人，您看看现在，在座的就属您最口若悬河了。恐怕您也没什么真才实学，要被儒者笑话了吧。孔明回答："儒者也分大儒和小儒。大儒心系天下，忠君爱国；小儒呢，研究点词句方面的雕虫小技。真遇到国家危亡，没半点策略和骨气。你看扬雄就是，那可是汉朝第一笔杆子，后来投靠了王莽，因为政治牵连差点跳楼身死。这就是小人之儒，没什么大用。"

回看一下七个回合的雄辩，有没有发现：首先出战的张昭，尚能有理有据，侃侃而谈，提出的质疑也着实令人一惊；到了后面，东吴阵营渐渐捉襟见肘，宛如强弩之末，没有了一开始的气势。详写其一，略写其后，不仅符合事理，也是小说情节构造上的妙处，读来不禁会心一笑。

用白话文和现代语言的表达习惯把后几个回合的辩论复述了一遍，我们大抵领略了诸葛亮作为外交家的辞辩能力，其实语言的背后是他的政治眼光、坚定信念，这些才是智慧的基石。

这一番辩论其实也是两种价值观的判断：一种是注重知识本身的，一种是重视实践的；一种是看重出身门第，一种是看重个人能力的。一种在冷峻的现实面前是软弱的，一种是敢于迎难而上的。前者说的当然是东吴集团，或者更广泛的指社会上的这一类群体，比如袁绍、刘表，还有后来出现的王朗；后者说的就是以诸葛亮为代表的群体。这就与我们之前读到的"惟孔明独观其大略"的印象呼应上了。在三国人物中，基本上刘备也应该算是这一群体的代表。而后来成就一番事业的都是这个群体中的人物。这不能不给我们做人和为学方面的启示。

但如果你以为孙权的决意抗曹皆是诸葛亮舌辩之功，却又大谬，前有鲁肃的进言，后有武将周瑜的坚决支持。只是小说为了突出孔明之功，将这二者做了弱化处理，甚至还生出了以大乔小乔激励周瑜的戏码。鲁肃的进言我们在此重读一下——

肃曰："如肃等降操，当以肃还乡党，累官故不失州郡也；将军降操，欲安所归乎？位不过封侯，车不过一乘，骑不过一匹，从不过数人，岂得南面称孤哉！众人之意，各自为己，不可听也。将军宜早定大计。"（347—348页）

作为历史小说，能通过人物语言的精准设计，揭示事件深层原因，这既是作者的历史学养，更是文学天赋使然。小说家写作时虽有自己的倾向和艺术加工，但他在揭示历史事件多重原因方面也费心劳力，使小说在情节和人物风采上俱达到了摇曳生姿的效果。从辩论来讲，如何处弱势而不卑不亢，如何攻击对方弱点，解说我方优势，"舌战群儒"都有教科书般的意义。

《三国演义》中使者是一个高危行业，双方之间一言不合就"斩来使"，令无辜的使者成了替罪羊。但也有一些使者如同诸葛亮般凭一己之力扭转乾坤。比如吴使赵咨，事见小说第八十二回。关羽兵败失了荆州后，孙权惧蜀国兵锋，又恐魏一并夹击，写表向曹丕称臣，派使者赵咨前往魏国，临行嘱咐：**"但卿此去，休失了东吴气象。"**咨曰：**"若有些小差失，即投江而死，安有面目见江南人物乎！"**（650页）去求和、服软、称臣，如何不堕气象？赵咨居然做到了。连曹丕也要感叹：**"'使于四方，不辱使命'，卿可以当之。"**（651页）遂罢兵，接受孙权称臣。

《三国演义》中还有一段著名的使者故事，与此事相类，且是诸葛亮亲遣的，即八十六回邓芝使吴。话说刘备新亡之后，吴、魏俱窥蜀。诸葛亮运用各方矛盾安居平五路，这其中一路就是邓芝。曹丕发兵取蜀，不能遽得，遣使约兵于孙权。如同当日赤壁之战一样，孙权又站在了一个十字路口：是与魏结盟攻蜀？还是与蜀结盟防魏？"邓芝使吴"故事的好看就好看在邓芝知道自己的使命，孙权一方也知道他是来做说客的，于是这场会面以一种激烈的方式展开：

权从其言，遂立油鼎，命武士立于左右，各执军器，召邓芝入。芝整衣冠而入，行至宫门前，只见两行武士，威风凛凛，各持钢刀、大斧、长戟、短剑，直列至殿上。芝晓其意，并无惧色，昂然而行。至殿前，又见鼎镬内热油正沸，左右武士以目视之，芝但微微而笑。（第八十六回，683页）

作为使者，邓芝临危不惧，不丧母国威仪。面对孙权作怒的姿态，芝曰："吾乃蜀中一儒生，特为吴国利害而来。乃设兵陈鼎，以拒一使，何其局量之不能容物耶！"不说为蜀，反说为吴；不说自己无礼，反说对方量狭。这是以语言机锋置对手于被动。陈说吴蜀联合之利，邓芝从人和说到地利，既以利诱之——"二国连和，共为唇齿，进则可以兼吞天下，退则可以鼎足而立"，又以险迫之——"今大王若委贽称臣于魏，魏必望大王朝觐，求太子以为内侍，如其不从，则兴兵来攻，蜀亦顺流而进取，如此则江南之地，不复为大王有矣"，最后还答还说客一语，不取守弱之态，以强抗强，以表真诚——"若大王以愚言为不然，愚将就死于大王之前，以绝说客之名也。"撩衣下殿，望油鼎中便跳，直唬得孙权急忙止之，请入后殿，以上宾之礼待之。这一下，反而是孙权一方变成了没理，变成了求结盟的一方。情势逆转，这就是使者的能力。

这个故事最妙的是其后邓芝再来答礼，二者还有这一番对话。

权问邓芝曰："若吴、蜀二国同心灭魏，得天下太平，二主分治，岂不乐乎？"芝答曰："'天无二日，民无二王'。如灭魏之后，未识天命所归何人。但为君者，各修其德，为臣者，各尽其忠，则战争方息耳。"权大笑曰："君之诚款，乃如是耶！"遂

厚赠邓芝还蜀。自此吴、蜀通好。（第八十六回，686页）

读这段话，常被感动。为使者不曲意逢迎，能够明白事理如此；为君者也能赏识这种识见与诚意。人与人之间相交至此，让人向往三国时代。

学生表演《三国演义》片段　　马逸静　演出《舌战群儒》

思辨读写

微表演：

将舌战群儒，或者仅仅将张昭与孔明论战的部分改编成一出话剧表演，注意人物语气的揣摩、动作的设计。

写作加油站：

辩论稿的写作实际上是一种议论文，可以用比喻论证的方式，比如张昭讽刺孔明，自从他来了刘备就一路败绩。孔明就用了两个比喻来说明。一是“鹏飞万里，其志岂群鸟能识哉？”。首先在气势上，孔明并没有被打败，反而嘲笑了对手见识的浅薄。他自诩为“大鹏”，又如何解释自己的节节败退呢？孔明又打了一个比喻，说一个人得了重病，就要先喝粥佐药调养身体，等到身体底子好了一点，再用肉和猛药治疗，这样才能痊愈。如果现在身体孱弱，一下子就下猛药，则安康难保。现在我的主公刘豫州势力正弱，不宜即刻就放大招。

你也可以试着在自己的辩论稿中使用比喻论证。

阅读加油站：

阅读《邓芝使吴》选段，回答问题：

权从其言，遂立油鼎，命武士立于左右，各执军器，召邓芝入。芝整衣冠而入。行至宫门前，只见两行武士，威风凛凛，各持钢刀、大斧、长戟、短剑，直列至殿上。芝晓其意，并无惧色，昂然而行。至殿前，又见鼎镬内热油正沸。左右武士以目视之，芝但微微而笑。

哪些句子正面表现了使者邓芝的毫不畏惧？请摘抄。

____

参考答案：

无惧色，昂然而行，但微微而笑。

赤壁之战让小说家找到了一切书写的理由：柳暗花明的情节反转，诈降戏码的同花异果，步步为营的谋略锁链，孙曹集团的明争与瑜亮之间的暗斗，火烧战船的实打实与作法借东风的神乎神。

第七讲

赤壁之战

好戏连台

阅读导引

阅读回目：

第四十一五十回

阅读指导：

赤壁之战是《三国演义》中描绘得最详细的战争，里面若干精彩的故事，像“蒋干盗书”“草船借箭”“借东风”“打黄盖”“连环计”都是中国人耳熟能详的，被京剧、电影等多种艺术形式演绎过。阅读这十回，首先要了解这些精彩的故事；其次要看到小说家对于人物形象的塑造，比如诸葛亮和周瑜的机智，黄盖的忠心，阚泽的勇敢，曹操的胸怀大志。

阅读经典故事宜把握细节，去体会人物的动因以及小说家的巧思。比如在蒋干盗书的故事中，周瑜“整衣冠，引从者数百，皆锦衣花帽”，接下来又写，“须臾，文官武将，各穿锦衣”。明知蒋干是来做奸细的，为什么要“穿锦衣”？

阅读支持：东风是借来的吗？

关于诸葛亮为什么能够“借”来东风，说法不一。

火烧赤壁发生在冬至。《三国演义》中，程昱入告曹操：“今日东南风起，宜预提防。”操笑曰：“冬至一阳生，来复之时，安得无东南风？”按中国古代历法，冬至一阳生，这个节气为阴的极点，阴到了极点又开始向阳转化，所以在这天出现风向转变是很正常的。也有理论从现代科学的角度认为这场东风是因为高压反气旋。在这种天气下，气流顺时针流出，高压西部的赤壁地区就正好吹起东南风。由于大气运动是复杂而多变的，很可能在赤壁地区西边偶然地出现了一个小低压。

提起赤壁怀古，中国人最先想起来的会是宋苏轼的《念奴娇》——

念奴娇·赤壁怀古

大江东去，浪淘尽，千古风流人物。故垒西边，人道是，三国周郎赤壁。乱石穿空，惊涛拍岸，卷起千堆雪。江山如画，一时多少豪杰。

遥想公瑾当年，小乔初嫁了，雄姿英发。羽扇纶巾，谈笑间，樯橹灰飞烟灭。故国神游，多情应笑我，早生华发。人生如梦，一尊还酹江月。

赤壁之战越是轰轰烈烈，故垒西边越是冷冷清清；越是畅想已逝的三国风流人物，越是觉今日独舟如梦；越是想公瑾的雄姿英发，越觉得己身的早生华发。苏轼这是以极热烈写极冷清。热烈的代名词，就是赤壁；人才的代名词就是三国。

翻阅裴注《三国志》之《武帝纪》《先主传》《周瑜传》《诸葛亮传》《黄盖传》《阚泽传》《庞统传》等文，发现这场战争的记载并不多。让“赤壁之战”轰轰烈烈的，应该是这本小说，以及成书前代代说书艺人的智慧。小说家大书特书，《三国演义》第四十到五十回共十回都在讲一件大事——赤壁之战。在这个事件中，小说家找到了一切书写的理由：柳暗花明的情节反转，双方诈降戏码的同花异果，步步为营瓮中捉鳖的谋略锁链，孙曹集团的明争与瑜亮之间的暗斗，火烧战船的实打实与作法借东风的神乎神。再从整本小说来看，被略写的孙吴一方需要一次华彩的亮相，已经火烧博望、新野的诸葛亮需要赤壁的火光凑足他“新官上任的第三把火”。赤壁的故事，满足文学的需要，这一场战争的胜利直似一场文学的胜利。

一、步步惊心

曹操真的那么傻吗？真的可以“谈笑间，樯橹灰飞烟灭”吗？要知道，此时的他已经击败袁绍，北征乌桓，基本平定了国家北方大片土地，其势如日中天。是什么缘故使他犯下致命的错误呢？这一点给后人留下太多的空间去想象了。读这十回小说，你会发现作者罗贯中如何一步步地给历史以解释，以艺术的真实揭示历史发展的哲理。

原本“以卵击石”的孙刘怎样一步步扭转乾坤？

第一个问题：刘备兵败势危，为什么孙权不帮着曹操打刘备，而是选择了联刘抗曹呢？小说第四十三、四十四回回答了这个问题，即“诸葛亮舌战群儒”“鲁子敬力排众议”“孔明用智激周瑜”。第二个问题：曹操手下难道没有懂水战的人吗？他不是刚刚收了荆州吗？当然有人，那就是蔡瑁、张允。小说作者集前代精华，设计了一出“蒋干中计”，将计就计结果了二人性命。曹操的水军因此换上了两名北方的陆军将领。第三个问题：以少敌多，宜用火攻。那么谁能让曹操把船连在一起呢？于是有了“庞统巧授连环计”。谁去放这把火呢？又有了“周瑜打黄盖，一个愿打，一个愿挨”。最后一个问题：有人放火，还要有风助火。风在何处？小说设计的情节是诸葛亮登坛作法，向上天“借东风”。

梳理完基本故事情节后，你有没有一种深刻的感受？曹操正在一步步地入孙刘彀中，连我们读者也跟着步步惊心。下面来讲一讲“赤壁之战”中的经典故事。

学生表演《三国演义》片段 车林鑫 演出《蒋干盗书》

二、蒋干中计

小说第四十五回“三江口曹操折兵　群英会蒋干中计”，前半回讲蒋干出使东吴之前的波折，按照回目名说的是不善水战的曹操先小输了一回；这一输引出的却是两个本土能人蔡瑁、张允，在他们的调治下曹操的水军强大起来，连周瑜都大惊“此深得水军之妙”；这本来应该是好事，却偏偏又引出了蒋干拜访周瑜以至二将军身死。这样一部丰富的小说，只在一回内就可以做到“一波三折”，就可以引发你“胜败乃兵家常事”的喟叹。作为阅读者，你会时时充满着趣味：总不知这件是好事还是坏事，破除了好坏的观念，才能更接近于我们生活的常态、常理。《三国演义》这部小说，即使“管中窥豹”，即使任意抽出一个章回作为短篇小说来阅读，也能想见其“豹”的美妙。

回到核心故事，这件事最集中表现了周瑜的智慧。看这样一个细节，“**瑜整衣冠，引从者数百，皆锦衣花帽**”（369页，下同），接下来又写，“**须臾，文官武将，各穿锦衣**”，为什么着重写“穿锦衣”？意思很明白，今日见面不谈战事，只叙旧情；周郎着意使蒋干知自己不务正业，只是在意锦衣华服的美少年，是“曲有误，周郎顾”的文艺青年。再看周瑜的语言，第一句即是“**子翼良苦，远涉江湖，为曹氏作说客耶？**”，先行挑破，倒逼得蒋干只能说不是，而是来叙旧情的。戏码还要继续做足，接下来周瑜又解佩剑，言明“**如有提起曹操与东吴军旅之事者，即斩之**”；展示军容后，又说：“**假使苏秦、张仪、陆贾、郦生复出，口似悬河，舌如利刃，安能动我心哉！**”蒋干的反应是惊愕、“面如土色”。为什么要这样做？越是让蒋干觉得他就要无功而返了，越是引起他的焦虑，那么盗书的动力则越充足。若用一个成语来形容周瑜的这种策略，就是“明修栈道，暗渡陈仓”。解决了动力问题，还要解决具体实施问题。小说是这样安排的——

瑜曰：“久不与子翼同榻，今宵抵足而眠。”于是佯作大醉之状，携干入帐共寝。瑜和衣卧倒，呕吐狼藉。（370页，下同）蒋干当然是睡不着的，看周瑜——“**鼻息如雷**”，盗书的条件成熟了。可怎么让蒋干确凿地相信这封信呢？要知道身为同学，蒋干肯定知道“周瑜是个精细人”，重要书信怎让他轻易得了呢？周瑜先是说梦话：“**子翼，我数日之内，教你看操贼之首！**”又假装懊悔约蒋干同榻。知道他会装睡，故意做与敌军沟通状。所有的一切都是演给蒋干的戏，哄得他滴溜溜转。当然，不只是哄他，重要的是他一定会将这一切转述给曹操，真正要骗的是这个厉害角色。最终的结果是曹操结果了蔡瑁、张允二人性命，自己帮周瑜除掉了心头大患。待人头端上来，曹操方悔悟。输就输了这么一点点。我们回过头再去想这一系列的骗局，才明白每一步的不可或缺。势均力敌的斗智斗勇才好看。所以“群英会”这一出故事才成为经典的京剧剧目。

值得一提的是，历史上的蔡瑁荆州归降后一直在曹操手下为官善终，封爵汉阳亭侯。小说这样写，增加了故事的波澜，使赤壁之火未燃而想见其熊熊。

三、草船借箭

讲草船借箭之前，必须先要说一下，这一招在小说里早就有人用过。第七回“孙坚跨江击刘表”中写道：

> **黄祖伏弓弩手于江边，见船傍岸，乱箭俱发。坚令诸军不可轻动，只伏于船中来往诱之，一连三日，船数十次傍岸。黄祖军**

只顾放箭，箭已放尽，坚却拔船上所得之箭，约十数万。（108页）

孙坚借箭没人知道，世人都道诸葛亮才是“草船借箭”的典型人物。为什么会这样？大致有两点原因，一个原因要归功于小说写得充分、生动。先是环境描写充分，原文说“**是夜大雾漫天，长江之中，雾气更甚，对面不相见**”（373页）。接下来更是引用了一段四百多字的文章专门来写雾，耐心读一读这篇《大雾垂江赋》就会知道，整篇文章都不是在写大雾垂江的美，而是写雾中的危险，雾中的波澜，恰合了诸葛亮的那句“吾料曹操于重雾中必不敢出”。这篇文章作者不见于史书，于是有很多人推测，此文正是小说作者罗贯中为渲染气氛、铺垫情节所写的。正是因为有这么多字对天气的描写，诸葛亮的智通天文才凸显得淋漓尽致。再看看上文写孙坚的借箭，没有这样主动的设计，整个情节看起来扁平了许多。而借箭之后的诸葛亮呢，还可以潇洒地令各船上军士齐声叫曰：“**谢丞相箭！**”（376页）这是风流，是自信，更是策略。后来二气周公瑾，诸葛亮再施此计，令岸上军士齐声大叫：“**周郎妙计安天下，陪了夫人又折兵！**”（442页）气得周瑜大叫一声，金疮迸裂，倒于船上。只是对手曹操从来不是一个完美主义者，很难被气到。

通观整出“草船借箭”，还有两个重量级的陪衬人物：曹操与鲁肃。诸葛亮料定曹操不敢于雾中动军，他还真就不敢动，而且增派了更多弓弩手。“人外有人，天外有天”，连曹操也输了一着。至于鲁肃，他完全将诸葛亮奉为了神人。事成之后，诸葛亮对鲁肃自陈：“**为将而不通天文，不识地利，不知奇门，不晓阴阳，不看阵图，不明兵势，是庸才也。亮于三日前已算定今日有大雾，因此敢任三日之限。**”（376页）如果往后看，这里面所说的“通天文，识地利”云云后文皆有照应。再看说话的语气，洋溢着自信。无论是历史中还是小说中，诸葛亮所做之事都太聪明了，常常让人错觉他是和刘备、曹操一代的中年人，实际上他只是一位27岁的年轻人，有着少年人的一点小张狂。读到这些语言描写才让我们将他从那个只知道“鞠躬尽瘁”的老人形象中剥离出来。这是小说对历史人物的丰富。

这段故事好，还有另外一个原因：明写孙曹的斗争，暗写周瑜和诸葛亮的斗争。这场联军内部的争斗极大丰富了故事的层次性。这二人像一对蜗牛的触角一样，触及了孙刘结盟中的不和谐音。小说连着上回“蒋干盗书”，周瑜在那一回中占尽光彩，故事的结尾却是周瑜请鲁肃去试探诸葛亮知不知道。鲁肃未开口，诸葛亮就先给周瑜贺喜了。这也是年轻人的锋芒毕露。他不但深知鲁肃来意，更看透了周瑜的计谋。你看在《三国演义》这部小说中就没有常胜之人，日后诸葛亮也会输。话说孔明嘱咐鲁肃不要把自己已经知道的事儿告诉周瑜，而鲁肃却还是照实说了。周瑜决意要找理由杀掉诸葛亮，这才引出了“借箭”这一出。我们看看小说——

孔明欣然而至。“欣然”二字已说明了诸葛亮的胸有成竹。这个词和这个态度统领了后面他的种种行为。我们读小说：

> **瑜问孔明曰：“即日将与曹军交战，水路交兵，当以何兵器为先？”孔明曰：“大江之上，以弓箭为先。”瑜曰：“先生之言，甚合愚意。但今军中正缺箭用，敢烦先生监造十万枝箭，以为应敌之具。此系公事，先生幸勿推却。”孔明曰：“都督见委，自当效劳。敢问十万枝箭，何时要用？”瑜曰：“十日之内，可完办否？”孔明曰：“操军即日将至，若候十日，必误大事。”瑜曰：“先生料几日可完办？”孔明曰：“只消三日，便可拜纳十万枝箭。”瑜曰：“军中无戏言。”孔明曰：“怎敢戏都督？愿纳军令状！三日不办，甘当重罚。”瑜大喜，唤军政司当面取了文书。**（372—373页）

每一步，周瑜都以为诸葛亮已经入其彀中了；但诸葛亮呢，明明已经想好了怎么应对，还是示人愚钝："您希望几天办完啊？十天太长了吧？"可以说是陪着周瑜在演戏，瞒着周瑜在演戏。那周瑜呢？他真的相信三天内诸葛亮可以造十万支箭吗？如果你看他调兵的法度，会觉得此时他的判断明显有失水准。读小说时切不可以坐实了去理解这两个历史人物。这部小说在人物塑造时是以诸葛亮为主角的，为了突出他的智慧，周瑜的智慧就被弱化了。那诸葛亮呢？你可能觉得他坏坏的，像是在戏耍周瑜，但这也极大了增加了小说本身的戏剧性。换句话说，这部小说浑身都是戏。这就是它的价值。

可如果小说一味地写诸葛亮智高一筹，这二人之间的斗智又没有意思了，作者又安排了这样一出戏，我们读读——

瑜曰："某昨观曹操水寨，极是严整有法，非等闲可攻。思得一计，不知可否。先生幸为我一决之。"孔明曰："都督且休言。各自写于手内，看同也不同。"瑜大喜，教取笔砚来，先自暗写了，却送与孔明，孔明亦暗写了。两个移近坐榻，各出掌中之字，互相观看，皆大笑。原来周瑜掌中字乃一"火"字，孔明掌中亦一"火"字。（377页）

试想为什么会有后来的诸葛亮三气周瑜？周瑜果真被气死后诸葛亮又为什么来吊丧呢？因为二人既是敌，又是友。这样的关系不是通过诸葛亮的几滴眼泪就可以让读者感受到的，而是通过他们之间的故事。比如一场智斗刚刚结束，紧接着的就是二人都于掌心写"火"这样一个情节，"皆大笑"就是他们的惺惺相惜。"一时瑜亮"这个成语也是从二人的关系中得来的。

四、暗流汹涌

《三国演义》是一部十分庞大、复杂的小说。从赤壁之战这一战事我们就可以看出来。除了那些经典故事，还需要注意其间泛起的小波澜。“草船借箭”说的是周瑜欲为东吴一方除掉未来的敌人诸葛亮；与此同时，小说在“三江口曹操折兵 群英会蒋干中计”一回中间还穿插了一段东吴版“鸿门宴”：周瑜约刘备赴宴，准备趁机结果他的性命。刘备为表同盟之意，决意前往，周瑜于壁衣中密布刀斧手，刘备幸有关云长保护，才得脱险。其实这一出已经是周瑜欲害诸葛亮的前奏了。读者不禁想：那留在周瑜阵营中的诸葛亮怎么办呢？我们看看小说怎么写的——

孔明曰：“亮虽居虎口，安如泰山。今主公但收拾船只军马候用。以十一月二十甲子日后为期，可令子龙驾小舟来南岸边等候。切勿有误。”玄德问其意。孔明曰：“但看东南风起，亮必还矣。”玄德再欲问时，孔明催促玄德作速开船。言讫自回。（367页）

这其实是一个伏笔，“借东风”那一出戏，周瑜早已布下天罗地网等待孔明，这就是为什么孔明要吩咐赵云亲自去接他。他没有告诉玄德个中缘由，有待读者和他一起去猜想。这样的写法就叫“草蛇灰线，伏脉千里”。

这两个故事讲的是孙刘集团外有联合，而内有提防、斗争；孙权一方内部也有矛盾，大都督周瑜和副将程普之间的矛盾。在第四十四回，“孙权决计破曹操”后半部分，有这样一段话——

原来程普年长于瑜，今瑜爵居其上，心中不乐，是日乃托病不出，令长子程咨自代。……（待周瑜）**调拨已毕，诸将各自收**

拾船只军器起行。程咨回见父程普，说周瑜调兵，动止有法。普大惊曰："吾素欺周郎懦弱，不足为将，今能如此，真将才也！我如何不服！"遂亲诣行营谢罪，瑜亦逊谢。（362—363页）

这一段类似于我国历史上著名的廉颇与蔺相如的"将相和"的故事。作者不直接写周瑜的军事才干，而是透过老将军程普的视角来写，背面敷粉的做法新颖、简洁。难得的是小说作者并没有把这条次之又次之的线索写丢了，第四十九回"三江口周瑜纵火"又出现一句话：**"程普见周瑜调军有法，甚相佩服"**（395页），自此二人和好。到第七十五回"吕子明白衣渡江"中借由吕蒙之口重提此事。

总之，小说作者罗贯中写宏大战争如"赤壁"，却能穿针引线，写出层层矛盾，让人读来犹如拆礼物猜谜，揭开一层又是一层，于深处揭示事物原因，于美处繁华之上再开繁花。

五、苦肉计

苦肉计的故事出现在小说第四十六回"献密计黄盖受刑"。

中国有一个成语叫"兵不厌诈"。"黄盖受刑"为的是在曹营内安排内应，可在此之前，曹操那一方已经先行安排了奸细。只是这奸细安排得不够尽心，反被他人利用。本来曹操还以为安排这两人理由很充分呢，蔡中、蔡和皆是被冤杀的水军将领蔡瑁的族弟，以报仇为由，前去投降。曹操怕他们真投降，扣留了家属；可正是这点，一下子被周瑜识破了。这个情节只二三百字，但是既"将计就计"顺势引出了黄盖的诈降，又用敌方的草率反衬出周瑜的谨慎。都是安排奸细，一来一往，一详一略，小说写得既有顺承，又有映衬。

既然周瑜能一下子识破对方的苦肉计，想必也知道要往曹操一方安排奸细是极难的，小说作者借诸葛亮之口说道“**大江隔远，细作极难往来**”（378页，下同）。这才引出了为什么黄盖一定要受些皮肉之苦。

我们先来看看黄盖的身份——孙坚旧臣，他的行为动机是“为报孙氏厚恩”，这就可靠多了。可曹操呢，自己是外来军，远犯他乡，选的关键人物蔡中、蔡和却是本地人物。胜败的转机在诸多细节处已经渐渐凸显出来。

读这回，特别要注意一句话，“**却说周瑜夜坐帐中，忽见黄盖潜入中军来见周瑜**”。周瑜为什么夜坐？因为尚无良谋引动火攻，故而夜不能寐。再看这个字“潜”，也就是静悄悄的，不让他人知晓，连自己人也瞒着，这样方能瞒过蔡中、蔡和。所以这出苦肉计演的时候是连鲁肃、甘宁也蒙在鼓里的。“**打得皮开肉绽，鲜血迸流，扶归本寨，昏绝几次。动问之人，无不下泪。**”（379页）可小说家不忘这一笔“**孔明亦在座**”（378页）。于是有了小说的这个情节——

> **孔明曰：“子敬岂不知公瑾今日毒打黄公覆，乃其计耶？如何要我劝他？”肃方悟。孔明曰：“不用苦肉计，何能瞒过曹操？今必令黄公覆去诈降，却教蔡中、蔡和报知其事矣。子敬见公瑾时，切勿言亮先知其事，只说亮也埋怨都督便了。”**（379页）

注意最后一句，原来在战争的表层下面，周瑜与孔明的智斗始终暗涌着。

六、阚泽密献诈降书

黄盖受刑，惊心动魄，为的正是打入敌军内部。谁去献诈降书呢？这个人必须兼具两个条件：首先是有胆气，去敌营闹不好就会有去无回；二是有辩才，要能说服曹操。我们读小说——

曹操拍案张目大怒曰："黄盖用苦肉计，令汝下诈降书，就中取事，却敢来戏侮我耶！"便教左右推出斩之。面对此种预料中的情景，"泽面不改色，仰天大笑"，这是他的胆气；他说"吾笑黄公覆不识人耳"，不道自己冤枉，直戳曹操最在意的"识人之明"，用激将法，搅乱曹操的心智；再三推辞不愿回周瑜阵营，这是他的沉得住气，欲擒故纵。（381页）

阚泽是历史上真实存在的人物，家贫好学是有史载的，这段故事却是敷衍而成。无论如何，这个形象深入虎穴的智慧和勇敢还是给我们留下了深刻印象。感谢作者罗贯中给我们塑造了丰富的人物画廊。

七、庞统巧授连环计

有人作为内应，去曹军内部放火了，但还有一个重要的问题：**"大江面上，一船着火，馀船四散"**（383页，下同），怎么解决？这就有了凤雏庞统巧授连环计。看来**"欲破曹兵，须用火攻"**不是什么高明的策略，周瑜、诸葛亮、黄盖、阚泽、庞统，包括曹操本人和他手下的荀攸等谋士都能想出来。为什么曹操就没把这件事放在心上呢？因为真正实践起来太难了。可你看，周瑜一方真就一点点让不可能的事变得可能了。比如这次让曹操把战船都连起来。

这一回小说有很多可疑的地方，比如曹操为什么又让蒋干这个坏了大事的人出使东吴，比如他为什么轻信庞统的话。但有一点可以肯定：曹军主要是北方人，大江之中不惯乘舟，多生疾病。这一点是写在史书中的。也许把船连起来是曹操或者手下的谋士按照北方人的逻辑想出来的办法，不关庞统什么事，但小说这么写，一是故事变得更好看了，二是体现了“拥刘贬曹”的思想倾向，对曹操有点瓮中捉鳖的意思。

这一出情节本身也许有缺陷，但是人物语言的设计却十分精彩。庞统曰：**“某非为富贵，但欲救万民耳。丞相渡江，慎勿杀害。”**（385页）阚泽诈降时也说了一句话：**“某等非为爵禄而来，实应天顺人耳。”**（382页）他们两个人，庞统说他这么做是为了拯救万民，这一点切中曹操的英雄情怀；阚泽说他是为了顺应天意，这一点切中了曹操的志满意得；二人都竭力否定自己是为了功名而来，因为曹操最不喜欢的就是这样的人了。你看细节的真实性，又使故事本身变得可信，弥补了情节的缺陷。

八、赤壁反调

赤壁之战系列故事逐渐像拉满的弓一样，眼看就要射出去了。但是小说作者却忽然荡开一笔，写了这样一番对话——

忽见岸上一人，道袍竹冠，一把扯住统曰：“你好大胆！黄盖用苦肉计，阚泽下诈降书，你又来献连环计：只恐烧不尽绝！你们把出这等毒手来，只好瞒曹操，也须瞒我不得！”唬得庞统魂飞魄散。（385页）

你看，小说作者从来不让任何一方完全占据上风。“人外有人，天外有天”才是他始终想传达的思想。再接着的是：

庞统闻言，吃了一惊，急回视其人，原来却是徐庶。统见是故人，心下方定。回顾左右无人，乃曰：“你若说破我计，可惜江南八十一州百姓，皆是你送了也！”庶笑曰：“此间八十三万人马，性命如何？”（386页）

每次读到这段话，内心都充满了感动。觉得终于有人为曹操这一方的士兵们说句话了。《三国演义》把战争写得非常精彩，难得的是他还对战争的残酷性有一种反思，而不是一味地追求好看、刺激，这种思想高度使《三国演义》脱离了一般的权谋之术、血腥打斗，而成为了一部富含历史哲思的大书。

九、宴长江曹操赋诗

小说第四十八回“宴长江曹操赋诗”，一面是周瑜那方万事俱备，一面却是曹操这一方的志在必得。这样的对比太鲜明了！小说家在写战争的时候，始终没有耽溺于情节而忽视人物形象的塑造。写周瑜一方的节节胜利时，势必会削弱对于曹操的表现力。凭借直觉，读者可能会觉得这还是一代枭雄曹操吗？宴长江这一出是对曹操形象塑造的回归。先来看看小说对景色的描写：**“时建安十三年冬十一月十五日，天气晴明，平风静浪。”“天色向晚，东山月上，皎皎如同白日。长江一带，如横素练。”**（387页，下同）战争之前，长江上一派宁静、清明之景。能够赏此景，也表现出了曹操的自信。再来读这段——

操见南屏山色如画，东视柴桑之境，西观夏口之江，南望樊

山，北觑乌林，四顾空阔，心中欢喜，谓众官曰："吾自起义兵以来，与国家除凶去害，誓愿扫清四海，削平天下，所未得者江南也。今吾有百万雄师，更赖诸公用命，何患不成功耶！收服江南之后，天下无事，与诸公共享富贵，以乐太平。"文武皆起谢曰："愿得早奏凯歌！我等终身皆赖丞相福荫。"操大喜，命左右行酒。

读到这段的时候，你会突然领略到曹操的心怀天下，会想到他首倡义兵为国赴难时的雄壮，会突然有那么一点希望曹操打赢这场仗。这一章节，给我们提供的就是对方视角，让我们真正明白，赤壁之战这场战争其实没有真正的正义可言。

除了语言，小说家还为曹操安排了一个特别的举动——横槊赋诗，这四个字后来成为一个成语，用于表现一个人兼有英雄气概和诗人气质。

时操已醉，乃取槊立于船头上，以酒奠于江中，满饮三爵，横槊谓诸将曰："我持此槊，破黄巾、擒吕布、灭袁术、收袁绍，深入塞北，直抵辽东，纵横天下，颇不负大丈夫之志也！今对此景，甚有慷慨。吾当作歌，汝等和之。"歌曰："对酒当歌，人生几何：譬如朝露，去日苦多。慨当以慷，忧思难忘……"（388页）

这首诗是历史上曹操的真实作品，作者在此引用，极为恰切地表现了他此时的慷慨之情。小说这一回增加了"赤壁之战"的诗意，是战争间隙的一段小小的solo，从结局反观，却又引起人无限的伤感。如果把赤壁之战比作一首歌，请想象一下这首歌的旋律多么丰富。

接下来就写"三江口周瑜纵火"吗？好像也生硬。作者在这段诗意的情节中加了一个不和谐的尾音，那就是曹操乘醉意杀了注意到不吉之兆的手下大臣刘馥。

十、借东风

借东风这一出最广为人诟病，鲁迅更是直接批评，“状诸葛之智近妖”。当时曹操的谋士程昱和荀攸都提醒曹操防备火攻。**曹操说：“凡用火攻，必藉风力。方今隆冬之际，但有西风北风，安有东风南风耶？吾居于西北之上，彼兵皆在南岸，彼若用火，是烧自己之兵也，吾何惧哉？若是十月小春之时，吾早已提备矣。”**（389页）要特别注意最后一句话：**“若是十月小春之时，吾早已提备矣。”**看来曹操不是不晓天文。那为什么那一天突然刮东南风呢？有一种说法是深冬季节来临之前，有几天转风向。而曹操非本地人士，没有想到这一点。还有一种说法认为纯粹是意外，所以杜牧才有一首诗，写道“**东风不与周郎便，铜雀春深锁二乔**”。

为什么这么写？首要原因当然是将诸葛亮送上神坛，另外增加了故事张力，延续了诸葛亮和周瑜斗智这一条心理的暗线。注意一个细节，在第四十八回结尾——

> **一阵风过，刮起旗角于周瑜脸上拂过，瑜猛然想起一事在心，大叫一声，往后便倒，口吐鲜血。诸将急救起时，却早不省人事。**（390页）

这谜底谁来破？周瑜谁来救？还是孔明开的那个药方：**万事俱备，只欠东风**（392页）。

周瑜虽得了这个药方，打败了曹操，但也立意要除掉诸葛亮，为东吴除害。二人的矛盾进一步激化了；这又为后来的三气周瑜埋下伏笔；而三气周瑜，其实写的是赤壁之战后孙刘瓜分成果的故事。

后面的“三江口周瑜纵火”不再细讲，作者着墨也并不多。把更多的笔墨放在描写战争前而不是战争中，这样的写法自《左传》就开始了，

《曹刿论战》这篇入选教材的课文，就是这样安排详略的。个中原因在于古人觉得战争的“因”重于“果”，结果只是顺其自然而已。赤壁之战虽有周公瑾三江口纵火，却还是作结于诸葛亮智算华容，有意识将二人比对着写。来看整个“赤壁之战”做一个小结。

从小说带给我们的哲思方面来看：前一刻曹操还在宴长江横槊赋诗，后一刻，一场惊天大火就烧掉了他的百万雄师，烧得他狼狈逃命。这样的情节张力是巨大的。在这个世界上，强不是永远，弱也不是永远。在这个故事中，我们看到了曹操的胜极而衰，也看到了孙刘联军以心力、智力的搏斗毕其功于一役。雄才大略如曹操亦有失算之时，羸弱如刘备亦有胜算之日。但若你再往下读，还会读到好运走了很久的刘备，在夷陵一战中一败涂地。

三国的历史是动荡的历史，《三国演义》这部小说如果从宏观去打量，就会发现它内部的激流汹涌，这既是它的精彩，也是它的达观所在。中国人常说，“塞翁失马，焉知非福”，“祸兮福所倚，福兮祸所伏”，没有哪部小说让我们无比深刻地领会这一点了。好的小说、好的文学作品之所以“好”，是因为它绝不是让我们仅仅停留在故事本身的刺激，而是在某个瞬间，让我们停下来，捕捉一下自己的遐思逸想。

从写法层面来看，这十回的小说，明线写孙刘联军对抗曹操的战争；暗里又埋着一条线写周瑜和诸葛亮的才智较量。刘备和孙权一方对抗曹操时是盟友，为逐鹿天下计，又是潜在的敌人。这样两条线齐头并进，大大增加了故事的层次感和可观性。

还有一点值得一说，中国人写文章讲究虎头、猪肚、豹尾。意思是说文章的开头要如虎头一样斑斓夺目，内容要像猪肚子那样饱满丰富，结尾则像豹子的尾巴一样漂亮有力。纵观“赤壁之战”这十回，以“刘备兵败，诸葛亮舌战群儒”为开端，中间是一系列中国人耳熟能详的经典故事——“蒋干盗书”“草船借箭”“黄盖受刑”“借东风”，收尾部分是“诸葛亮智算华容 关云长义释曹操”，里面有曹操的“三笑一哭”。可以说，整个“赤壁之战”的故事笔笔精彩，好戏连台，直似文学的胜利。

思辨读写

成语故事会：

赤壁之战流传下若干个中国人耳熟能详的俗语、成语，比如：一时瑜亮、横槊赋诗、万事俱备只欠东风、周瑜打黄盖——一个愿打一个愿挨。讲一讲这些成语背后的故事，体会其内涵。

写作加油站：

明暗线交织

十回“赤壁之战”，明写孙刘联军与曹操两个阵营的斗争，暗写周瑜和诸葛亮两位人杰的斗争。这二人像一对蜗牛触角一样，触及了孙刘联盟中的不和谐音。明暗线交织，极大地丰富了故事的层次性。

你在写作中也可以尝试这样的写法。比如明写个人成长，同时交织亲情、友情，双线叙事，会使你的故事更加吸引人。

阅读加油站：

曹操于赤壁大战决战前夕，在江上横槊赋诗，阅读这首《短歌行》，说说哪句诗最能体现诗人愿招徕天下英才，一展宏图。

短歌行

曹操

对酒当歌，人生几何！譬如朝露，去日苦多。

慨当以慷，忧思难忘。何以解忧？唯有杜康。

青青子衿，悠悠我心。但为君故，沉吟至今。

呦呦鹿鸣，食野之苹。我有嘉宾，鼓瑟吹笙。

明明如月，何时可掇？忧从中来，不可断绝。

越陌度阡，枉用相存。契阔谈宴，心念旧恩。

月明星稀，乌鹊南飞。绕树三匝，何枝可依？

山不厌高，海不厌深。周公吐哺，天下归心。

参考答案：

周公吐哺，天下归心。周公是周王室的股肱之臣，西周开国元勋，相传他为了招徕贤士"一饭三吐哺，一沐三握发"，即吃一顿饭停下来三次，洗一次头握住头发停下来三次。

天命不于常，惟归有德，“禅让”明明是最温和、最切合实际的权力更迭方式。魏代汉、司马氏代曹氏为什么还是招惹了那么多文化的唾液？

第八讲

禅让

文化的窘境与突围

阅读导引

阅读回目：

第八十、九十三、一百、一百十四回

阅读指导：

围绕皇权的争夺，《三国演义》中除了战争之外，最为残酷血腥的莫过于对于皇权的争夺，比如汉献帝之于曹操父子，曹髦之于司马家。要理解为什么会上演这一出出闹剧，需要在阅读时结合相关历史知识，比如“禅让制”“世袭制”。还要注意《三国演义》在政治倾向上是“拥刘贬曹”，以“汉”为正统，因此诸葛亮等拥护刘备称帝时，写法大不相同。

阅读支持：文化常识

1. 禅让：是指统治者生前把首领之位让给别人，“禅”意为“在祖宗面前大力推荐”，“让”指“让出帝位”。尧是黄帝以后比较著名的部落联盟首领，尧去世前，把部落联盟首领位置让于舜，推舜为帝。这种让位，历史上称为“禅让”。

2. 割席断交：这则成语比喻朋友之间因志不同道不合而绝交，出自《世说新语》。讲的是管宁和华歆是一对好朋友，但是他们锄草看到金子之后，管宁选择置之不理，华歆却将其拾起；读书的时候，看见有礼服的人经过，管宁专心读书，华歆却出去观看。管宁觉得他们不是一路人，便割席与华歆断交。

未读三国时，就知道“挟天子以令诸侯”这个说法。待读了《三国志》和《三国演义》，才发现曹操“挟天子”是真，“令诸侯”则乌有。袁术、袁绍、刘备、孙权，没有一个人听这个“天子”的话，全得靠他亲冒矢石，一一征伐；而曹操自己反而被扣上了“名为汉相，实为汉贼”的政治帽子，不仅在当时被对手大做文章，身后一千七百年也一直淹没在道德的唾液里。

因为没有理清和汉献帝的关系，曹操被吉平下毒，被董贵妃、伏皇后设计谋害，晋魏公时又被心腹谋臣荀彧反对。事情的结果是这一干人等都被曹操惨烈刃之，但他也没赢，因为事情的坏影响使他成为“奸雄”，画了个大白脸。曹操和献帝双方俱有委屈：曹操觉得明明是我保护了你，你居然害我！献帝觉得我祖宗好不容易打下的基业，我一点儿都插手不了，没半点尊严！

盖世英雄曹操在“挟天子”时难道没算清这笔账吗？谋士程昱在许田打猎那一回曾劝他：“天下震动，可行王霸之机乎？”可惜曹操并没有听。如果他再狠一点，不是杀了帝妃，而是直接以暴力推翻了汉廷，风评是否会不一样？我为他可惜。在曹操死后多少年后，毛泽东主持为他翻案，历史学家翦伯赞写文章说：“当曹操出现在历史舞台上的时候，起义的农民军已经粉碎了东汉王朝的天下，在这残破的疆土上出现的是大大小小的地主武装集团的营垒。当时的汉献帝除了保有一件褴褛的皇袍以外什么也没有了，像这样一个皇帝还能从他手中‘篡’到什么。曹操的天下，是自己打出来的，不是从姓刘的手里接受过来的。假如曹操痛痛快快披上皇袍，谁能说他不是太祖高皇帝？就因为他把皇袍当作衬衣穿在里面，反而被人抹上了一脸白粉。”（翦伯赞《应该替曹操恢复名誉》一文）

鲍鹏山先生说汉献帝已经成了天下的一个“问题”；我觉得具体到曹操而言，他已经成为了一个“心结”。这种拧巴关系直到了他儿子曹丕那里才得到解决。我们不妨将第八十回“曹丕废帝篡炎刘 汉王正位续大统”做一个细读，看看它折射出了当时人怎样的道德困境。

一、德外之人

小说第一段：**却说华歆等一班文武，入见献帝。歆奏曰："伏睹魏王，自登位以来，德布四方，仁及万物，越古超今，虽唐、虞无以过此。群臣会议，言汉祚已终，望陛下效尧、舜之道，以山川社稷，禅与魏王，上合天心，下合民意，则陛下安享清闲之福，祖宗幸甚！生灵幸甚！臣等议定，特来奏请。**（636页）

挑头儿的华歆以"管宁割席"见称。在这个故事中他因为对于刨出来的金子和过路的贵族豪车多看了一眼，被管宁割断席子绝交，更被坐实了见利忘义的人设。或许是这个人设，或许是华歆像明妃一样没有给艺术家毛仁寿银子，又或许小说中需要一个名头大、声名响的人点缀……总之，在《三国演义》这本小说中华歆彻底被描述成了曹氏集团的走狗：从夹壁中揪着伏皇后头发把她拖出来的人是他华歆；让献帝下召封曹丕为魏王，抢夺拥立新主第一功的人是他；此次带头让汉献帝行禅让的也是他，要知道这可是冒天下之大不韪——王莽逼迫孺子禅让承担了多少骂名！

其实史书《三国志》中的华歆品行高洁，那个跟他绝交的管宁，正是蒙他推荐为官的，明帝曹叡时，封他为博平侯，增邑五百户，并前千三百户，转拜太尉。他都称病乞退，让位于宁。可惜这些都被"割席"这一行为艺术掩盖了。总之，小说家赋予了华歆另一种性格——在趋炎附势之外，又有着超越道德束缚的通透。

证据就是他领头的这一番话：“上合天心”回扣“汉祚已终”，这是实事求是的坦白；“下合民意”讲的是曹魏父子平定中原，勉力维持危局，有擎天之功，使百姓免遭涂炭，虽带有“英雄创造历史”的色彩，却符合百姓利益，是先进的历史观；“陛下安享清闲之福”是免除献帝身份的尴尬，也是老实话；“效尧、舜之道，以山川社稷，禅与魏王”是方法指导——句句是实在话，以道德之耳听之，却句句是僭越之辞，是仗势欺人之语。

良言不行，把客气也剥离了，威胁——**“陛下若不从众议，恐旦夕萧墙祸起。非臣等不忠于陛下也。”帝曰：“谁敢弑朕耶？”歆厉声曰：“天下之人，皆知陛下无人君之福，以致四方大乱！若非魏王在朝，弑陛下者，何止一人？陛下尚不知恩报德，直欲令天下人共伐陛下耶？”**（637页，下同）曹操要是听了这句话，将何等的舒畅，有一人为自己说句话了。

威胁不行，逼宫——**帝大惊，拂袖而起，王朗以目视华歆。歆纵步向前，扯住龙袍，变色而言曰：“许与不许，早发一言！”**

读以上这些情节，无人不震悚。震惊于他们的毫不留情，也震惊于他们完全丢开了道德的衣裳，只是怀抱着事实裸奔。文明，不就是教我们穿上遮羞布和一层层衣服吗？华歆、王朗为曹丕冲锋陷阵，让曹丕远庖厨之血腥；贾充和成济给司马昭当打手，也当替罪羊；看来正人君子的背后总少不了小人，这些人身上没有道德的美好，也没有道德的可恶，是“德外之人”。

可惜作为文明古国，我们的道德之鞭如此之长，使那些人死后在阴间也要被审判。不仅如此，按照鲍鹏山先生的观点，正是这些看似激烈的手段和悲惨的眼泪让我们的是非观发生了变形。[1]比如说我们看到贵妃被揪

① 鲍鹏山，《风流去》[M]，北京：中国青年出版社，2009年，494页。

着头发扯出来，看到伏皇后哭着对皇帝说“你不能救我吗”，往往会觉得他们可怜，却忘了如果他们杀了曹操，“天下当不知几人称帝几人称王”，再也没人吟出“白骨露于野，千里无鸡鸣”的诗句。

二、天下是谁的天下

下面我们通过献帝的反应思考一下国家的含义。

> **帝闻奏大惊，半晌无言，觑百官而哭曰：“朕想高祖提三尺剑，斩蛇起义，平秦灭楚，创造基业，世统相传，四百年矣。朕虽不才，初无过恶，安忍将祖宗大业，等闲弃了？汝百官再从公计议。”**（636页）

华歆语虽是强人所难，尚有“生灵”二字；而献帝的话直是以国家私有，视为祖宗遗产。“从公计议”虽有“公”字，实在是“私”意，是“多想想我，我们刘家的苦衷”。王朗劝帝：“自古以来，有兴必有废，有盛必有衰，岂有不亡之国、不败之家乎？汉室相传四百馀年，延至陛下，气数已尽，宜早退避，不可迟疑，迟则生变矣。”这是启发汉帝不要刻舟求剑。“帝大哭”而去，“大哭”二字直道尽十几年与曹魏纠缠的种种辛苦，早已不像当年面对暴徒董卓也凛然正气的少年陈留王。“众官哂笑而退”，“哂笑”意为讥笑，献帝分明早已落入了毫无尊严的地步，为什么还是不肯放手呢？曹操当年诛杀伏皇后，却将自己的女儿嫁给了这个只剩下姓氏的皇帝，如今这个曹后大骂亲兄篡位；为什么符宝郎祖弼宁肯被杀也不交出玉玺呢？大概是汉朝四百余年国祚，人们已经习惯了天下姓“刘”，习惯了团结在姓“刘”的人周围。这是好不容易建立起来的社会秩序带有的一种惯性。在建立之初，它所带有的向心力使得人们从秦末战争与酷烈中获得了巨大的安全感，也形成了极大的依赖，终至成了信念。献帝的执拗、祖弼的飞蛾扑火都是这种信念的余波。

曹丕建立魏国后，历经曹叡、曹芳，到了曹髦手里，这位缺心眼的帝王竟然上演了驱羊入虎口的可笑一幕，他真的以为自己是“天子——上天的儿子”，结果只需一武士就血溅当场，破了神威。此事之后，又有司马孚枕骨而哭，王经和老母亲含笑受刑，最为奇异的是刽子手司马昭见曹髦已死，“**佯作大惊之状，以头撞辇而哭**”（907页），此句之后毛宗岗刻薄地批注道“**不知眼泪从何而来**”。为什么连司马昭也要假装挤出几滴眼泪？没读“三国”就知道歇后语“司马昭之心——路人皆知”，可是他最终并没有把暴力推进一步取而代之，居然又立了另一个傀儡皇帝。为什么路人皆知也不能召布天下？他在畏惧什么？

君主是好不容易建立起来的国家政权的象征，这种秩序感为人珍爱，约定俗成——成信念，成理想，成道德。司马昭畏惧的，是秩序的力量，也是旧秩序面对新情况的局限。

再来对比一下华歆提到的“尧、舜之道”，这是“禅让”的代名词。

尧是自黄帝之后，黄河流域出现的部落联盟首领，开创了帝王禅让的先河。他在位七十年，认为儿子丹朱不成器，决定从民间选用贤良之才，大家一致推荐了舜。于是，尧微服私访，走访了舜家乡的方圆百里，了解舜的为人；又把两个女儿娥皇、女英嫁给舜以观其德；考验之后把首领之位传给了他。后来舜又通过禅让传位给禹。总之，禅让的方式是和平、民主地推选，不是个人权力的转移；体现了“以人为本，任人唯贤”的思想。但是这种原始社会才有的美好图景，历经文明进展中的“强者为王败者寇”，已经由“天下为公”，装饰成了“君权神授”的个体姓氏私有，

“国”和“家”两字汇流，比如过去的四百年，它就具体成了“刘”这个字。因此，有人死国，可褒其忠义；有人参透世道，也不失为某种程度上的达观。

只是新旧势力的激荡，人们往往站在死国者一边而鄙薄他者为“逆行”，或许那是对人性美好的一点幻想和执着吧。

三、禅位的理由

这一场汉魏的禅让，以三让而终。在《三国志·魏书·文帝纪》的正文后，裴松之注引了《后汉书·献帝传》载禅代众事约万余字，小说不厌其烦存录、摘录了三次诏书，这些官方文件不一定出自献帝之口，但也代表了当时人们的想法。

首次诏书是全文存录：“**朕在位三十二年，遭天下荡覆，幸赖祖宗之灵，危而复存。然今仰瞻天象，俯察民心，炎精之数既终，行运在乎曹氏。**”（638页，下同）这是承袭前文的祥瑞图谶之说。**是以前王既树神武之迹，今王又光耀明德，以应其期。历数昭明，信可知矣。**这是赞扬曹操的事功和曹丕的德行。**夫大道之行，天下为公；**这是辞藻上放弃了家天下。“**唐尧不私于厥子，而名播于无穷：朕窃慕焉。今其追踵尧典，禅位于丞相魏王。王其毋辞！**”

二次诏书：**咨尔魏王，上书谦让。朕窃为汉道陵迟，为日已久。**这八个字是实事求是之语，司马光在《资治通鉴》上用了更为直白的十六个字：“建安之初，四海荡覆。尺土一民，皆非汉有。”比起上封诏书的“危而复存”，这封诏书已明白地面对汉家天下的名存实亡。**幸赖武王操，德**

膺符运，奋扬神武，芟除凶暴，清定区夏。比起上封诏书的“既树神武之迹”，此处显然大力肯定了曹操的功绩与辛劳；这是官方对于曹操与献帝关系的一个梳理，虽然不一定真正出自献帝之手，但它的确代表了当时人们的想法。**今王丕缵承前绪，至德光昭，声教被四海，仁风扇八区。天之历数，实在尔躬。昔虞舜有大功二十，而放勋禅以天下；大禹有疏导之绩，而重华禅以帝位。**这几句重点强调了舜和禹都是因为实际的事功被禅让的，更是对这场禅让性质的定位。**汉承尧运，有传圣之义，加顺灵祇，绍天明命，使行御史大夫张音，持节奉皇帝玺绶。王其受之!**（638页，下同）

三次诏书是在“受禅台”上念的昭告天下之文，是历史文件的摘录，其中“**天命不于常，惟归有德**”，比起前两封诏书更为明确地放弃了“天下私有”的大地主观，是原始文明的回光返照，是先进的历史观，小说家对此的存录是一种褒奖和传播，但是后文却用超能力召唤来飞沙走石，惊到曹丕。不知这是流传过程中的歪曲、毛宗岗的润色还是原文如此？总之，“天命不于常，惟归有德”是极富颠覆性的认知，为时人一时诟病也难免。

奇怪的是面对如此诚挚的诏书，曹丕还是要一让再让，“终恐天下后世，不免篡窃之名也”。也就是说，曹丕自己也不能放下道德的包袱，还是觉得自己大约行了篡窃——这说明，一个经历了文明粉饰的族群，再从新回到“面对事实”这一条原则得有多难。

四、献帝是一个任人打扮的“历史小姑娘”的化身

如果说“历史是一个任人打扮的小姑娘”，那么此时献帝正是这个小姑娘的化身。八十回前半回写曹丕受禅，后半回就写汉王称帝。曹丕初次受召是“大喜”，刘备是“勃然变色”，言曰：“孤岂效逆贼所为！”所有贞节之语都让刘备讲，坏事由诸葛亮干；后来蜀汉集团给自己找的政治立足点是为献帝报仇。《三国演义》回护刘备，我们看看《后汉书·献帝纪》中对献帝禅让之后的记载：

奉帝为山阳公，邑一万户，位在诸侯王上，奏事不称臣，受诏不拜，以天子车服郊祀天地，宗庙、祖、腊皆如汉制，都山阳之浊鹿城。四皇子封王者，皆降为列侯。[①]

曹丕受禅或有私情，在事实上却符合天下人民的利益；刘备称帝立足点却在义愤、复仇这些民间情感。

我们读小说九十三回“武乡侯骂死王朗”：

天数有变，神器更易，而归有德之人，此自然之理也。曩自桓、灵以来，黄巾倡乱，天下争横。降至初平、建安之岁，董卓造逆，傕、汜继虐；袁术僭号于寿春，袁绍称雄于邺土；刘表占据荆州，吕布虎吞徐郡：盗贼蜂起，奸雄鹰扬，社稷有累卵之危，生灵有倒悬之急。我太祖武皇帝，扫清六合，席卷八荒。万姓倾心，四方仰德。非以权势取之，实天命所归也。世祖文帝，神文圣武，以膺大统，应天合人，法尧禅舜，处中国以临万邦，岂非天心人意乎？……（745页）

---

① 范晔，《后汉书》[M]，北京：中华书局，1999年，257页。

学生阅读作业　　齐菁　绘

再看诸葛亮之“骂”：“**吾素知汝所行：世居东海之滨，初举孝廉入仕，理合匡君辅国，安汉兴刘，何期反助逆贼，同谋篡位？罪恶深重，天地不容！天下之人，愿食汝肉！……皓首匹夫！苍髯老贼！汝即日将归于九泉之下，何面目见二十四帝乎！**”（746页）

仔细读，王朗持的是变化的、重实际的价值观，诸葛亮则咬定刘备姓刘的政治资本而对他人进行道德攻击，甚至人身攻击。

再读小说第一百回“武侯斗阵辱仲达”：

> **懿曰：“……如省心改过，宜即早回，各守疆界，以成鼎足之势，免致生灵涂炭，汝等皆得全生！”孔明笑曰：“吾受先帝托孤之重，安肯不倾心竭力以讨贼乎！汝曹氏不久为汉所灭。汝祖父皆为汉臣，世食汉禄，不思报效，反助篡逆，岂不自耻？”**（801页）

司马懿的话里尚有“生灵”二字，诸葛亮的话里却完全没有，按他的表述“六出祁山”是为了报答刘备对他的信任——国家大义替换成了个人私情；而且还是老样子，用道德这把剑指责对方。

“骂死王朗”和“斗阵辱仲达”都是子虚乌有的戏说，但《三国演义》成书距离三国一千年，居然出现这样价值观的倒退，这不能不令我们反省：在我们文明向心力逐渐增强的过程中，究竟丢失了什么。

思辨读写

历史小说创作：

假如曹操痛痛快快穿上皇袍，你觉得围绕着他的人和事会发生怎样的改变。不妨发挥想象力，写一篇历史小说。

阅读加油站：

1. 阅读汉献帝禅位诏书节选，解释加点词：

朕在位三十二年，遭天下荡覆，幸赖祖宗之灵，危而复存。然今仰瞻天象，俯察民心，炎精之数既终，行运在乎曹氏。是以前王既树神武之迹，今王又光耀明德，以应其期。历数昭明，信可知矣。夫大道之行，天下为公；唐尧不私于厥子，而名播于无穷，朕窃慕焉，今其追踵尧典，禅位于丞相魏王。王其毋辞！

（1）是以前王既树神武之迹：

（2）信可知矣

（3）王其毋辞：

2.《三国演义》作者罗贯中在描述这些战争时不仅重视了战争中体现的军事智慧，而且反思了战争导致生灵涂炭。写出下面的话分别是出自哪位人物之口。

（1）蛮兵被火烧的伸拳舒腿，大半被铁炮打的头脸粉碎，皆死于谷中，臭不可闻。______________（填人名）垂泪而叹曰："吾虽有功于社稷，必损寿矣！"左右将士，无不感叹。

（2）庞统献连环计于曹操，被人看破，对其说："你若说破我计，可惜江南八十一州百姓，皆是你送了也！"____________（填人名）曰："那此间八十三万人马，性命如何？”

参考答案：

1.

（1）因此

（2）确实

（3）助词，起加强语气的作用，可理解为“一定”

2.

（1）诸葛亮

（2）徐庶

三国时期的武将每一个都充满着阳刚之气，让我们体会到生命的力与美。他们掌控着自己的身体，也坚守着自己的初心，给久坐、疲软又容易迷茫的现代人带来阳光般的勃勃生机。

第九讲

武将风采

生命的力与美

阅读导引

阅读回目：

第一、二、七、十、二十二、二十八、四十一、四十二、五十三、五十六、五十九、六十一、六十三、六十七、七十、七十一、七十四、七十五、八十一回

阅读指导：

三国时代战争频仍，“动荡”是这一阶段的主旋律。若把着眼点放在战争情节上，难免眼花缭乱，让人心生畏难。不如把目光放在人上面，去关注人在战争中所体现出来的风采、气度，比如许褚、张辽、庞德、张飞、赵云、黄忠、严颜等。以人物为纲去阅读，要学会把握典型事件，从中提炼出人物典型性格。比如，张飞，桃园三结义体现出他爱国、浪漫的性格；怒鞭督邮，体现他的嫉恶如仇；喝断长坂坡体现他的勇猛；义释严颜和智取瓦口隘体现他的智谋过人。

在阅读时，你不妨也按这样的总结方式，建立起对一个人物的理解。

阅读支持：

1. 铜雀台：三国时期，曹操击败袁绍后营建邺都，修建了铜雀、金虎、冰井三台，即史书中之“邺三台”，是建安文学的发祥地，台高10丈，有屋百余间，历代名人题咏甚多而名。后世杜牧有诗“东风不与周郎便，铜雀春深锁二乔”。

三国时代战争频仍。官渡一战后，曹操称雄北方；赤壁之战又消解了

他的绝对优势，时局进入三家赛道：刘备经过艰难的斗争夺取荆州、益州的政权，并最终称帝；曹操北拒马超，收服西凉大片领土，南抗孙权、刘备。在边界地带，三股势力始终处于拉锯状态，各有输赢，“动荡”是这一阶段的主旋律。这篇文章，我们就来看看战争中熠熠生辉的武将。先来看第五十六回“曹操大宴铜雀台”这一场武将群戏。

一、曹操大宴铜雀台

话说曹操欲观武官比试弓箭，将西川红锦战袍一领，挂在垂杨枝上为奖品，下设一箭垛，以百步为界。西川红锦是当时非常名贵的布料，吕布穿的就是它做成的战袍。比赛规则分武官为两队：曹氏宗族俱穿红，其余将士俱穿绿，能射中箭垛红心，即以锦袍赐之；如射不中，罚水一杯。这一段精彩到字字珠玑。

号令方下，红袍队中，一个少年将军骤马而出，众视之，乃曹休也。休飞马往来，奔驰三次，扣上箭，拽满弓，一箭射去，正中红心。金鼓齐鸣，众皆喝采。曹操于台上望见大喜，曰："此吾家千里驹也！"（444页，下同）这个故事的讲法太过奇特，一上来就是高潮，没人罚水，第一个就已经射中，让我们这些做读者的简直不知道接下来的故事该怎么写。方欲使人取锦袍与曹休，只见绿袍队中跑出了个文聘，拈弓纵马一箭，亦中红心。待文聘大呼："快取袍来！"红袍队中，又一将飞马而出，厉声曰："看我与你两个解箭！"一箭射去，也中红心。众人齐声喝采。视其人，原来是曹洪。**刚要取袍，只见绿袍队里又一将出，扬弓叫曰："你三人射法，何足为奇！看我射来！"众视之，乃张郃也。郃飞马翻身，背射一箭，也中红心。四枝箭齐齐的攒在红心里。众人都道："好射法！"**本来我们以为写到这儿总算是完了，没想到红袍队里又出了一个夏侯渊，驰马到了远远的界口，再扭身一射，正在四箭当中。**渊勒马按弓大叫曰："此箭可夺得锦袍么？"**估计不仅是当时的众人，连读到此处的所有读者也在心里叫道“当然可以”，因为我们都再也想不出别的射法了。可偏偏，绿袍队里，又一将应声而出，**拈弓搭箭，遥望柳条射去，恰好射断柳条，使锦袍坠地。徐晃飞取锦袍，披于身上，骤马至台前声喏曰：“谢丞相袍！”曹操与众官无不称美**。（446页，下同）每次读到这儿，我都要为讲故事的人捏一把汗，这个故事起笔就是高潮，而且一路高上去，这简直是攀上了高峰，不知道怎么下来；作者安排了一个大力士顽童许褚来抢袍，将战袍扯个粉碎。又以曹操的一笑来收束：**“孤特视公等之勇耳。岂惜一锦袍哉？”便教诸将尽都上台，各赐蜀锦一匹**。

这段故事中的人全都武艺高强，充满了自信和由衷的快乐！他们完全掌控自己的身体，全身充满了能量和活力。而在今天，我们大部分时间从事的都是脑力劳动，我们的身体几乎成了脑袋的附庸，再读到这样充满活力的情节，不能不令人心生向往。再者说，曹操团队经历赤壁一战后，终于又生龙活虎地参与到了小说中。

二、许褚

许褚，曹军阵营的大力士，曹操的第一保镖，在小说第十二回出场。当时他自筑一营，逮住了逃窜来的数十黄巾军，拒不交出。典韦尚且在世，两人大战半日，不分胜负。曹操爱惜人才，命设计生擒了来，又礼敬有加，使其归降。后来许褚就成为了他帐下的第一猛士。据许褚自己说，他力大，可以拉住两头牛的尾巴，倒行一百余步。

关于许诸，最著名的故事是第五十九回“裸衣斗马超”。这一出的背景是曹操与马超作战，二人义愤之时，曹操不带兵仗向前，马超意欲擒拿，却畏惧曹操背后所立的一人。我们读读这段小说：

超疑是许褚，乃扬鞭问曰："闻汝军中有虎侯，安在哉？"许褚提刀大叫曰："吾即谯郡许褚也！"目射神光，威风抖擞。超不敢动，乃勒马回。操亦引许褚回寨。两军观之，无不骇然。操谓诸将曰："贼亦知仲康乃虎侯也！"自此军中皆称褚为虎侯。（470页）

古代没有今天这么发达的传媒手段，一个人的名声基本上靠口耳相传。能够看清许褚面貌的人大概少之又少，可也许正是如此，他才在人们的传说中愈发强悍起来。注意一个词语："目射神光"，"神光"是怎样的光？大概小说家想表现的就是许褚给人一种天兵天将的感觉，是那种可以画成画像贴在门上做门神的人物。

后由许褚下战书，二人约战。马超人称"锦马超"，在第十回出场时小说写道：**只见一位少年将军，面如冠玉，眼若流星，虎体猿臂，彪腹狼腰，手执长枪，坐骑骏马，从阵中飞出。**（80页，下同）比起许褚的糙汉子形象，马超的身材非常健美——"虎体猿臂，彪腹狼腰"，集合了动物界的优点；特别是"猿臂"这一点大约是说他的轻盈，小说曾写他"轻舒猿臂"将人生擒过来；"眼若流星"是说这个人行动敏捷且心眼多，富有智谋。这样的一个人，刚刚将曹操打得割须弃袍，险些丧命。所以曹操是不赞成许褚去与他硬碰硬的，但许褚却说："某誓与死战！"也许是不愿辜负"虎侯"这个称呼，也许只是为了替曹操报仇。无论如何，这里面有一种尚武精神，是我们现代人不容易理解的。且看小说：

超挺枪纵马，立于阵前，高叫："虎痴快出！"曹操在门旗下回顾众将曰："马超不减吕布之勇！"小说从对方写出，愈发突出即将到来的战争的精彩。言未绝，许褚拍马舞刀而出。**马超挺枪接战。斗了一百馀合，胜负不分。马匹困乏，各回军中，换了马匹，又出阵前。又斗一百馀合，不**

分胜负。许褚性起，飞回阵中，卸了盔甲，浑身筋突，赤体提刀，翻身上马，来与马超决战。两军大骇。为什么大骇？因为卸了盔甲等于撤掉了所有的保护，用身体本身直面敌人的刀枪。“性起”怎么理解？我觉得是他享受操控身体的快感。许褚崇拜身体的力量。再来读小说：**两个又斗到三十馀合，褚奋威举刀便砍马超。超闪过，一枪望褚心窝刺来。褚弃刀将枪挟住。两个在马上夺枪。许诸力大，一声响，拗断枪杆，各拿半节在马上乱打**。记不记得刚刚讲过的曹操大宴铜雀台？许褚和徐晃抢锦袍，把锦袍扯得粉碎。他像一个小孩子，以为凭借力气就可以获得一切。所以你看到了最后，马超和许褚好像两个小孩子在打架一样。他们几乎把战争回归到了人类最原始的状态。我们看小说家竟然将“许褚裸衣斗马超”定为了本回的题目，可见他对于这种行为、这种审美持一种惊异而又赞赏的态度。

三、张辽

张辽原在吕布帐下，后投降曹操。他有两次登上了《三国演义》的回目，一次是第五十三回“孙仲谋大战张文远”，一次是第六十七回“张辽威震逍遥津”。这两回都是张辽和孙权打。孙仲谋就是孙权，当年曹操看着他的军队都忍不住称赞“生子当如孙仲谋”。就是这样一代英主，却被张辽击退了。

战争的背景是孙权趁着曹操西征汉中，率十万吴军围攻合肥，而此时合肥守将张辽、李典、乐进手下只有七千人，可谓势力悬殊。再说三位守将，张辽是主帅，却是后来归降曹操的；而李典、乐进因为是曹操的嫡亲将领，一直对张辽有所不服。这一部分我们讲的核心人物是张辽，其实说的也是这三人的一组群像，李典和乐进与张辽在一起，时而是正衬，时而是反衬。

把握张辽和这两个人物，首先一点是把握他们的“勇”。你看这一仗，明明孙权势大，是进攻的一方，先下战书的却是张辽。面对着一方统帅、金盔金甲的孙权，张辽纵马当先，专搦孙权决战。搦（nuò），就是挑战的意思。请想象这样一幅画面：张辽骑着马向对方阵营冲过去，边冲边喊：“孙权，你出来，我要和你决战！”“擒贼先擒王”是古代战争中常见的策略，但也需要胆气啊！趁着张辽和太史慈大战的时候，李典和乐进出场了。

曹阵上李典谓乐进曰：“对面金盔者，孙权也。若捉得孙权，足可与八十三万大军报仇。”说犹未了，乐进一骑马，一口刀，从刺斜里径取孙权，如一道电光，飞至面前，手起刀落。宋谦、贾华急将画戟遮架，刀到处，两枝戟齐断，只将戟杆望马头上打。（425页）

读这段时，总觉得前所未有的舒心畅意，赤壁惨败，估计所有曹军将领心里都憋了一口气，这时总算抒发出来了。藕断丝连，这正是好小说的写法。三国历史错综复杂，千头万绪，作者罗贯中却没把赤壁之战写丢了，他始终用联系的眼光看待问题，心思细密地将前文后文用细节勾连在了一起。小说中没有安排张辽讲这番话，也许作为主帅他还是比较慎言的，但他的专搦孙权恰恰是这句话最好的注脚。李典的性子就直爽一些，他替张辽把话说出来了；乐进更是想到做到，如闪电一样杀到孙权面前，直打得两边的护卫狼狈不堪，太史慈急忙回来救驾。这才有了张辽的乘势掩杀，吴兵大乱。在这一情节中，三人一体，体现了武将之勇：行事勇敢，武艺高超。

再来说他们的“智”，这一点主要体现在主帅张辽身上。我们读读这一段：

> **是夜张辽得胜回城，赏劳三军，传令不许解甲宿睡。左右曰：“今日全胜，吴兵远遁，将军何不卸甲安息？”辽曰：“非也。为将之道，勿以胜为喜，勿以败为忧。倘吴兵度我无备，乘虚攻击，何以应之？今夜防备，当比每夜更加谨慎。”**（426页，下同）

这段话里张辽提到“为将之道”，“道”既是一种方法、策略，更是一种从容的力量和拨云见日的判断力。不信你看后面的情节：**喊声甚急，张辽却带着手下的将领当道而立，这是从容；“岂有一城皆反者？此是造反之人，故惊军士耳。如乱者先斩！**”这就是判断力和决策力。

再注意一个细节，张辽跟手下人讲述他的为将之道时，小说用了“说犹未了”四个字来接续戈丁造反。这是小说家为了验证张辽的料事如神而特意连缀的。再者，从整个小说的情节上来讲，这样写也更紧凑。你看，先写太史慈在张辽军中安排下一名内应，刚刚是戈丁大叫“此计大妙”，紧接着就是张辽传令手下不准脱下铠甲睡死觉；刚刚说完一番“为将之道”，就有戈丁放火造反，后迅速被斩杀；再接下来的才是将计就计折损太史慈，击败吴军。你看这情节安排，看似是从孙权那一侧起笔去写的，却原来都是为了体现张辽的“为将之道”而设计。

历史上张辽的确是一代名将，但小说写得好，才能够锦上添花。

讲完了“勇”“智”，再讲张辽的“忠”。第六十七回“张辽威震逍遥津”还是讲孙权攻打合肥，不同的是此时甘宁已经凭借一人之勇，领吴军打下了附近的皖城。可以说吴军锐气正盛，而曹操的救兵却远在别处。好不容易等来曹操一个锦囊，里面却只简简单单地写着叫三人谁进攻谁防守。张辽领会曹操意思，提出应该死战，挫动敌军锐气，之后再防守。可是另外两位将领却并不赞同：李典选择沉默，乐进认为应该坚守不出。将领之间不团结，怎么办？张辽说了这样两句话：“**公等皆是私意，不顾公事**。”（546页，下同）这一句直指问题的根本，既从道义上责备了二人，也引导了他们；这句话透着张辽看问题的明白和做人的正直。第二句话：“**吾今自出迎敌，决一死战**。”表现了主帅的身先士卒，公而忘私。这才有了后面李典的慨然而起。“**将军如此，典岂敢以私憾而忘公事乎？愿听指挥**。”这就是张辽的“忠”对他人的影响。后面打仗的过程小说家写得不多，战争的结局却花了一番笔墨，写孙权如何狼狈地驱马越过山涧侥幸逃脱，手下大将凌统如何身中数箭险些丧命。这样的详略安排，小说家想强调的就是只要将领们下定决心，团结一致，就一定能够克敌制胜。

再从整体打量一下，在这处情节里，李典和乐进对于张辽既是正衬，又是反衬。其实我们透过一个人，看到的应该是一组人物。小说家塑造人物，也绝不是将人物孤立地去写。

四、庞德

庞德原是马超手下，后来因病留在张鲁辖区内。曹操听说他武艺高超，设计赚了来。最终的手段有点像收服许褚，挖一坑，把人给逮住了；但更复杂一些，先使小人离间了他和张鲁，这一点又有点像诸葛亮收姜维。庞德最著名的故事是第七十四回“庞令明抬榇决死战”。背景是关云长攻拔襄阳郡后，曹操派于禁为主帅前去应战，庞德自请为先锋，曹操手下参谋担心庞德徇私，读读小说：

庞德原系马超手下副将，不得已而降魏。今其故主在蜀，职居“五虎上将”，况其亲兄庞柔亦在西川为官。今使他为先锋，是泼油救火也。将军何不启知魏王，别换一人去？（593页，下同）

当曹操收缴了庞德的先锋印后，我们看看庞德的反应：

庞德闻之，免冠顿首，流血满面而告曰：“某自汉中投降大王，每感厚恩，虽肝脑涂地，不能补报，大王何疑于德也？……故主马超，有勇无谋，兵败地亡，孤身入川，今与德各事其主，旧义已绝。德感大王恩遇，安敢萌异志？惟大王察之。”操乃扶起庞德，抚慰曰：“孤素知卿忠义，前言特以安众人之心耳。卿可努力建功。卿不负孤，孤亦必不负卿也。”

特别想讲讲庞德的故事，是因为读《三国演义》可能会有一个困惑，里面很多的壮士都是数次易主，那么又谈何忠义呢？庞德的选择是一个代表，叫作“情随事迁，各为其主”。于他而言，“恩遇”如何理解呢？哪怕曹操是设计赚来了他，但那也是因为对他的看重啊！此番又准许他作为先锋，去决战声名显赫的关羽；这些对于武将来讲都是无上的荣耀。在这个故事中，曹操的表现也令人敬佩，注意这一句词：**“卿不负孤，孤亦必不负卿也。”**这样的一种信任，对于武将来讲，是多大的鼓舞啊！就是因为这句话，才有了后来的庞德抬榇决战，以示“不杀关羽，誓不生还”的决心。**部将五百人皆曰：“将军如此忠勇，某等敢不竭力相助！”**（594页，下同）其实读到这里，连读者都不禁盼望着庞德能够取胜了。且看他与关公战一百回合都难分敌手。连关公都夸他真是自己的对手，不由得兴起，执意要报仇雪恨。第二天两军对阵，庞德虚使拖刀计，却偷拽雕花弓箭，射中关公。此时我们才相信庞德的临行前说的话“此去当挫关某三十年之声价”。关公堪称一代武圣，其实无名之辈当中，亦有敌手。非常可惜的是，于禁怕庞德抢了自己的功劳，灭尽威风，鸣金收兵。

“水淹七军”能够成功是因为于禁领大兵屯于低矮处，秋雨连绵，河水暴涨。其实魏军一方早有人看出了这种风险，报知于禁。这个人的名字叫成何，我们可以记住他的名字。可惜于禁并不采纳，报给庞德，庞德决定自行移军到高地。为什么于禁不挪地方？刚才我们说了，他屯兵在这里是为了堵住庞德。这是为私利而费公事，庞德才是那个处处想着要打赢的人。果然，后来于禁轻易投降，庞德宁可短兵相接，也拒不投降。

> **德回顾成何曰：“吾闻勇将不怯死以苟免，壮士不毁节而求生。今日乃我死日也。汝可努力死战。”成何依令向前，被关公一箭射落水中。众军皆降，止有庞德一人力战。**（597页）

庞德后来为周仓所擒。待关公审问时，他睁眉怒目，立而不跪，引颈就戮。关公怜而葬之。“怜”不是现代汉语意义上的可怜，而是爱戴、敬佩的意思。对于禁这样轻易投降的人，关公却连杀都不愿杀，只囚禁了他。后来于禁还被救回魏国，受尽耻笑。曹操听到消息，伤心地说：“**于禁从孤三十年，何期临危反不如庞德也！**”（第七十五回，603页）曹丕命人将他投降的画面绘在曹操的墓室里，于禁见此羞愤而死。据此，《三国演义》这本小说的道德观、价值观已经非常清楚了：投降与不投降都有道理，关键在于你是否知恩图报。

五、张飞

“刘关张”中的张飞共有六次登上了小说回目：第二回“张翼德怒鞭

学生阅读作业　　郭笑延　绘

督邮”，第二十二回“关张共擒王刘二将”，第四十二回“张翼德大闹长坂桥”，第六十三回“张翼德义释严颜”，第七十回“猛张飞智取瓦口隘”，第八十一回“急兄仇张飞遇害”。这六回，有的写其忠，有的写其智，有的写其勇，还有的写其急。我们来整体梳理一下张飞这个人物的性格主旋律。

1. 爱国英雄与浪漫主义

《三国演义》这部小说以刘备集团为主流，其中一个原因是它成书的过程中有大量民间说书艺人的参与，加入了民间立场和民间审美。刘关张三人身上既有爱国情怀，又有朋友义气，且兼有从底层而登王位、成将相的成功经历，这都是他们受到青睐的原因，因此小说第一回就是“宴桃园豪杰三结义 斩黄巾英雄首立功”。单说“桃园三结义”，如果当真去翻阅史书，恐怕要失望了，因为这个故事全然是虚构的，三人在平叛黄巾起义中结识不假，这桃花和这结义就是后人附会的了。

先来看张飞的相貌：**身长八尺，豹头环眼，燕颔虎须，声若巨雷，势如奔马**。（4页）

“身长八尺”也就是一米八五左右；“环眼”是说眼睛大而圆，眼珠凸出来的样子，有点吓人，你可以想象王府门前石狮子的眼睛；“燕颔”，燕子的下巴是有点尖的，但又不是写孙悟空的“尖嘴猴腮”，而是像豹子的头一样，脸型有点凌厉；况且又长着“虎须”，说的是胡子又粗又硬，看着就扎手。长着这样一副面相的人通常都是个性强烈、脾气暴躁的人。再加上普通的一句话就让刘备觉得“声若巨雷，势如奔马”，这才有了后文的喝断长坂桥。

可别被他莽汉的外表所误导，在那下面，实在有一颗火热又细腻的心。“桃园三结义”正是张飞提出来的。

飞曰：“吾庄后有一桃园，花开正盛，明日当于园中祭告天地，我三人结为兄弟，协力同心，然后可图大事。”（4—5页）

当年相遇时，这三人中刘备是卖草鞋的，关羽是五六年的在逃犯，二人参军要么可做政治投资，要么可将功赎罪。但是张飞呢？他是“世居涿郡，颇有庄田”，却愿意毁家纾难，与这二人共赴国难，不能不令人更加感佩。你有没有透过他糙汉子的外表看到他浪漫的内心呢？这样的一种浪漫甚至有点孩子气，“不求同年同月生，只愿同年同月同日死”，是不是一个理想化的誓言呢？要先认识到张飞的浪漫主义、理想主义，才能对他之后的所作所为、人生轨迹有一个更深刻的理解。

《三国演义》这部小说没有写到爱情，却热情歌颂了以刘关张为代表的男性友谊。这也是这部小说的特色。“不求同年同月生，只愿同年同月同日死”这样的誓言，以及后来三人同气连枝的结局，这种情感的激烈程度、纯粹程度又与爱情何异呢？

2. 安得快人如翼德

第一回还记载了一件事：刘备的老师卢植平叛黄巾军有功，却因无钱贿赂宦官被一辆囚车押解回京。

张飞听罢，大怒，要斩护送军人，以救卢植。玄德急止之曰：“朝廷自有公论，汝岂可造次？”（8页）

从这两人的不同反应可以看出，张飞是性情中人，刘备却是理智中人。毛宗岗说这是张飞不如刘备的地方，也是刘备不如张飞的地方。这样类似的不同反应还会在小说中出现很多次。比如对待董卓，三人浴血奋战救了他，却因为没有官衔，反遭他轻视。依然是张飞要杀，而刘备和关羽劝止。抛家舍业，与二人同生共死，是因为意气相投，他几乎都没有深入了解过这两个人，用一句流行语是“确认过目光”了，就这样把自己的生死完全和这两个人捆绑在一起了；要杀掉董卓和狱卒则是因为这些人有悖道义，后果，他连想都没想过。张飞做事，常常是情感驱动的，“后果”二字从来都不在他的头脑中。他的可爱是因为此，他的悲剧也是因为此。

《三国演义》中常常出现诗歌，这是说书人和小说作者跳出故事，发表自己的意见，相当于现代文中的“议论”。第一回结尾这首诗就写道：**“安得快人如翼德，尽诛世上负心人！”**（9页）每次读到这里，都觉得这句话说得太好了，有时候我们这个世界真的需要像张飞这样的“快人”“直率人”，可以不计后果地做事。随后的董卓之乱，国家再次陷入祸乱，早把他杀了，也许就没有这样的事了。不过刘关张三人就从有功之臣变成了朝廷逃犯，他们之后的命运恐怕就要改写了。而就算杀了董卓，也许又会涌现出其他的人物来乱世。

在小说中，更多的时候是理性的胜利，比如刘备和关羽劝阻了张飞的任意而为；但有时也是感性的胜利，比如第二回“张翼德怒鞭督邮”，讲的是玄德被督邮索取财物不成反被陷害。我们来看看张飞的反应——

> **张飞大怒，睁圆环眼，咬碎钢牙，滚鞍下马，径入馆驿，把门人那里阻挡得住。直奔后堂……飞大喝：“害民贼！认得我么？”督邮未及开言，早被张飞揪住头发，扯出馆驿，直到县前马桩上缚住，攀下柳条，去督邮两腿上着力鞭打，一连打折柳条十数枝。**（14页，下同）

这一打，几乎是为所有的听众、读者而打，无人不觉得畅快。处在末世的黑暗中，真该有一个人对黑暗说“不”。往具体里想，张飞这是替自己的结拜大哥刘备出气。而刘备呢？小说中写道：**“玄德终是仁慈的人，**

急喝张飞住手。”如果读《三国志》，会发现所谓的“怒鞭督邮”是刘备干的，“仁慈”只是这本小说对他的一个人物设定。同样，“嫉恶如仇，敢想敢干”也是小说对张飞的人设，所以才有了这出移花接木。这是小说创作过程中，将人物性格典型化的一种艺术处理手法。

《三国演义》中有个张飞，《水浒传》中有个李逵，如果再细想下去，不单单是古典小说，就是现代小说、影视剧也都会有这样一个“快人”。这其实是因为人们欣赏、向往这种“敢想敢干”的做派，同时又无时无刻不在“快意恩仇”与“深思熟虑”两种价值观和审美取向中摇摆。这就是张飞这个人物存在的价值。

3. 勇猛可嘉

讲完了张飞性格的直爽，再来看看他的勇猛，主要体现在第四十二回“大闹长坂桥”一事。

故事的背景是曹操平定北方后挥师南下，欲伐东吴之前，决定先解决掉刘备这股小势力；而此时，刘备早已与曹操交恶，绝无回旋可能，又兼所依附的刘表已死，蔡夫人献了荆州。所谓唇亡齿寒，刘备只能带着百姓渡江而逃，绝望的他因为看不到出路，几乎投河自尽。

长坂桥这一侧是曹操的大军，另一侧则是刘备的残军败将，中间只隔着一个张飞。来看小说怎么描述的：

却说文聘引军追赵云至长坂桥（341 页），“追赵云”指的就是“赵子龙单骑救主”。**只见张飞倒竖虎须，圆睁环眼，手绰蛇矛，立马桥上**（341—342 页）。“倒竖虎须”读者可以想象一下，就是胡子不遵循地球引力往下垂，而是一根根冲着天，那样子有点像刺猬遇到危险时把身上的刺都张开了。（接着文聘）**又见桥东树林之后，尘头大起，疑有伏兵，便勒**

住马，不敢近前。（342页，下同）读到后面，我们知道，这是张飞让自己手下的二十个随从，在马尾绑树枝来回奔跑造成的效果。小说家讲故事，如果单单写一个“勇”字则不免使笔下的人物扁平化，而且失真了，因为对手并没有愚蠢至此。

接着读小说：**俄而，曹仁、李典、夏侯惇、夏侯渊、乐进、张辽、张郃、许褚等都至。见飞怒目横矛，立马于桥上，又恐是诸葛孔明之计，都不敢近前**。此时，请你想象这个画面，曹操一方的大将八人等悉数到场，一字排开，对方只有张飞一人。在“曹操大宴铜雀台”时我们都见识过这些勇士百步穿杨的神功；张辽是那个可以打退孙权的人，许褚是可以和马超斗上两百回合打成平手的人；连这些人都被张飞的气势镇住了。

接下来出场的压轴人物当然是曹操。我们来读小说：

> **张飞睁圆环眼，隐隐见后军青罗伞盖、旄钺旌旗来到，料得是曹操心疑，亲自来看。飞乃厉声大喝曰：“我乃燕人张翼德也！谁敢与我决一死战？”声如巨雷。曹军闻之，尽皆股栗。曹操急令去其伞盖，回顾左右曰：“我向曾闻云长言：翼德于百万军中，取上将之首，如探囊取物。今日相逢，不可轻敌。”**

“急令去其伞盖”，伞盖是身份的象征，此时曹操以丞相身份出师，这一举动当然是怕张飞发现自己。探囊取物，是把手伸进口袋就可以拿到，表示很容易。要知道，张飞此时只有二十个人，是败军之将，命悬一线，而曹操拥百万雄师，“探囊取物”用来说曹操对张飞还差不多。在这样双方势力对比悬殊的情况下，张飞还能毫不畏惧地说出这样的话来，这才有了曹操一方的退却。

张飞的“喊”也不是扎着胆子喊一句，而是好几句。小说写道：**喊声未绝，曹操身边夏侯杰惊得肝胆碎裂，倒撞于马下。操便回马而走。于是**

诸军众将一齐望西奔走。……一时弃枪落盔者，不计其数，人如潮涌，马似山崩，自相践踏。……（曹操）骤马望西而走，冠簪尽落，披发奔逃。张辽、许褚赶上，扯住辔环。“骤马”的“骤”是快速的意思，比如疾风骤雨，也就是说曹操逃跑的速度非常之快，“冠簪尽落，披发奔逃”是说跑得很狼狈，以至于披头散发了。这可是论武功敢于刺杀董卓，论谋略可以挫败袁绍的当世英雄。这个故事中，有很多夸张的写法，一方面是人们对于传奇的喜好，另一方面当然是对于勇敢这种品质的高度赞扬。

4. 智谋过人

如果只有“勇”，当然只是一个莽汉，作为蜀汉一方的名将，张飞是智勇双全的。表现张飞之“智”一共有这么几出故事：第一个故事是第二十二回“关张共擒王刘二将”。故事的背景是曹操和袁绍大战，张飞随刘备在袁绍一方，王忠和刘岱是曹操一方的先遣力量。在这件事中，第一个值得注意的是刘备本不愿张飞出战，他直言“**汝为人躁暴，不可去**”（188页）。每次都是张飞第一个愿意冲锋陷阵，每次又都是被刘备拍回，派了关羽去，于是张飞照旧发誓：“**如杀了，我偿他命！**”（189页）这三人的关系似乎一直是这样，奇怪的是张飞对这个大哥照旧死心塌地，大概他也有几分自知之明，晓得自己爱冲动误事。第二个值得注意的是都说张飞爱喝酒，且醉后常常鞭挞士卒，这一次他就是这样将计就计，故意使被责罚的士兵逃走，引对方入彀。我们读读小说这一段的结尾——

> **玄德闻之，谓云长曰：“翼德自来粗莽，今亦用智，吾无忧矣！”乃亲自出郭迎之。飞曰：“哥哥道我躁暴，今日如何？”玄德曰：“不用言语相激，如何肯使机谋！”飞大笑。**（189页）

仔细读，仔细琢磨这二人的反应，就会发现：其实刘备也一直在培养着张飞，成就着张飞；当然张飞也为他的事业增添力量。这也许一定程度上解释了为何他们之间的情感那么深刻。

第二个故事是小说六十三回“张翼德义释严颜”，故事发生在蜀汉集团夺取西川的战斗中。严颜是一位老将军，善开硬弓，使大刀，有万夫不当之勇，而且占据地利优势。张飞的用智包含三个关键点：一是在骂战不成，对方据城不出的情况下，张飞让军士四散砍柴，怠慢对方军心，故意容忍奸细，将计就计；二是在具体的战争布局中用真假张飞，虚晃了对方一招；三是不拘泥于规矩，不是击鼓进军，而是鸣金进军。这三点使得张飞打下了这场硬仗。

在这个故事中特别值得关注的是张飞的理性。其实之前张飞深恨严颜，气得发誓要吃了他的肉。一为严颜把他派去的使者割下了鼻子和耳朵羞辱他；二为严颜在城楼上一箭射中了他的头盔。交恶如此，为何其事反转呢？来读六十三回这段小说：

> 群刀手把严颜推至，飞坐于厅上，严颜不肯下跪。飞怒目咬牙大叱曰：“大将到此，何为不降，而敢拒敌？”严颜全无惧色，回叱飞曰：“汝等无义，侵我州郡！但有断头将军，无降将军！”飞大怒，喝左右斩来。严颜喝曰：“贼匹夫！砍头便砍，何怒也？”张飞见严颜声音雄壮，面不改色，乃回嗔作喜，下阶喝退左右，亲解其缚，取衣衣之，扶在正中高坐，低头便拜曰：“适来言语冒渎，幸勿见责。吾素知老将军乃豪杰之士也。”严颜感其恩义，乃降。（513页）

张飞的“怒”为的是他自己的威严不行，张飞的“回嗔作喜”为的是他以自身的正气、骨气能看到对方的正气、骨气。“有仇不报非君子”是张飞的一面，坚守正义是张飞的另一面，甚至是他更为底色的一面。“义释严颜”的结果是西川这样难打的地方，张飞不费吹灰之力就接连攻拔了数个城寨，正是“**只因一将倾心后，致使连城唾手降**”（513页）。

还特别要注意的是，小说这一回写张飞，也在写严颜，虽居写作的客位，但老将军的风采却不可泯灭。

表现张飞之智，还有一出著名的故事，第七十回的“猛张飞智取瓦口隘”。话说曹操破了张鲁，留夏侯渊、张郃守汉川。这一仗就是张飞从这二人手里夺取瓦口隘的战争。其实这次张飞使用的计谋在前两个故事中都使用过，只不过故事的铺垫和衬托更为繁复。比如在擒刘岱时使用过的假装自己醉酒，以慢对方军心，在这一次就增添了诸葛亮特意差人给张飞送去五十瓮酒，合伙唱戏骗张郃。再比如在义释严颜中使用过的假张飞策略，这次从张郃的视角去描绘，表现得更加细致。小说写道：**张郃骤马到面前，一枪刺倒，却是一个草人。急勒马回时，帐后连珠炮起。一将当先，拦住去路，睁圆环眼，声如巨雷，乃张飞也。**（564页）为突出张飞之智，对比感更强烈了。再看这一点：因为曹军一方占据着天险，张飞始终没有真正占领关隘，他却并没有急躁，而是引军退二十里，和魏延引数十骑，亲自来两边哨探小路。**忽见男女数人，各背小包，于山僻路攀藤附葛而走。飞于马上用鞭指与魏延曰：“夺瓦口关，只在这几个百姓身上。”**（565页）这是张飞另辟蹊径，发现了其他可以攻城的线索。能够克制自己的急性子，细心观察，积极想办法，这些才使得张飞不愧是蜀中名将。如果一味写他的猛，忽略他的智，实在是对这个人物的误读。

可悲的是，在小说八十一回，张飞因急报关羽之仇，苛责士卒，酒后坏事，终被手下人所杀。他最终死在了自己最大的弱点上，死在了他自己做过的坏事上，这就是局部的“恶有恶报”。

以上就是蜀汉名将张飞，有勇有谋，是大英雄；忠义双全，是理想主义者；可爱在于他的快意恩仇，悲剧也在于他的毛躁暴虐。

六、赵云

赵云是今天三国人物中，人气颇高的一位。原因有他的忠、勇、憨，也有他的冤。作为蜀汉集团的一员大将，他最著名的功绩有：单骑救主、计取桂阳、截江夺阿斗，还有第七十一回“据汉水赵云寡胜众”，第九十二回“赵子龙力斩五将”。

1. 英雄相惜

赵云第一次出现是在第七回袁绍磐河战公孙。当时袁绍麾下大将文丑将公孙瓒追赶得弓箭尽落，坠于马下，瓒眼看就要被文丑捻枪刺杀。正在这样的危急时刻：

> **忽见草坡左侧转出个少年将军，飞马挺枪，直取文丑，公孙瓒扒上坡去，看那少年生得身长八尺，浓眉大眼，阔面重颐，威风凛凛，与文丑大战五六十合，胜负未分。瓒部下救军到，文丑拨回马去了。那少年也不追赶。瓒忙下土坡，问那少年姓名。那少年欠身答曰：“某乃常山真定人也，姓赵名云，字子龙。本袁绍辖下之人。因见绍无忠君救民之心，故特弃彼而投麾下，不期于此处相见。”**（56页）

这样的出场方式显然是小说追求戏剧化的效果，要知道公孙瓒号称“白马将军”，手下有精锐骑兵三千，全乘昂贵少见的白马，而且屡败北方少数民族，也是当世的一位风流人物。以救白马将军作为出场方式，当然是为了突出赵云的少年英雄。小说接着写赵云于重军中如入无人之境，冲到袁绍面前，直逼得他几乎要躲到墙壁的夹层里。就是这样的一位人物，他答公孙瓒的话，小说中用了一个词叫“欠身”，你看他绝不以救命恩人自居，态度多真诚谦逊。

赵云原为了寻一个忠君救民之人而救公孙瓒，但是很快他即遇见了公孙瓒的朋友刘备，当即有英雄相惜之情，用小说的话说是“**玄德与赵云分别，执手垂泪，不忍相离**”（58页）。由此可见，赵云这个人物，是真有报国之心，而且看人的眼光极准，做事绝不拖泥带水。

由首次出场定调，正义与谦和这两种性格贯穿了赵云一生。

赵云下一回的出场依然很富有戏剧性，在第二十八回。背景是刘备自绝于曹操，兄弟三人走散，关公千里走单骑找到了他，正要前去会占山为王的张飞。先是周仓被某山贼大败而回，刘备仿佛心有灵犀一点通一样问他：“**来者莫非子龙否？**”（234页）

离别这么久以来，刘备为求生存，四处投奔他人，而赵子云却认定了刘备，宁肯四处飘零，也不肯被他人招致麾下。按照《三国志》上的记载，赵云是自从在公孙瓒处认识了刘备，就跟随了他。小说这番曲折安排当然是为了突出他对刘备的忠心。这一回的回目是“会古城主臣聚义”，“主”指的就是刘备，臣指的是关羽、张飞和赵云，至此，刘备集团经历一次重大的离散后，牢固地结合在了一起，把赵云的投奔安排在此，也是为了体现这一标志性的时刻。因此赵云与刘备之间的曲笔，也是为了小说的形式感而服务的。这些都是小说家的匠心。

2. 危难救主

赵云留在了刘备身边，主要职责是什么呢？小说没有言明，按《三国志》的说法是“**为先主主骑**”，意思是护卫队队长，首席保镖。比如在三十一回，刘备兵败逃生，被曹军两员大将张郃、高览夹攻，想要自杀；是赵云，单枪匹马救了他。当然，最著名的故事就是单骑救主了，在小说的第四十一回。这一回的前半部分是“刘玄德携民渡江”，讲的是刘备好不容易据住了江陵这个钱粮极广的军事重地，却被曹操大举擒拿，连自己的妻子和孩子也不知去向。心情凄惶悲痛之时，却听糜芳来报：“**赵子龙反投曹操去了！**”（336页）你看，小说这样的写法多惊险。这之后才有张飞的怀疑，待赵云救了简雍后一切才见天日。你看，多了这一笔曲折，故事就多了很多可看性。也说明赵云逆流而上去救刘备的家人，是冒了多大的风险。正如他自己说的：“**我上天入地，好歹寻主母与小主人来。如寻不见，死在沙场上也！**”（337页）这句话，有人批评它表现了封建主义的愚忠，但其实这就是受人之托忠人之事，是朴素的道德、光辉的品格。

除了张飞的误解，增添故事性的还有这么一笔：

> **曹操有宝剑两把：一名“倚天”，一名“青釭”。倚天剑自佩之，青釭剑令夏侯恩佩之。那青釭剑砍铁如泥，锋利无比。当时夏侯恩自恃勇力，背着曹操，只顾引人抢夺掳掠。不想撞着赵云，被他一枪刺死，夺了那口剑，看靶上有金嵌“青釭”二字，方知是宝剑也。**（338页）

这样的安排类似于曹操把赤兔马送给关公一样，英雄当配名马、宝剑，而且一定是取之有道，所以小说家安排夏侯恩正用宝剑行不义之事。

得了宝剑之后的赵云环顾四周，真的只剩孤军一人。“单骑救主”的故事正式开始，此后一段，小说的节奏非常之快，隔着文字你都能感到孤军奋战的危机。如果拍成电影，文戏武戏都精彩。读几个片段感受一下：

一是见到糜夫人后赵云的两处语言：“**夫人受难，云之罪也。不必多言，请夫人上马，云自步行死战，保夫人透出重围。**”夫人不肯，云厉声曰：“**夫人不听吾言，追军若至，为之奈何？**”（339页，下同）这两处语言，都透着赵云的果决。

二是一处行为：**赵云见夫人已死，恐曹军盗尸，便将土墙推倒，掩盖枯井。掩讫，解开勒甲绦，放下掩心镜，将阿斗抱护在怀，绰枪上马。**这一连串的行为，既透露着赵云的理性——绝不像张飞那样情绪化，又透露着他的感性，“解开勒甲绦，放下掩心镜”，是卸下了一个武士的一切防备，将婴儿“抱护在怀，绰枪上马”又表现了他誓死保护阿斗的决心。

三是曹操在山顶望见赵云浴血奋战，竟让人下山问其姓名，赞扬他“真虎将也”，下令不许放冷箭。曹操的珍视侧面反映了赵云的英勇。

最后，小说家做了一个小结：**这一场杀：赵云怀抱后主，直透重围，砍倒大旗两面，夺槊三条，前后枪刺剑砍，杀死曹营名将五十馀员。**收尾的是这样一句话：**赵子龙血染征袍，而阿斗犹在怀中酣眠。**阿斗的酣眠当然是一个夸张的写法，为的是突出赵云对他的细心爱护。一面是血染征袍，一面是婴儿酣眠，这一笔以至柔衬至刚，以至静为至乱作结。不知多年之后，刘禅还能否记得赵云胸口的温度？

但是他的父亲却举起他来欲摔到地上：“**为汝这孺子，几损我一员大将！**”**赵云忙向地下抱起阿斗，泣拜曰：**“**云虽肝脑涂地，不能报也！**”（341页）有读者和评论家批评刘备此时的反应过激，纯属收买人心。其实小说家这么安排，自有他的道理：

首先是符合小说中对于玄德这个人物的角色设定。小说第十五回，张飞失陷了徐州，他的妻子陷于城中，刘备虽然默然伤心，但当张飞想要自刎谢罪时，他却说出了这番话：

> **玄德自前抱住，夺剑掷地曰：“古人云：‘兄弟如手足，妻子如衣服。衣服破，尚可缝；手足断，安可续？’吾三人桃园结义，不求同生，但愿同死。今虽失了城池家小，安忍教兄弟中道而亡？”**（122页）

“兄弟如手足，妻子如衣服”是流行于三国时期的一句俗语，也许一定程度上符合那个时代的价值观。乱世的价值观当然是建功立业，要想达到这个目标，兄弟的重要性完全超过了家庭，除非你是非一般的像袁绍这样的“四世三公”之家。当然，这个价值观完全以男性为本位，女人不在考虑范围。子嗣虽然一直为人所重，毕竟还可以再有。刘备从一个织席贩履之流到拥有今天的地位，他太知道兄弟的重要性了。第一回不就是张飞散家财，拉起了一伙军队，他才当上了大哥吗？“兄弟如手足，妻子如衣服”这句话从刘备的嘴里说出来，虽然今天听起来绝情，细想是十分切合刘备这个人物的，那么摔阿斗也就不足为奇了。

这么安排当然也有叙事上“豹尾”的考虑。赵子龙单骑救主，血染征袍，这个故事已经太辉煌了，要怎么结尾呢？要刘备哭着说“谢谢你”吗？那样的结尾显然称不上这个故事。刚救了孩子，又摔孩子，非这样惊险的一荡，才能让故事的精彩一直延续到结尾。所以，故事之后有一句诗：“**无由抚慰忠臣意，故把亲儿掷马前。**”（341页）“故”是特意的意思。

再讲另一个故事——“赵云截江夺阿斗”，见于小说第六十一回。话说孙权一方“陪了夫人又折兵”，嫁了妹妹又走了刘备。张昭为其划一计，假托老夫人病重，召孙尚香回来，孙夫人按计带上了阿斗。事出突然，一切行动都需赵云自行定夺。

我们读小说，首先体会赵云的决断力。他听得消息，毫不迟疑，只带四五骑，旋风般沿江赶来。对方不肯停船，顺风直下，船行迅疾，赵云不离不弃，沿江追赶十余里，忽见江滩斜缆一只渔船，果断弃马执枪，跳上渔船。即将要追上时，对方又放箭、使枪，赵云不畏箭矢，望吴船踊身一跳，早登大船。

其次体会赵云行事的勇敢、为人的不卑不亢。其实赵云直接进到船舱中抢夺阿斗是非常失礼的。本就男女有别，何况是大哥的妻子。当年关羽护送着二位嫂嫂时，是要在外面坐着读《春秋》的。当事有情急，赵云不做迂腐之举，问答有理有据。先说：**“主母欲何往？何故不令军师知会？”**（491页，下同）再问：**“主母探病，何故带小主人去？”**三言：**“主母差矣。主人一生，只有这点骨血，小将在当阳长坂坡百万军中救出，今日夫人却欲抱将去，是何道理？”**这三句诘问，思路非常清晰，句句说到点儿上，直逼得孙夫人抬出了身份：**“量汝只是帐下一武夫，安敢管我家事！”**赵云不为所动，只认准他此行目的，说：**“夫人要去便去，只留下小主人。”**孙夫人没办法，**喝曰：“汝半路辄入船中，必有反意！”**这一点其实是陷赵云于不义之境。设想一下，如果孙夫人真的只是去探病呢？此前他入敌营救阿斗之时，已被张飞怀疑过一次，这次定是跳进黄河也难洗清。但是赵云意志坚定，头脑清楚，坚持说：**“若不留下小主人，纵然万死，亦不敢放夫人去。”**乃至于亲手夺过了阿斗。

“截江夺阿斗”一事，赵云的才干与忠诚可见一斑。所以每当刘备或者蜀汉集团遇到了危险，小说写不下去了，都会说“转出一人，原来是赵云前来相救”。

可是孙夫人口中称他为“帐下一武夫”，也就是说赵云此时的主要职责依然是保安队长，没有像张飞和关羽那样独领兵权，这又不能不令人惋

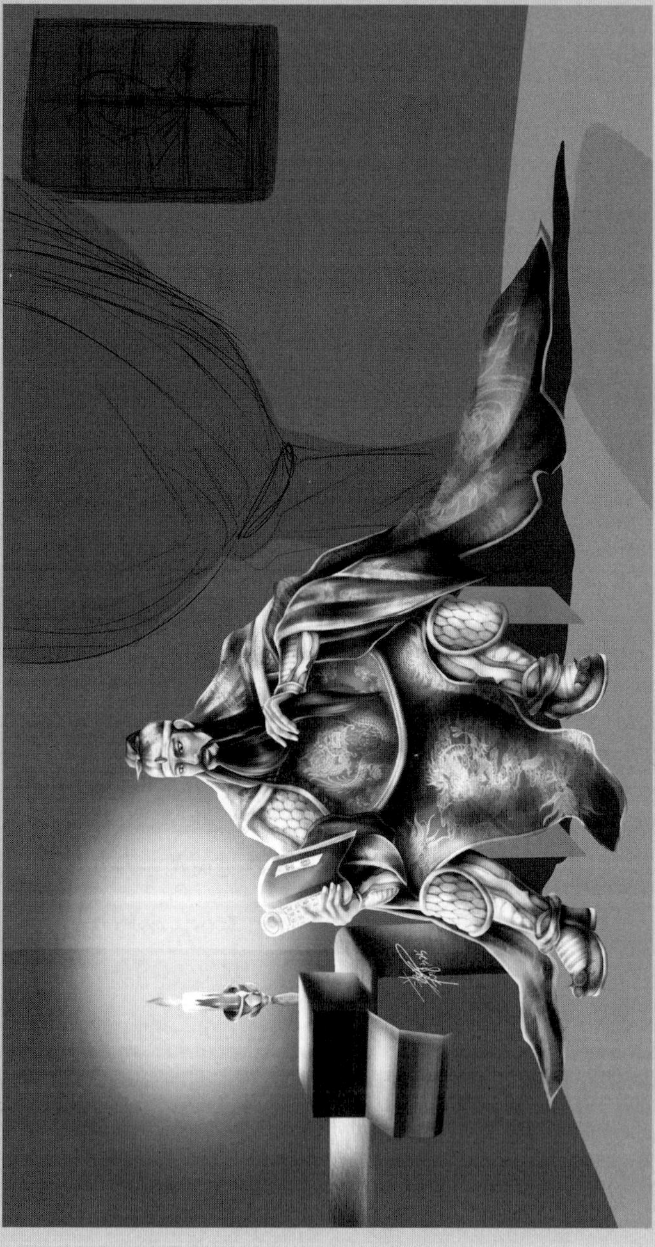

学生阅读作业

张檀一 绘

惜。也就是说刘备对他的信任、倚重，始终不像对关张二人一样。这就使得后世人皆为赵云喊冤。

3. 武功事迹

赵云的武功事迹重点看小说第七十一回“据汉水赵云寡胜众”，这一战的背景是刘备打四川，曹操为黄忠斩了夏侯渊，亲率二十万大军来报仇，孔明着黄忠和赵云一同去据守汉水。

云谓忠曰：“今操引二十万众，分屯十营，将军在主公前要去夺粮，非小可之事。将军当用何策？”（576页，下同）这样说，是因为赵云深知此仗的艰难，于是他主动申请先去，这样纵然有误，也可以保住主帅。孰料，黄忠却说：**“我是主将，你是副将，如何争先？”云曰：“我与你都一般为主公出力，何必计较？”**此处可以见出赵云识大体。

后来黄忠未按约定时间回来，赵云急忙前去接应，见到曹军两员大将张郃、徐晃两人正围住黄忠。

云大喝一声，挺枪骤马，杀入重围，左冲右突，如入无人之境。那枪浑身上下，若舞梨花；遍体纷纷，如飘瑞雪。（577页，下同）这是正面描写，同学们可以想象当时的画面。**张郃、徐晃心惊胆战，不敢迎敌。云救出黄忠，且战且走，所到之处，无人敢阻。操于高处望见，惊问众将曰：“此将何人也？”有识者告曰：“此乃常山赵子龙也。”操曰：“昔日当阳长坂英雄尚在！”急传令曰：“所到之处，不许轻敌。”**此时，当年血染的征袍成了他最耀眼的个人标签，不仅救了黄忠，而且打退敌人，占了曹寨，夺了粮草武器。凭的是什么？**但见“常山赵云”四字旗号，曾在当阳长坂知其勇者，互相传说，尽皆逃窜。**

故事的结尾是——

玄德遂同孔明前至汉水，问赵云的部卒曰："子龙如何厮杀？"军士将子龙救黄忠、拒汉水之事，细述一遍。玄德大喜，看了山前山后险峻之路，欣然谓孔明曰："子龙一身都是胆也！"（578页）

除了这件事，还有第五十二回的计取桂阳，第九十二回的"赵子龙力斩五将"，也可以一读。

说一个细节。第八十一回中刘备欲兴兵东吴，为张飞、关羽报仇，而天下大势，是曹丕篡汉。刘备既以"汉室"正统自居，自然应当先伐魏，再伐吴。刘备不听赵云细细解劝，赵云并不就此沉默，而是直白地说："**汉贼之仇，公也；兄弟之仇，私也。愿以天下为重**。"（643页）这句话对于已经称帝急着报仇的刘备来讲几乎等同于"逆鳞"了，连诸葛亮也不敢这么说，可是赵云说了。为什么？翻翻最开始，赵云投奔刘备，为的就是寻找一个忠君爱民的人。纵观整本《三国演义》，从始至终，赵云都是不忘初心，从来没有为个人情感、财富权力，甚至美女动摇过。他是一个在乱世之中极其正义、清醒的人，不仅有此德行，他还武艺高强，朴实谦和。历史中的赵云和小说中的"常山赵子龙"都得到了后世广大读者的追捧。

除了上面讲到的这几位，在《三国演义》中还有许许多多的武将值得一读：比如老将黄忠，主要事见第七十回"老黄忠计夺天荡山"，第七十一回"占对山黄忠逸待劳"。除此之外，黄忠在"七擒孟获"中还有出场，直至"火烧七百里连营"一战中为蜀汉战亡。读黄忠又可读同为老将的严颜，这二人都是"老当益壮"的代表。读黄忠还需要注意他与关羽之间彼此手下留情的美好情节。

总之，就像我们开头赏读的铜雀台试箭一样，这些三国时期的武将每一个都充满着阳刚之气，让我们体会到生命的力与美。他们掌控着自己的身体，也坚守着自己的初心，给久坐、疲软又容易迷茫的现代人带来阳光般的勃勃生机。

思辨读写

形象设计：

挑选一个你最喜欢的武将，根据小说中对其外貌、衣着、坐骑、武器的描写为其设计形象，也可根据典型故事为其设计动作和背景，比如赵云保护阿斗血染征袍。

写作加油站：

趣味结尾

曹操大宴铜雀台中，命武将比武射箭赢得锦袍。故事开篇第一个人就已经射中了靶心，可谓起笔就是高潮，层层攀登，直至徐晃射中柳枝，锦袍坠地，我们以为再无悬念，不料又出现许褚上来抢夺、扯碎袍子这一枝节。

如果你是作者，徐晃射坠锦袍后还有其他写法使故事妙趣横生吗？

阅读加油站：

欣赏张飞怒鞭督邮片段，回答问题：

张飞大怒，睁圆环眼，咬碎钢牙，滚鞍下马，径入馆驿，把门人那里阻挡得住。直奔后堂……飞大喝："害民贼！认得我么？"督邮未及开言，早被张飞揪住头发，扯出馆驿，直到县前马桩上缚住，攀下柳条，去督邮两腿上着力鞭打，一连打折柳条十数枝。

思考：按照史书《三国志》的说法，"怒鞭督邮"的人是刘备，小说家为何移花接木，安排张飞行此事？

<u>参考答案：</u>

在小说中，刘备的人物典型性格是“仁慈”；“嫉恶如仇，敢想敢干”是张飞的典型性格，所以会有这样的情节设置。这是小说创作过程中，将人物性格典型化的一种艺术处理手法。

京剧舞台上的曹操是一张白脸，如果你给他设计朋友圈头像，会怎么设计？曹操的哭与笑，哪些是真，哪些是假？曹操为何被人批评前忠后奸？他自己又是怎样解释的？本文带你寻找这些问题的答案。

第十讲

曹操

遗臭流芳本一身

阅读导引

阅读回目：

第四、五、六、十二、十六、十七、二十三、三十、三十二、三十三、五十、五十六、五十九、六十六、七十二、七十八回

阅读指导：

曹操是一个性格复杂的人物，在阅读时可以从几个方面进行把握：一是曹操本人的性格，可以以他的哭笑与众不同作为切入点去体会；二是曹操作为一代霸主在用人方面的讲究——用计、用长、用情、用器；三是曹操做事的初心与污点；最后还要细读曹操自己的自白书以及他殁后所附诗作，即小说作者对他的评价。把握一个人物的矛盾对立点，从他与自我、与他人的关系展开思考，这是品评一个复杂人物的常见阅读方法，可迁移到其他名著阅读中使用。

阅读支持：

1. 歇后语“曹操败走华客道——不出所料”，指的是诸葛亮深知曹操的性格，在华容道上留下关羽驻守。歇后语“华容道上的曹操——难过”，正是指曹操人困马乏之际，碰到以逸待劳的关羽。歇后语“华容道上放曹操——不忘旧情”，指的是关羽为报答曹操当日对自己的礼遇放走了他。这三个歇后语勾勒出“华容道”这一出故事的曲折复杂。

2. 分香卖履：曹操死前将平日所藏名香分给诸侍妾，又嘱咐他们勤习女工，自力更生。后来“分香卖履”流传成一个成语，比喻人临死念念不忘妻儿。

《三国演义》一百二十回，从第一回到第七十八回"传遗命奸雄数终"，曹操的一生贯穿了小说三分之二的篇幅，是当之无愧的主角。曹操是刺杀董卓、首倡义兵的救国英雄；是"青梅煮酒论英雄"的时代领袖；他爱才惜才，成就了关羽千里走单骑的佳话；他雄才大略，在官渡一战中以少胜多，终成北方霸主；赤壁一役，他却又经历人生滑铁卢，损兵折将，几近身死。曹操这个人物，在三国时代叱咤风云，影响了历史的走向；在千年后的今天，他依然以成语、俗语、故事、戏曲等各种形式活在我们的话语体系中，其复杂性格、个人魅力在历史与小说的演义中幻化成谜，至今令人津津乐道。

只消在任何图书馆或者图书网站一浏览即可知道，关于他的著述几乎是三国人物中最多的。曹操这个人物常常让我想起《西游记》中的孙悟空。吴承恩写判词说孙悟空"也能善，也能恶，眼前善恶凭他作。善时成佛与成仙，恶处披毛并带角"①。曹操也是这种善恶一体的人格。但纵观这两个艺术形象的命运走向，他们又都是积极进取的：孙悟空希望修成正果，脱离妖身；而曹操的一生，平叛动乱，开创基业，没有辜负时代，也没有辜负自己。

① 吴承恩，西游记[M]，北京：人民文学出版社，2004年，75页。

一、曹操的性情：哭笑与众不同

1. 曹操之“笑”

与刘备的“寡言语，喜怒不形于色”相反，曹操这个人表情夸张，动不动就“大喜”“大笑”。比如在小说第一回中，他听了许劭的评价“治世之能臣，乱世之奸雄”，第一反应就是“大笑”，明明“奸雄”的“奸”字不是个好词啊！也许曹操觉得这个评价中肯，甚快心意；也许曹操这个人的耳朵里只听见好词儿，对坏词儿一律忽略。何进等一众大臣为了对付宦官的事踌躇不定，他“鼓掌大笑”；司徒王允一干人为了董卓的事相对而哭，他“抚掌大笑”。这时的笑既是嘲笑，又是自信，充满了英雄气概，要知道这两件事都是常人看来极为危险的。再如第十二回和吕布打，曹操被一道着火的房梁打中，手臂须发尽被烧伤，幸得典韦相救，刚回到大本营，曹操就“仰面笑”，说他不过是中了匹夫的奸计，一定会报仇。紧接着就将计就计说自己被烧死了，再度出战。失败了，受伤了，让你看不到一点沮丧，满是杀敌制胜的兴奋感。曹操真正做到了只关注当下，对于过去一笑而过。

最著名的“笑”就是在华容道了吧。话说赤壁一场大火，曹操八十万军马化为乌有，瞬间从志满意得跌落人生谷底，仓皇逃命。先是望合肥救兵不到，又被凌统、甘宁截杀，只得望夷陵而走。这个“夷陵”就是后来刘备的兵败之地。我们读读小说——

纵马加鞭，走至五更，回望火光渐远，操心方定，问曰：

“此是何处？”左右曰：“此是乌林之西，宜都之北。”操见树木丛杂，山川险峻，乃于马上仰面大笑不止。诸将问曰：“丞相何故大笑？”操曰：“吾不笑别人，单笑周瑜无谋，诸葛亮少智。若是吾用兵之时，预先在这里伏下一军，如之奈何？”说犹未了，两边鼓声震响，火光竟天而起，惊得曹操几乎坠马。刺斜里一彪军杀出，大叫：“我赵子龙奉军师将令，在此等候多时了！”（400页）

“仰面大笑不止”，不仅夸张至极，在随从看来简直不可理喻，几个小时前他不还“肝胆俱裂”吗？何况现在又驱马逃了一夜。“笑”大概是曹操舒缓自己紧张情绪的法宝；至于暗自与周瑜、诸葛亮比拼兵法，当然也是想找一个自信心的立足点。“说犹未了”这四个字紧锣密鼓，当然是小说的写法；接下来大雨倾盆，好不容易到了一个地方可以埋锅做饭，烘烤湿衣。

操坐于疏林之下，仰面大笑。众官问曰：“适来丞相笑周瑜、诸葛亮，引惹出赵子龙来，又折了许多人马。如今为何又笑？（401页，下同）这一句插入得最妙，写手下人不惜犯颜怪曹操乌鸦嘴。可曹操呢？总能从现实之境中脱离开来，仿佛派个分身，饶有兴致地打量自己的处境。**操曰：“吾笑诸葛亮、周瑜毕竟智谋不足。若是我用兵时，就这个去处，也埋伏一彪军马，以逸待劳，我等纵然脱得性命，也不免重伤矣。彼见不到此，我是以笑之。”正说间，前军后军一齐发喊。操大惊，弃甲上马**……这回是张飞。曹操的预测又应验了，是该夸他聪明，还是该怪他乌鸦嘴呢？一次比一次狼狈，这回他和众人只骑得秃马，鞍辔衣服，尽皆抛弃。正值隆冬严寒之时，苦不堪言；又兼山中小路，暴雨之后沟堑泥泞，马蹄深陷，因而前军不行。累、饿、冷、泥泞、失败、随时会来的追兵，面对这些，犹疑、放弃或许是平凡人的正常反应吧。但曹操不是一般人，他令众军下马，就路旁砍伐竹木，填塞山路；又令张辽等引百骑执刀在手，但有迟慢者便斩之。虽有刀悬在头顶，奈何在劳累与饥饿之下，从人还是尽皆倒地。曹操再放狠招，直接命令踩着人肉路而过。**号哭之声，于路不绝。操怒曰："生死有命，何哭之有！如再哭者立斩！"三停人马：一停落后，一停填了沟壑，一停跟随曹操。**（402页，下同）在最艰难时，曹操的情绪状态是数次"大怒"，他不惜任何代价，一意前行；以坚定甚至坚硬，冷酷甚至残酷的领导者姿态带领团队走出了困境。

难道曹操没有想到，人马践踏的惨况不正是因为他的决策错误，被诸葛亮误导走了小路吗？后悔、内疚、挫败这种情绪在曹操这里都被省略了，他没有时间在心情上浪费时间。二十万大军顷刻间只剩下了三百余骑，当众将领都劝休息时，只有曹操以坚毅的姿态说：**"赶到荆州将息未迟。"又行不到数里，操在马上扬鞭大笑。众将问："丞相何又大笑？"操曰："人皆言周瑜、诸葛亮足智多谋，以吾观之，到底是无能之辈。若使此处伏一旅之师，吾等皆束手受缚矣。"**曹操的情绪反应是常人不能理解的，狼狈至此还能笑得出来？而且他还做智力游戏，换位思考如何逮住自己。笑愈剧，惧愈深；笑是曹操的止痛良方。

自然，按照小说的写法，必然有"言未毕"三个字，我们读读这段：

言未毕，一声炮响，两边五百校刀手摆开，为首大将关云长，提青龙刀，跨赤兔马，截住去路。操军见了，亡魂丧胆，面面相觑。操曰："既到此处，只得决一死战！"别人都怕了，包括张辽、许诸、徐晃等诸多武艺高强的猛将。唯有曹操，在他的情绪中似乎连"恐惧"也是浪费时间，只有当下，只有"既然如此"。可是曹操真的没有害怕过吗？当他听关羽介绍张飞勇猛时，不是赶紧把"张飞"二字写在衣服衬里提醒自己遇到他就躲起来吗？可是事到临头，知道“怕”没有用的时候，曹操就把“怕”也忘了，只想着当下，只想着如何去解决问题，意志之坚决没有任何人可以与之相比。曹操在不当笑时笑，而且“大笑”，这大概首先是他面对诸多负面心理的一种调剂；其次大概是一点代偿心理，被别人打得满地找牙时更要多想想自己的好。

以前逢难时劝人，我们会说“不妨阿Q点”。阿Q是鲁迅创造出来的人物形象，遵循的是典型的弱者哲学；同样是面对困境，我们不妨多学学曹操，这才是强者的道理。

2. 曹操之“哭”

假如曹操只会笑，我们又会觉得这个人不近常理。像刚才华容道这个故事怎么收尾呢？俗话说事不过三，在遇险时曹操已经大笑三次了，那么脱险时呢？他的情绪反应又会如何？一般人的反应是什么呢？怯懦的，会喝酒压惊，低头叹气；豪放的，会仰天大笑，发誓报仇。可曹操不是一般人，甚至不是一般的豪杰，这样写，都不能像“豹尾”一样托住刚才那么精彩的小说。罗贯中是这样处理的——

> **曹仁置酒与操解闷，众谋士俱在座，操忽仰天大恸。众谋士曰：“丞相于虎窟中逃难之时，全无惧怯。今到城中，人已得食，马已得料，正须整顿军马复仇，何反痛哭？”操曰：“吾哭郭奉孝耳！若奉孝在，决不使吾有此大失也！”遂捶胸大哭曰：“哀哉，奉孝！痛哉，奉孝！惜哉！奉孝！”**（404页）

这次曹操不仅哭了，而且是“捶胸大哭”。他的话表面上是想念郭嘉，痛惜他的早逝；可郭嘉再生就真的能避免他的失败吗？大概他只是把失郭嘉之痛作为一个出口，来纾解自己失败的苦痛和沮丧。只有在真正安全的情况下，他才能流露出内心深处的挫败感，而不用“大笑”来强撑着自己。文学批评家毛宗岗对曹操的“三笑一哭”批注道：“宜哭反笑，宜笑反哭，奸雄哭笑，与众不同。”（398页）这一番评价，首先是赞叹曹操不同凡响的英雄气概。可是也有人认为曹操是哭给别人看的。因为在他大哭之后，小说还写了一笔：**“众谋士皆默然自惭。”**（405页）因此他的哭被认为是表演。

但若说曹操的眼泪完全是假的也不现实，因为他为郭嘉而哭不止这一回。第三十三回曹操向西进击乌桓，郭嘉水土不服，卧病在车。操泣曰：**“因我欲平沙漠，使公远涉艰辛，以至染病，吾心何安！”**（275页，下同）郭嘉死，他更是亲往祭之，大哭曰：**“奉孝死，乃天丧吾也！”**郭嘉死，这是老天要了我的命。类似的话，孔子在颜回死的时候也曾说过。坊间有言：“曹操的心思你不要猜，除非你是郭奉孝。”曹操与郭嘉见解一致，心意相通。在曹操势力尚弱时，袁绍写信羞辱他，他担心自己力量尚弱，不敢与之抗衡，是郭嘉一连举出十条理由证明“公有十胜，绍有十败”。在他的鼓励下，曹操最终打赢了官渡之战，奠定了自己北方霸主的地位。郭嘉死后，曹操还把他的儿子养在自己的府中。曹操对郭嘉怀有深情，为他洒的眼泪绝不仅仅是做给别人看的。

曹操还有一哭，被人广泛讨论，那就是哭典韦。在第十六回，张绣叛乱，典韦身被数十枪，兀自死战，箭如骤雨，仍然死据寨门，曹操得以逃生。这一战中，侄子曹安民被砍为肉泥，长子曹昂被乱箭射死。战争结束后，（曹操）**设祭祭典韦，操亲自哭而奠之，顾谓诸将曰：“吾折长子、爱侄，俱无深痛，独号泣典韦也！”众皆感叹。**（142页）“顾”是环顾的意思，他用目光将每个人都扫视了一遍再说这番话，确有刻意之嫌。一年之后，（曹操领军）**至襄城，到淯水，操忽于马上放声大哭。众惊问其故，**

操曰："吾思去年于此地折了吾大将典韦，不由不哭耳！"因即下令屯住军马，大设祭筵，吊奠典韦亡魂。操亲自拈香哭拜，三军无不感叹。祭典韦毕，方祭侄曹安民及长子曹昂，并祭阵亡军士，连那匹射死的大宛马，也都致祭。（152页）若说没有情谊，像曹操这等人物，不仅军务繁忙，而且人情众多，他却还能睹物思人，萦挂于心，不能不说是发之于心。而执意要强调"祭典韦毕，方祭侄曹安民及长子曹昂"，不免让人想到邀买人心。对此，**毛宗岗点评：曹操前哭典韦而后哭郭嘉，哭虽同，而所以哭则异；哭典韦之哭所以感众将士也，哭郭嘉之哭所以愧众谋士也。前之哭胜似赏，后之哭胜似罚。不谓奸雄眼泪既可作钱帛用，又可作梃杖用。奸雄之奸，真是奸得可爱。**（394页）受时代风气影响，毛宗岗一直戴着"奸臣"的有色眼镜看待曹操，不过连他也要承认，曹操"奸得可爱"。我倒觉得，既要看到曹操作为政治家的擅长做戏，又要看到他内心待人的用情。比如小说第三十三回，就算对待手下败将袁绍，曹操也深念旧情，亲自去祭拜，哭之甚哀。

二、曹操的领导艺术

再来看看作为军事、政治领袖的曹操。首先，他是身先士卒的。在第十二回大战吕布时，到了城下，李典劝曹操先在外等候，待他们去探路。曹操的反应是——**喝曰："我不自往，谁肯向前！"遂当先领兵直入。**（97页）这一去不是典韦力保，险些丧命。第十七回，攻打袁术，城高堑深，极难攻破。曹操弹尽粮绝，传令三日内破城，**遂亲自至城下，督诸军搬土运石，填壕塞堑。城上矢石如雨，有两员裨将畏避而回，操掣剑亲斩于城**

下，遂自下马接土填坑。（148页，下同）“矢石如雨”，这是冒着生命的危险；“接土填坑”，做的是下等工程兵的工作。表率如此，自然形成强大的感召力。**于是大小将士无不向前，军威大振，城上抵敌不住。曹兵争先上城，斩关落锁**，这才打下了寿春城。这就是领导人的魅力。第三十二回，与袁尚争夺冀州，“**操自飞马赶来，到吊桥边，城中弩箭如雨，射中操盔，险透其顶。众将急救回阵。操更衣换马，引众将来攻**（袁）**尚寨，尚自迎敌**”（267页）。小说中从来也没有夸过曹操武艺好，可也正因为如此，才愈加显出他的胆气，他的奋不顾身。也难怪若干当世英雄对待曹操有如众星拱月一般。

再来看看他对待人才的方式，最著名的就是对待关羽，还有我们刚才谈到的对待郭嘉，这两者都是用情的典范。有时他也用计，失败的比如抓了徐庶的母亲，成功的比如收许褚。曹操令典韦诈败，诱许褚来追，却早已使人掘下陷坑，暗伏钩手，待逮住了，又“**亲解其缚，急取衣衣之**”（100页），后来许褚成了曹操第一保镖。据《三国志》记载：操死后，许褚哭嚎至吐血。

更多时候，他待人靠的是理智、气度。最有名的事件当属官渡一战胜利后，曹操命令烧毁通敌密信，概不追究，理由是：“**当绍之强，孤亦不能自保，况他人乎？**”（253页）大概没有人不恨背叛者，但是曹操却站在理解人性的角度给予了谅解。这种大气的做法无疑比揪斗批判造成的人心惶惶更能感化人。翻开史书，会读到类似的故事：东汉创立者刘秀攻打河北时曾遇劲敌王郎。终于得胜后，他发现了很多部下写给王郎的投降信。刘秀也下令烧毁信件，甚至说了同样的话。不同的是，光武帝烧毁信件的时候，王郎已经彻底灭亡，而曹操烧毁信件的时候，袁绍还有很强大的力量。足以说明曹操的行为虽然效仿光武帝，但更难能可贵！

这样的事例还有很多，比如他原谅了差点害死他的张绣和贾诩，自此贾诩成为他的重要谋士；对待写战斗檄文攻击他，骂了他祖上三代的陈琳，他爱其才，不仅不攻击，还予以重用。曹仁被刘备用计袭了樊城，曹操只说“胜败乃兵家之常”。对待降将庞德，他深情地说：“卿不负孤，孤亦必不负卿也。”这才有了庞令明抬棺决战。平定汉中地，他见张鲁封闭国家库藏，心甚怜之，封他为镇南将军。远征乌桓得胜，他深知侥幸而已，重赏当初劝阻他的人。

曹操用人，还有一个特点，是用长，比如许攸。当初袁绍因为许攸家人不轨，觉得他道德有失，弃之不用，而曹操却能跣足出迎，拥抱美玉有瑕的许攸，官渡战局自此扭转。显然，在曹操眼里，一个人只要有其长即可，道德并不是他考虑的第一要素。在建安二十二年，曹操甚至以政府公文的形式颁布《举贤勿拘品行令》，又叫《求逸才令》。在这篇令文中，曹操列举了管仲、萧何、韩信等一众历史人物，指出他们或出身低贱，或被人轻视，但最终都很有作为，名垂青史。令文中甚至还讲到吴起为了当上将领，杀了自己的妻子以取得信任，散发金银以求得官职，母亲死了也不回家归葬。但是他在魏国，秦国不敢向东用兵；在楚国，三晋（韩、赵、魏）不敢向南谋划。也许正是因为这篇文章，才有了《大军师司马懿之军师联盟》一剧中振聋发聩的台词：“什么是德？临阵能制胜，不使将士枉死是德；治国能安民，不使百姓受冻馁之苦是德。”曹操在非常时代，开风气之先，号召大家“各举所知，勿有所遗”，只要能为国效力的，不拘名声都要推荐出来，这就是用长。

以上种种，我们可以看到曹操待人用计、用长、用情，更用器。诚如小说二十三回，贾诩当初冒险投降时所说：“**曹公五霸之志，必释私怨**。”（191页）

再来看看曹操是如何对待百姓的。印象最深的一件事是在第三十三回，曹操追击袁谭。**时天气寒肃，河道尽冻，粮船不能行动。操令本处百姓敲冰拽船，百姓闻令而逃。操大怒，欲捕斩之。百姓闻得，乃亲往营中投首。操曰："若不杀汝等，则吾号令不行；若杀汝等，吾又不忍：汝等快往山中藏避，休被我军士擒获。"百姓皆垂泪而去。**（272页）这真是一个有趣的、富有弹性的处理方式。再说一个著名故事"割发代首"，在小说第十七回。话说曹操领军回许都，正值麦熟，于是下令凡过麦田有践踏者斩首。正在百姓"望尘而拜"时，曹操的马受惊窜入了麦田。自己制定的法自己犯了，这对谁都是难题。曹操欲拔剑自刎。手下人自然会劝"法不加于尊"。事情到此就截止了吗？曹操沉吟良久，割发代首。这一处理方式犹如"打龙袍"，是打给别人看的。最终结果"**三军悚然，无不懔遵军令**"（149页）。"悚然"和"懔"都是害怕的意思。这就是原则带来的威慑力。其实"割发"也不是一个容易做出的举动，古人讲究"身体发肤受之父母，不敢损毁"。但曹操这个人，只要能够达到目标，流血、牺牲、行恶尚且不避，断发又算得了什么呢？

小说第九十六回还有一个断发的故事，讲的是魏国曹休见到吴国周鲂断发发誓，就相信他是真投降，结果被骗兵败。吴主赞扬周鲂智勇可嘉。但曹操的断发却被后人批评为"**拔刀割发权为首，方见曹瞒诈术深**"（149页），这实在是与他"奸雄"的名声有关。

三、曹操的初心与污点

1. 曹操的初心

曹操的出场在第一回平剿黄巾起义中。和刘备不同，他当时已经在朝廷做官，因此在十常侍和董卓之乱中都有表现。举两件事：一是行刺董卓，一是首倡义兵。

先说行刺之事。司徒王允假托寿诞，将满朝公卿聚集到自己家中大发悲声。小说第四回中写道：

> **允曰："今日并非贱降，因欲与众位一叙，恐董卓见疑，故托言耳。董卓欺主弄权，社稷旦夕难保。想高皇诛秦灭楚，奄有天下，谁想传至今日，乃丧于董卓之手，此吾所以哭也。"于是众官皆哭。坐中一人抚掌大笑曰："满朝公卿，夜哭到明，明哭到夜，还能哭死董卓否？"允视之，乃骁骑校尉曹操也。允怒曰："汝祖宗亦食禄汉朝，今不思报国而反笑耶？"操曰："吾非笑别事，笑众位无一计杀董卓耳。操虽不才，愿即断董卓头，悬之都门，以谢天下。"允避席问曰："孟德有何高见？"操曰："近日操屈身以事卓者，实欲乘间图之耳。今卓颇信操，操因得时近卓。闻司徒有七宝刀一口，愿借与操入相府刺杀之，虽死不恨！"**（33页，下同）

满朝文武大臣在董卓的威权之下，或冒死劝谏，或主动隐居，又或者像司徒王允一样大哭。曹操看不上这种无所作为，他毫不避讳地批评这些比自己官位高的老头：**"满朝公卿，夜哭到明，明哭到夜，还能哭死董卓否？"**满朝公卿的无能恰恰反衬出曹操的孤胆英勇，只手补天。这份勇气已然令人钦佩。再看他的做法：屈身事卓，乘间图之。这是去做卧底！而

学生阅读作业　　李喆赫　绘

且是到杀人不眨眼的董卓那里做卧底——无异于深入虎穴。刺客是世界上最高危的职业，大多是有去无回的。曹操不是不知道这些，用他自己的话说是“虽死不恨”，这是以身许国的意思。

当他从董卓布下的天罗地网中逃生后，回到家第一件事就是毁家纾难，首倡义兵，共赴国难。得到十七镇诸侯响应后，他又出于公心，推举袁绍为盟主。歃血为盟后，曹操说了一句话，特别值得注意——

操行酒数巡，言曰：“今日既立盟主，各听调遣，同扶国家，勿以强弱计较。”（39页）

他不是不知道这件事情的艰难，但仍希望各路诸侯都能够以国家为念，放下私心。这句话说得既有见识，又见肺腑。事情后来的发展不幸被曹操言中，当他向袁绍进言追击董卓时，“**众诸侯皆言不可轻动**”（48页，下同）。曹操的做法是“**自引兵万馀，领夏侯惇、夏侯渊、曹仁、曹洪、李典、乐进，星夜来赶董卓**”。当时的董卓还掌控着国家大权，且有谋士李儒、猛将吕布相帮，曹操的孤军深入完全可以看作是第二次为国涉险——险象环生中，曹操侥幸逃得性命。面对众诸侯的反应，他说了这样一番话：

“吾始兴大义，为国除贼。诸公既仗义而来，操之初意，欲烦本初引河内之众临孟津；酸枣诸将固守成皋，据敖仓，塞轘辕（huányuán）、太谷，制其险要；公路率南阳之军，驻丹、析，入武关，以震三辅。皆深沟高垒，勿与战，益为疑兵，示天下形势。以顺诛逆，可立定也。今迟疑不进，大失天下之望。操窃耻之！”（52页）

上文中，如“孟津”“酸枣”等等凡十二个名词，皆是地名，好像曹操的脑子中时时刻刻装着一幅地图一样。看来无时无刻不在操心着国事的是曹操，各路诸侯的毫无作为恰恰反衬出他的勇于担当。诚如曹洪将自己的马让给曹操时说的那句话“天下可无洪，不可无公”，最初的曹操为国为民，绝对是只手撑天的救世英雄。但是在后期，他却欲望膨胀，没有处理好与献帝的关系，被扣上了“奸雄”的帽子。

2. 曹操的“污点”

曹操被人评为“奸雄”，与这两类事有关。

第一类事，他放弃了道德，比如杀吕伯奢。杀害他的家人是因为被宰猪声所误，以为要被暗算，这我们可以理解为逃难路上的杯弓蛇影，毕竟他是全国通缉犯。第二次杀死打酒回来的吕伯奢，则是为了灭口，还放言说出了“**宁教我负天下人，休教天下人负我**”（36页，下同），这句话几乎是将自己放在了全世界的对立面。放弃官职追随他的陈宫说：“**知而故杀，大不义也！**”但如果曹操没有这样做，有没有可能像他推测的那样“**伯奢到家，见杀死多人，安肯干休？若率众来追，必遭其祸**”？有可能，在小说第四回，就已经世上无曹操了。面对生命的威胁，他毫不犹豫地把道义舍弃了。第十七回，攻打袁术，粮食告急，曹操跟管理粮仓的小吏借头一用，杀了他以解众怨。面对众人大局，曹操毫不留情地把个体舍弃了。

第二类事，与汉朝皇室的关系。比如第二十回许田打猎事件，曹操公开与天子并马而行，还讨天子的宝雕弓，射中一鹿，又公开接受“万岁”的欢呼。要说他没有野心，绝不符合实际。第二十四回，衣带诏事件，曹操不仅斩杀董承，而且下令勒死了已经怀孕的董贵妃。第六十六回，曹操权力欲再度膨胀，欲进魏王，伏皇后密信其父杀之，被曹操破获。华歆直接动手揪着皇后的头发把她从夹壁中拖出来，乱棍打死，更将皇后所生的两个孩子鸩杀。在历史上，伏皇后是被幽禁而死。小说将情节激烈化了，还给曹操加上了一句台词："**吾以诚心待汝等，汝等反欲害我耶！吾不杀汝，汝必杀我！**"（538页）接下来，曹操又令皇帝立自己的一个女儿为正宫皇后。第六十九回"讨汉贼五臣死节"也是根据历史事件演义而来，但第二十三回的"吉太医下毒遭刑"却是纯粹的小说。故事编得太好，类似于太医下毒这样的情节桥段日后大量出现在《武则天传》等历史小说中。还有一些人物，小说作者统统把他们归结为反对曹操霸权、捍卫汉朝正统而死，比如第二十三回的"祢正平裸衣骂贼"，"祢正平"就是祢衡，时代狂士；还有著名的孔融，孔融让梨的孔融。另有一类人物，比如左慈，第六十八回"左慈掷杯戏曹操"，第六十九回"卜周易管辂知机"，这两个故事都是托名历史上的神仙方士，对曹操的行为予以警戒、度化。

总之，曹操后来的权力膨胀确实触怒了一批人。"挟天子以令诸侯"是一把双刃剑，既是号令天下的政治资本，又是权力膨胀的掣肘。比如荀彧、荀攸这两位曹操手下的重要谋士就是汉臣，而非曹臣，他们后来均出言反对曹操而至身亡。功高盖主之后，如何处理和当朝皇帝的关系成为了最大的问题。

站在汉朝皇帝的立场上，曹操把持朝政，蔑视皇家尊严；站在曹操的立场上，他觉得要是没有自己，汉朝天下早就没有了，他们对自己不感恩戴德，反而处处暗算。一方面曹操觉得谁有功劳，权力就应该是谁的；另一方面，在封建传统的体制下，他也认同汉朝的刘家天下。不仅他在这两种价值观下摇摆着，世人也是如此，因此拥曹派和反曹派一直共存。但有一点是确定的，曹操排除异己毫不留情，甚至堪称残忍，这时候的他完全置道德于不顾。但如果你说曹操是一个道德败坏的人物，也是大谬。因为汉家天下倾危之时，正是他冒着生命危险刺杀董卓。为世人所唾弃的杀吕伯奢事件，恰恰发生在他刺杀董卓被全国通缉之后，刺杀董卓无疑是天大的义举；而杀了吕伯奢之后，他又做了一件壮举，那就是毁家纾难，首倡义兵，替朝廷讨伐乱党。这样的一个人是好人还是坏人？他的复杂程度或许早已超越了“好与坏”这两个字，只能站在“政治家”的立场上去考量。

那么他自己究竟是怎么想的呢？我们来看看他的“自白书”。

四、曹操的自白

在第五十六回“曹操大宴铜雀台”中，前半部分武官竞相争夺树上红锦战袍。紧接着这个极欢乐极激烈的情节之后的，却是曹操的一大段抒情。当时“**有王朗、钟繇、王粲、陈琳一班文官，进献诗章。诗中多有称颂曹操功德巍巍、合当受命之意**”（446页，下同）。“合当受命”就是顺应天意称王称帝。这是一个棘手的问题。如果有人劝你当皇帝，你该怎么回答呢？坚辞不就还是顺水推舟？历史上刘备和赵匡胤把这两种结合在了一起——说一套做一套。而曹操，说了一大篇自己的心里话。这番话小说家罗贯中摘引了历史上曹操的一篇真实文章《让县自明本志令》。我们不妨来读一读——

“**孤本愚陋，始举孝廉。后值天下大乱，筑精舍于谯东五十里，欲春夏读书，秋冬射猎，以待天下清平，方出仕耳。**”这个开头，气势很低，像诸葛亮《出师表》中的句子：“**臣本布衣，躬耕于南阳，苟全性命于乱世，不求闻达于诸侯。**”

聪明人都知道，在乱世中想保全自己，最好的选择就是不卷入洪流之中。“力挽狂澜”成为一世英雄固然好，但那得需要多少命运的眷顾？刺杀董卓、张秀叛乱、华容道遇险、与马超激战，曹操一生数次与死神擦肩而过。没有谁可以预知自己有主角光环加持。曹操和诸葛亮在这里都展示了他们凡人的一面，与芸芸众生一样感受着乱世所带来的不安全感。但曹操这两句话说得比诸葛亮更浪漫一些，“读书”展示了他对于文学的爱好，“射猎”彰显了他对武功的追求，这两种交织在一起，构成了曹操心中理想的生活状态。

接着读：**“不意朝廷征孤为典军校尉，遂更其意，专欲为国家讨贼立功，图死后得题墓道曰：‘汉故征西将军曹侯之墓’，平生愿足矣。”**（446页，下同）“不意”的意思是“想不到”，这两句说的是曹操讲自己出仕是为了承担国家职责。翻译成心理独白就是：那时的我一心想为国杀贼，要是我在杀敌过程中不幸身死，或是为国抵御寇贼直至老死，国家念我功业，在我的墓碑上写下“汉故征西将军曹侯之墓”，我这辈子就觉得很满足了。**“念自讨董卓、剿黄巾以来，除袁术、破吕布、灭袁绍、定刘表，遂平天下。身为宰相，人臣之贵已极，又复何望哉？”**这几句想是曹操自陈平生功业，“讨、剿、除、破、灭、定、平”七个动词，每一个都用尽力气，语意坚决，让人知其辛劳，却不生反感。又说我位极人臣，还想怎样呢？

前面这几句话，曹操把自己的姿态放得非常低。讲自己的所作所为都是顺应国家的需要，而非个人的野心，所立功业只要得到国家给予的相应尊重就已经得到满足了。

下一句话**“如国家无孤一人，正不知几人称帝，几人称王”**。这句话是自陈他对国家的重要意义。听起来极其自我，却不是大话，只需要看看小说前二十回即可预知，地方军阀董卓大犯长安，李傕、郭汜趁乱行凶，十八路诸侯各怀异心。**“或见孤权重，妄相忖度，疑孤有异心，此大谬也。孤常念孔子称文王之至德，此言耿耿在心。”**“或”是“有人”的意思，上面的几句话是直面他人的质疑。“文王之德”有个典故。当时在殷纣王的暴政之下，天下三分之二都已经归顺周文王了，可他还是安于臣节，不去吊民伐罪。后来武王伐纣，建立周朝。这虽然是顺应历史潮流的，但在孔子看来却不够尽善尽美，杀伐气息过重。曹操这是以周文王自比。这样说固然把自己推上了道德高地，但也同样把自己置于了道德险境中。于是会有人嘴上心里说："既然没有野心，那你把大权交出来啊！"曹操接着说这样不行！"**但欲孤委捐兵众，归就所封武平侯之国，实不可耳。诚恐一解兵柄，为人所害，孤败则国家倾危，是以不得慕虚名而处实祸也**。""孤败则国家倾危"，紧乘着前文所说，"国家倾危"的意思就是"不知几人称帝，几人称王"。所以，为了自己、为了国家我都不能放弃手里的兵权。"不得慕虚名而处实祸"其实可以看作曹操一生的行为准则，特别有利于我们去理解他为世人所诟病的几件坏事。曹操的一生不仅不慕虚名，有时甚至连"实名"也不顾。他有仁义和道德，却从来不背负仁义和道德的包袱，从来不觉得它们是需要放在第一位考虑的。

《让县自明本志令》，原文1300余字。"让县"指的是在这篇文章的结尾曹操说让出几个县的封邑；"自明本志"的核心意思是效周文王；"令"原意"命令"，这里是"告天下书"的意思。这真是千古以来独一无二的文告，充满了浓烈的情感色彩，几乎是一篇面对天下人的自我剖白，回溯到一千多年前的历史现场，有多少人会被其深深地感动，又将引起怎样的议论狂波！在前几回的赤壁之战中，曹操落荒而逃；小说家宕开一笔，写孙刘故事；笔墨再次回到曹操身上，写的就是这一篇饱含情感的自陈。读到"孤败则国家倾危"，我们突然为失败后曹操的勉力坚持肃然起敬。《三国演义》是一部历史小说，难在处理人物的历史形象和艺术形象，再者我国古代小说不重心理描写，这一番自陈，不仅是曹操和手下文臣武将的对话，更是他这个艺术形象和读者的一次对话，使读者对他有了更深的了解。这个情节的安排堪称小说家的一次妙笔，他还在故事后面加了几句诗作为议论：

后人有诗曰："周公恐惧流言日，王莽谦恭下士时。假使当年身便死，一生真伪有谁知！"这次的"后人"不是假托的，是白居易，这几句出自他的《放言》诗之三。当时他正被贬江州司马，心怀委屈。"周公恐惧流言日"这个典故讲的是：周武王灭商后不久即去世，传位于成王，其时成王只是尚在襁褓中的婴孩，周公怕天下人背叛朝廷，就登位代为处理政务，主持国家大权，"一饭三吐哺，一沐三握发"。可是管叔等大臣在国中散布流言称周公有不轨之心。周公只好避居他地，不问政事。后来周成王悔悟，重新迎用周公，周朝才迅速强盛起来。"王莽谦恭下士时"，说的是王家作为当朝外戚，族中人多为将军、列侯，唯有王莽独守清净，生活简朴，为人谦恭。后被国家征召后，他拥立九岁的汉平帝即位并代理国政。掌权期间王莽开集市、兴私学，网罗天下能者，得到儒生赞许。48万民众以及公卿大臣900多人请求赐予王莽象征至高权力的九命之锡。"**假使当年身便死，一生真伪有谁知！**"说的是假如周公在没来得及还政于成王的时候就死了，假如王莽在还没有做出篡汉的事之前就死了，那他们的形象、他们的声名肯定是完全不同的。

小说家引用这两个人的典故，有点拭目以待的意思：同样站在道德高地上，曹操会成为周公还是王莽呢？这是在为后文留悬念。再者，曹操这一番话是"心机城府"还是"初心如此"呢？小说家并不真的相信，他在被感染的情绪中留有一点扑朔迷离，这是给人物形象留点品咂的余地。

曹操死前，众人曾建议命道士祈福，他叹息道："**获罪于天，无所祷也。**"（626页）这是曹操对自己一生罪孽的忏悔；就自我认知和反思精神来看，他是关羽所不及的。接下来他又将平日所藏名香分给诸侍妾，又嘱咐他们勤习女工，自力更生。后来“分香卖履”流传成一个成语，比喻人临死念念不忘妻儿。看来行事张扬的曹操在物质生活方面是非常低调的。而且他也豁达地预见到乱世之中，富与贵皆不可贪恋。

曹操究竟是一个什么样的人，当然小说中是没有答案的。小说作者罗贯中引用《邺中歌》来为其作结，这是明代文学家钟惺创作的一首诗，用高度凝练的笔触描绘了曹操复杂而伟大的一生，值得细读：

“邺则邺城水漳水，定有异人从此起”（627页），这两句领起全诗，用“异人”二字比“奸雄”更留有余地，更加持正。“一代奸雄”这个标签看似合情合理，实则带着后人的武断，是对曹操丰富性的狭隘化处理。小说第五十九回“曹操抹书间韩遂”有一处有趣的描写：**韩遂部卒多有不识操者，出阵观看。操高叫曰：“汝诸军欲观曹公耶？吾亦犹人也，非有四目两口，但多智谋耳。”诸军皆有惧色。**（471页）看来，那个时代的人就已经视曹操为“异人”了，而曹操也以此洋洋自得，接下来与韩遂拉家常正是他施展离间计的第一个步骤。**“雄谋韵事与文心”**（627页，下同）三个词语概括出了曹操的三重身份：政治家、军事家、文学家；**“君臣兄弟而父子”**说的是围绕曹操一生的三种关系：一是他与汉家天子的君臣关系，他的一生成功于此，也牵绊于此；第二种关系，与夏侯家兄弟之间的关系，他们陪伴他出生入死建立功勋；第三种关系，与他几个儿子的父子关系，比如曹彰、曹丕和曹植，在小说中他曾对儿子说过这样一句话，表明他的原则：**“在家是父子，受命为君臣。”**有兴趣的，可以比较一下三国时期几位著名人物的父子关系，袁绍曾经为了爱子生病而放弃战机，他是至情至性的父亲，却致使袁谭袁、尚兄弟相争；刘备终于还是将“扶不起来的阿斗”扶上了帝位；唯有孙坚的两个儿子孙策、孙权堪称“江东之虎”；曹操与他的两个儿子并称“三曹”，是建安文学的代表人物，因为他们的出现，使华而不实的汉赋文风一变而为雄健潇洒，在政治上，他们更是最终统一了国家。

“**英雄未有俗胸中，出没岂随人眼底？功首罪魁非两人，遗臭流芳本一身**”这四句是全诗的点睛之笔，道尽了曹操的卓尔不群，不可用俗世的眼光去看待。“功首、罪魁”“遗臭、流芳”原本就是一体两面，这句话体悟深刻，情感深沉，予人的启示远比评论曹操功过几几开更有价值。这两句诗不但可以评论曹操，更可用来评价武则天等一系列复杂的人物。

“**文章有神霸有气，岂能苟尔化为群？横流筑台距太行，气与理势相低昂**”这四句说的是曹操的英雄气概；“**安有斯人不作逆，小不为霸大不王？**”说的是这么有权势的一个人却没有称霸；“**霸王降作儿女鸣，无可奈何中不平。向帐明知非有益，分香未可谓无情**”，如果说前面几句都在写曹操的霸气、豪气，那么这几句就是在写他的“柔情”。

最后几句：“**呜呼！古人作事无巨细，寂寞豪华皆有意。书生轻议冢中人，冢中笑尔书生气！**”这几句是说像曹操这样的人我们是不能凭借书生意气去妄加评论的。以自我解嘲作结，充分显示了诗作者对曹操的敬畏之情。也许，这才是对待曹操的正确态度。

这篇诗文评论的当然是历史人物曹操，小说作者罗贯中将这首诗放在曹操这个人物去世的后面作结，其实也代表了他自己对这个人物的态度。人人都说《三国演义》这本历史小说“拥刘反曹”，如果单看回目，的确有一些这样的倾向，那是因为这本小说在塑造人物时加入了很多民间审美，后又经过毛宗岗之手修订，曹操是奸雄、刘备是仁君这样的人设早已经确定。但在若干细节描写以及这些关键的评论性诗歌中我们都可以看到小说作者作为知识分子比较中正的立场。曹操几乎可以说是《三国演义》这本小说塑造的最有血有肉的人物之一。

思辨读写

设计朋友圈头像：

京剧脸谱中将曹操设计成了一张大白脸，《卑鄙的圣人：曹操》这本写曹操的书的封面将曹操设计成了一半白脸一半普通人面孔。如果你给曹操设计朋友圈头像，会是怎样的呢？

写作加油站：

说犹未了

《曹操败走华容道》堪称中国古典小说的经典故事，其中曹操三笑一哭尤其出人意料。为敌人所迫，情势危急时曹操大笑；安全归营后，反而大哭。欣赏下面小说片段：

操见树木丛杂，山川险峻，乃于马上仰面大笑不止。诸将问曰："丞相何故大笑？"操曰："吾不笑别人，单笑周瑜无谋，诸葛亮少智。若是吾用兵之时，预先在这里伏下一军，如之奈何？"说犹未了，两边鼓声震响，火光竟天而起，惊得曹操几乎坠马。刺斜里一彪军杀出，大叫："我赵子龙奉军师将令，在此等候多时了！"

如此反复，每次都是曹操预见情势，不料被诸葛亮猜中，只好仓皇逃命。你也可以用"说犹未了"这种形式缀起小说紧张的情节，体现人物之间的较量。

阅读加油站：

阅读曹操的《让县自明本志令》，解释加点词：

孤本愚陋，始举孝廉。后值天下大乱，筑精舍于谯东五十

里，欲春夏读书，秋冬射猎，以待天下清平，方出仕耳。不意朝廷征孤为典军校尉，遂更其意，专欲为国家讨贼立功，图死后得题墓道曰：“汉故征西将军曹侯之墓”，平生愿足矣。

1. 后值天下大乱：______________________

2. 不意朝廷征孤为典军校尉：______________________

参考答案：

1. 遇到　2. 预料

唐太宗读史，困惑司马懿为何前忠而后乱。他这一生是魏之栋梁，诸葛敌手；却难免与狼共舞，常怀恐惧。解读他，或许能够让我们体会乱世为官的艰难。

第十一讲

司马懿

乱世为官有多难

阅读导引

阅读回目：

第九十一、九十四、九十八、一百、一百三、一百六、一百八回

阅读指导：

司马懿是《三国演义》中后期重要角色，他先是辅佐曹氏，后子孙又夺了曹氏的王位，其间数次起落，凶险频现。正如唐太宗的疑问“（司马懿）辅佐之心，何前忠而后乱”，我们阅读一个人物，可以从这个人物身上最大的疑点出发，那么，就可以拨云见日，从若干具体的事件中理解一个人，也理解他背后的历史时局。这样提纲挈领的阅读方法，可以运用到有着诸多复杂性格的人身上。

阅读支持：

1. 伪游云梦：这个典故说的是刘邦虽用韩信而心怀猜忌，最终伪游云梦，诈捕韩信，以反名斩首。云梦，有人认为是地名，指洞庭湖一带。司马迁《史记·淮阴侯列传》既叹息韩信的国士无双，又感慨他的悲惨命运；写“高祖本纪”更是直用“伪游云梦”之“伪”字，责刘邦之阴险狡诈。

2. 鹰视狼顾：形容目光锐利，为人狠戾。出自《三国演义》中曹操的话：“司马懿鹰视狼顾，不可付以兵权；久必为国家大祸。”

司马懿，字仲达，曹魏权臣，晋朝高祖。曹操任丞相时被辟为文学掾，进入曹魏政坛，后辅佐曹丕在储位之争中获得胜利；文帝丕临终时

与曹真等宗室并为辅政大臣；魏明帝曹叡时期渐掌军政大权，斩叛将孟达，拒诸葛亮北征，讨辽东公孙渊，克尽人臣之责；后明帝崩，与宗室曹爽同受托孤。曹芳继位后，司马懿被曹爽排挤出权力中心，后发起高平陵之变，彻底剪除曹氏宗族势力。次子司马昭封晋王，孙司马炎称帝后，追尊司马懿为宣皇帝。因此，其事迹不见于《三国志》而载于《晋书·宣帝纪》。他的历史坐标：比曹操小24岁，比曹丕大8岁，比诸葛亮大2岁。

若无司马懿，则无其后三分归晋故事，则诸葛亮无敌手而江山改容，则小说至曹操与刘备陨可搁笔；其人其事乃《三国演义》后三分之一处一大关锁。

唐太宗读史，曾提出过这样的问题："（司马懿）辅佐之心，何前忠而后乱？"[1]来看他的临终之言——

> **至嘉平三年秋八月，司马懿染病，渐渐沉重，乃唤二子至榻前嘱曰："吾事魏历年，官授太傅，人臣之位极矣，人皆疑吾有异志，吾尝怀恐惧。吾死之后，汝二人善理国政，慎之！慎之！"言讫而亡。**（864页）

遗训课子"善理国政"可见他心怀国家，因此有"前忠"之举；"尝怀恐惧"是他的为官心态，所以有夺权杀伐之"后乱"。这几句遗言是否可以回答太宗的疑惑呢？或许解读司马懿，可以帮助我们了解在乱世为官有多难。

① 房玄龄等，《晋书》[M]，北京：中华书局，2000年，14页。

一、棋逢对手

三国时代人才锦绣，能够位极人臣，自然首先要有勇有谋，在此方面司马懿最有名的故事是小说第九十四回的“克日擒孟达”。克日，意为约定或严格限定（期限）。战争之变幻莫测岂有约期取胜之说？回目中的“克日”二字，已然显示出司马懿的胸有成竹。

在此事件之前，司马懿这个人物只是在小说第三十九回、六十七回、七十五回、八十五回被寥寥提上一笔，遥遥伏脉，使读者对他既有“横空出世”之感，又不责文笔唐突。至九十一回，与他知音相契的曹丕文皇帝薨，他自上表乞守西凉，却中了马谡的反间计，被削了兵权，罢归乡里。小说写道：

> **却说细作探知此事，报入川中。孔明闻之大喜曰：“吾欲伐魏久矣，奈有司马懿总雍、凉之兵。今既中计遭贬，吾有何忧！”次日，后主早朝，大会官僚，孔明出班，上《出师表》一道。**（728页）

小说家竟将武侯的《出师表》与司马懿的被黜如此紧密地联系起来，这是明显将二人并举。

为了给诸葛亮“吾有何忧”做注脚，小说接连几回任其逞智，任蜀汉逞强，遂有“赵子龙力斩五将 诸葛亮智取三城”“姜伯约归降孔明 武乡侯骂死王朗”，正面战场不行，搬弄外援，又被诸葛亮“乘雪破羌兵”；驸马夏侯楙、大将军曹真接连败落，魏国势危。遂有曹叡大惊，太傅钟繇推荐司马懿——

太傅钟繇奏曰："凡为将者，智过于人，则能制人。孙子云：'知彼知己，百战百胜。'臣量曹真虽久用兵，非诸葛亮对手。臣以全家良贱，保举一人，可退蜀兵。未知圣意准否？"睿曰："卿乃大老元臣，有何贤士，可退蜀兵，早召来与朕分忧。"钟繇奏曰："向者，诸葛亮欲兴师犯境，但惧此人，故散流言，使陛下疑而去之，方敢长驱大进。（这是接续九十一回文脉）**今若复用之，则亮自退矣。"睿问何人。繇曰："骠骑大将军司马懿也。"……睿御驾亲征，令司马懿克日到彼聚会。使命星夜望宛城去了。**（751页）

这是从领导、从同僚的眼中写司马懿，是小说的铺陈伎俩。既然"使命星夜望宛城去了"，是否紧接着就正面写司马懿的不负众望？然而并没有，小说再次宕开一笔，从孔明的眼中写司马懿，这是从敌人眼中写开去。

孔明屡胜，心中得意；再有接孟达反讯，喜上再添一喜。铺陈已到顶点，方接续第九十一回文脉。

忽细作人报说："魏主曹睿，一面驾幸长安；一面诏司马懿复职，加为平西都督，起本处之兵，于长安聚会。"孔明大惊。参军马谡曰："量曹睿何足道！若来长安，可就而擒之。丞相何故惊讶？"孔明曰："吾岂惧曹睿耶？所患者惟司马懿一人而已。今孟达欲举大事，若遇司马懿，事必败矣。达非司马懿对手，必被所擒。孟达若死，中原不易得也。"（752页）

"孔明大惊"正是为了司马懿的官复原职。再次从孔明口中写司马懿，完美接续第九十一回孔明的话，"所患者惟司马懿一人而已"，正是对敌手的高举。“孟达若死，中原不易得也。”正是对其后六出六挫的判断，事态的全部扭转，全系一人之身。也许原意是赞诸葛亮有先见之明，实则也赞美了司马懿对于魏的扛鼎之功。

正面衬托写完，我们都以为这次总该直接描写了。不！小说家又添叙孟达一笔，这是从对手的角度写去。

一面是诸葛亮写信“慎之！戒之！”殷勤嘱咐，一面是孟达笑孔明凡事多心。

（孟达）**书曰：“适承钧教，安敢少怠。窃谓司马懿之事，不必惧也：宛城离洛阳约八百里，至新城一千二百里。若司马懿闻达举事，须表奏魏主：往复一月间事，达城池已固，诸将与三军皆在深险之地。司马懿即来，达何惧哉？丞相宽怀，惟听捷报！”**（752—753页，下同）

这是以对手的无知反衬司马懿的英明。孔明连胜是铺陈，魏军连败是铺陈；钟繇大荐、诸葛大惊、孟达大意俱是衬托，小说家以叙事之力将人物送上了期待的顶峰，才令其出场。

曹叡知、钟繇知、孔明知、孟达知，人人皆知司马懿复被启用，事态已如离弦之箭。小说家却故意延缓不同空间的时间进程，独令主人公不知。“**却说司马懿在宛城闲住，闻知魏兵累败于蜀，乃仰天长叹。**”欲写英雄之力挽狂澜，先从他的忧国与落寞写起。再写他的果决：**即传令教人马起程，一日要行二日之路，如迟立斩。一面令参军梁畿赍檄星夜去新城，教孟达等准备征进，使其不疑。梁畿先行，懿随后发兵。**欲写他的英明，先从司马师的不明写起：**长子司马师曰：“父亲可急写表申奏天子。”懿曰：“若等圣旨，往复一月之间，事无及矣。”**（753页）

写司马懿的“克日擒孟达”，由曹叡的释疑写起，又由曹叡的表彰作结。

懿入城来见魏主。睿大喜曰："朕一时不明，误中反间之计，悔之无及。今达造反，非卿等制之，两京休矣！"懿奏曰："臣闻申仪密告反情，意欲表奏陛下，恐往复迟滞，故不待圣旨，星夜而去。若待奏闻，则中诸葛亮之计也。"言罢，将孔明回孟达密书奉上。睿看毕，大喜曰："卿之学识，过于孙、吴矣！"赐金钺斧一对，后遇机密重事，不必奏闻，便宜行事。（755页）

要知道司马懿的前几十年官宦生涯都在夹缝中生存，前次无事还被陷罢归乡里，敢于不上表即进兵，是甘冒被谗的风险，是谨慎之中有人勇气。从全书结构来看，自此开启了司马懿与曹魏政权的纠缠斗争的新篇章，小说家遂于百忙之中夹叙了司马师、司马昭二子。

美中不足的是《三国演义》一书立意将诸葛亮送上智慧神坛，其他人皆做了他的陪衬。所以司马未出计之前先有**诸葛亮掷书于地而顿足曰："孟达必死于司马懿之手矣！"**（753页）稍嫌破坏阅读期待。再有司马懿看了孔明回书，**大惊曰："世间能者所见皆同，吾机先被孔明识破。"**（754页）似乎人人做了他的陪衬。历史上，明明是诸葛亮六出祁山寸土未得，小说家却改写、扩写、虚构局部战争，给人以蜀汉一直得志的印象。九十五回"空城计"，司马懿领十五万精兵，竟被孔明一张瑶琴所退；一百一回争夺陇上之麦，诸葛亮不仅装神弄鬼，竟如孙悟空般会了缩地之法，司马懿只剩下仰天长叹的份儿；一百四回汉相归天，也还闹了一出"死诸葛走生仲达"，以一尊木雕神像吓得司马懿纵马飞逃，沉浸在"头在否"的恐惧中。这是司马懿为了小说的价值观和艺术性而做出的牺牲。

唯第一百三回"武侯送妇人装辱仲达"一桩，历史上确有其事，读来终于感觉到了二人的势均力敌。

在此事件之前，司马懿为廖化所迫，绕树逃窜，以金盔惑敌，才躲过一劫。历此一难，人的反应会是什么？心有余悸？自卑？胆怯？恐惧？愤怒？耻辱？这几个词都不过是人之常情。直肠子武士如司马师谓父曰：**“父亲何不与孔明约期大战一场，以决雌雄？”**（826页，下同）这就是愤怒的代表。但司马懿不是平常人。小说写他耐辱，先着一小招，由魏延将着其前日所失金盔，前来骂战。**众将忿怒，俱欲出战。懿笑曰：“圣人云：‘小不忍则乱大谋。’但坚守为上。”**再着一大招，由孔明送女服。

> **且说孔明自引一军屯于五丈原，累令人搦战，魏兵只不出。孔明乃取巾帼并妇人缟素之服，盛于大盒之内，修书一封，遣人送至魏寨。诸将不敢隐蔽，引来使入见司马懿。懿对众启盒视之，内有巾帼妇人之衣，并书一封。懿拆视其书，略曰：**
>
> **“仲达既为大将，统领中原之众，不思披坚执锐，以决雌雄，乃甘窟守土巢，谨避刀箭，与妇人又何异哉！今遣人送巾帼素衣至，如不出战，可再拜而受之。倘耻心未泯，犹有男子胸襟，早与批回，依期赴敌。”**
>
> **司马懿看毕，心中大怒，乃佯笑曰：“孔明视我为妇人耶！”即受之，令重待来使。**（829页）

毛宗岗在批注这一段时写道：**既送巾帼，又送缟服，不唯是妇人，又是寡妇矣。**（817页）此种激将之法，简直可用“刻毒”二字形容。要知道诸葛亮在九十三回刚刚用他的三寸不烂之舌骂死王朗，又一封书信气死了大将军曹真。可见“能撑船”的宰相肚皮不常有，常有的是义愤填膺。仲达竟然不为孔明所激，足见他的意志之坚，远见之远。《晋书·宣帝纪》称他“内忌外宽”，送金盔时就有仲达“笑曰”，受女服时更有“心中大怒，乃佯笑”。此时之笑，不亚于曹操华容道“三笑”，凡成大事之人，能忍他人之不能忍，“小不忍则乱大谋”，“大谋”是什么？深沟高壑，坐待敌人生变。

懿问曰：“孔明寝食及事之烦简若何？”使者曰：“丞相夙兴夜寐，罚二十以上皆亲览焉。所啖之食，日不过数升。”懿顾谓诸将曰：“孔明食少事烦，其能久乎？”面对这样的对手，**孔明叹曰：“彼深知我也！”**（829页）

比起之前的如有神助，现实语境下的二人才更显得旗鼓相当，一时瑜亮。前有周瑜，后有司马仲达，虽则二人都做了艺术牺牲，但也使诸葛亮的逞智之旅不至寂寞，我们的阅读之旅不至寂寞，且于掩卷之余当思：强中更有强中手，连诸葛亮也如此，何况你我凡人？这就是司马懿的贡献。

回到小说的叙事，写完司马懿的笑纳女服，我们本以为会接着写众武将的义愤填膺；没想到罗贯中笔锋一转，从孔明之处写起，写主簿杨颙劝诸葛亮，事必躬亲非大将之所宜。后来，小司马懿两岁的诸葛亮于五十三岁的年纪而殁，司马懿却享七十三岁高龄，为了国家平叛乱、兴屯田，使民富谷丰。如此看来，二人谁更明智？然而小说家起笔，又不为评判二人在远智上的高下，而是落笔在孔明的一片忠心。这是一样文字，做两样文章：既夸了司马懿的“大谋”，又赞了诸葛亮心如日月。

抒情之后，又嫌豹尾不够力度，遂添了一笔：众武将不堪受辱，力请出战。司马懿假意千里请战，辛毗在明帝前说破用意，持节领命镇压义愤之师；再由老对手诸葛亮加上一个注脚：“此乃司马懿安三军之法也。”

前有“克日擒孟达”，先斩后奏；后有安大军之心，千里请战；用智多变。一百六回，更有平定辽东公孙渊叛乱，其艰辛与功劳不亚于当年曹操握孤兵入险境；况且曹操时尚有郭嘉遗计，而司马懿全凭一己之能。

时值秋雨连绵，一月不止，平地水深三尺，运粮船自辽河口

直至襄平城下。魏兵皆在水中，行坐不安。左都督裴景入帐告曰："雨水不住，营中泥泞，军不可停，请移于前面山上。"懿怒曰："捉公孙渊只在旦夕，安可移营？如有再言移营者斩！"裴景喏喏而退。少顷，右都督仇连又来告曰："军士苦水，乞太尉移营高处。"懿大怒曰："吾军令已发，汝何敢故违！"即命推出斩之，悬首于辕门外。于是军心震慑。（849页）

读此段小说，司马懿之果决、之心坚可见一斑；其后将公孙渊父子对面而斩，也丝毫没有曹操当年面对吕布时的犹豫。看来唯隐忍之人，能做狠心之事。此种性格，行之正路，可为国除害；用于自保，也能凶残酷烈。如此，我们也渐渐触摸到了在乱世为官的另一个难处。

二、伴君如伴虎

在小说三十九回，司马懿第一次出场，"**却说曹操罢三公之职，自以丞相兼之，以毛玠为东曹掾，崔琰为西曹掾，司马懿为文学掾**"（320页）。掾，意为辅助，原指副官，后也做一般性官吏称呼。小说未写，但《晋书·宣帝纪》对司马懿这一次出仕有这样的记载：

魏武帝为司空，闻而辟之。帝知汉运方微，不欲屈节曹氏，辞以风痹，不能起居。魏武使人夜往密刺之，帝坚卧不动。及魏武为丞相，又辟为文学掾，敕行者曰："若复盘桓，便收之。"帝惧而就职。[①]

风痹，中医学指因风寒湿侵袭而引起的肢节疼痛或麻木的病症。这种

① 房玄龄等．《晋书》[M]．北京：中华书局，2000年，1页。

病不严重，却碍事，可进可退。这是司马懿第一次装病，为求其逼真，他坚卧不动；与曹爽夺权时，他装得更厉害，去冠披发，拥被而坐，用两个奴婢喂汤，还流了满衣襟。不知道公子哥曹爽知不知道装病是司马懿的看家本领，总之骗过了他的眼睛。到了电视剧《大军师司马懿》里就变成他真的举起棍子把自己打瘸了，这样的情节安排是否有辱司马懿的戏精本领？无论如何，这两场病，不能不令人唏嘘为官之难。

那么司马懿为什么不愿意出山呢？按照本纪的说法是“不欲屈节曹氏”。比起铁骨铮铮的汉臣，司马懿又不像是食古不化之人。或许他早已察觉了曹操与汉献帝之间关系的尴尬与错位，不愿意在事有不明时蹚这趟浑水。另外，和他同时被举的崔琰和毛玠曾经多令曹操敬畏，为朝廷选举了那么多贤官，最终还是或被赐死或免官后抑郁而亡。接任崔琰做曹丕老师的正是司马懿。这是多么高危的职业啊！在名满天下、晚好猜忌的曹操手下做官，正是“伴君如伴虎”，岂能轻松？他的矫情装病可以在之后骗过曹爽，但如果是曹操呢，就得来一句：“再矫情给我下了大狱！”所以司马懿一出场就带着恐惧。

至于他的拒绝出山，或许还有另一个原因。此时曹操手下谋士集团正处鼎盛之时，虽郭嘉新亡，尚有荀彧、贾诩、荀攸、程昱等一干人。此时司马懿能在权力阶层中处于何种位置呢？答案是没有位置。所以很长一段时间我们都没有在历史的缝隙中找到司马懿的位置，而小他两岁的诸葛亮却已大放光彩。

读三国的人都有一个疑问，就是诸葛亮为什么不去投靠曹操？《三国志·诸葛亮传》“裴松之注”曾录有这样一段资料，诸葛亮的朋友孟公威原避难南方，后思乡欲北归，**亮谓之曰：“中国饶士大夫，遨游**

何必故乡邪！”[①]中国指的是中原地区。这句话的意思是中原地区人才很多，你想建功立业何必回去呢？司马懿的际遇是否印证了诸葛亮的判断？如果诸葛亮北归曹氏，他会不会是另一个司马懿。这只是我的大胆猜测，但可以肯定的是小说在三十八回写完诸葛亮出山，马上在三十九回介绍司马懿的出场，这种安排显然是将两个同龄人放在一起来比照，虽然他们的较量要相隔五十多回才展开。

当诸葛亮在蜀汉智囊团中几乎独领风骚之时，若干年之后，司马懿悄悄投资的人物曹丕才终于登上帝位。可惜他在位七年就去世了，虽命司马懿为顾命大臣，但排在首位的终究是宗族曹真。虽然司马懿自请外守雍、凉，终究被曹叡所忌，削职回家。小说于九十一回中又插叙太祖曹操谓“司马懿鹰视狼顾”之典，可知曹家对司马仲达的猜忌和防备久已有之。

至于曹叡仿汉高祖伪游云梦之计，御驾亲幸，这一个情节自然是附庸韩信故事，戏说点缀。但却不能不令人唏嘘、沉思。

韩信帮助刘邦打江山，追赶项羽，追到荥阳时，按兵不走了。萧何说：“他这是讨封哩。”刘邦立时就封韩信为“三齐王”——与天王齐，与地王齐，与君王齐；还封他“五不死”——见天不死，见地不死，见君不死，没有捆他的绳，没有杀他的刀。韩信这才去追赶项羽，把项羽打败，为刘邦打下了江山。“伪游云梦”这个典故，说的是刘邦虽用韩信而心怀猜忌，最终伪游云梦，诈捕韩信，以反名斩首。

智如韩信，替刘邦打下天下之后，也没能保住自己的命，那司马懿呢？他临终所表白的“尝怀恐惧”想必是其真实心态的写照。小说虚构这一情节，在客观上为司马懿日后的反魏做了伏笔和心理动机上的回护。诸葛亮在蜀国，虽然也有刘备偶尔搞点小叛逆，比如七百里连营时不肯先问

① 陈寿，《三国志》[M]，北京：中华书局，2006年，560页。

诸葛亮；比如刘禅听信中贵谗言；但他与先主有鱼水之喻，与后主有相父之谊，比起司马懿侍奉曹家的如履薄冰，当初选择刘备，日子还是舒心很多的。

如果说，小说描述孙刘联盟赤壁之战、夺荆州之争是以诸葛亮和周瑜二人的心理战为暗线的；那么诸葛亮六出祁山这番蜀魏之争则有两条暗线，一是诸葛亮和司马懿，一是魏方内部的司马懿和曹氏宗族的斗争。

小说九十一回“伐中原武侯上表”，曹魏一方派出去迎战的是夏侯楙。夏侯楙乃夏侯渊之子，夏侯渊为黄忠所斩之后，曹操怜其子孙，以女清河公主招其为驸马。他的继父是小说第十八回拔矢啖睛的勇夫夏侯惇；他的生父是那个字妙才，却一发愣径被黄忠斩了的夏侯渊；他自己依仗祖上荣光掌握兵权，却未尝临阵。小说中说他“**性最急，又最吝**”（731页，下同），王朗一句劝谏，被他驳为“**司徒莫非结连诸葛，欲为内应？**”——待人刻薄是为“吝”——又不知天高地厚地要“生擒诸葛亮”——此处是为“急”。王朗等皆不敢言。在曹魏为官，艰难大抵如此。总之，魏主曹叡将二十万大军交给了这样一个小子。

夏侯楙、曹真两位宗室庸才，几使两京有被破的风险，直到司马懿出场局势才大转。街亭一战，曹真、郭淮又恐他得了全功，分兵来取，不过拾了仲达的牙慧（见九十五回事）。小说借司马懿与张郃对话言明自己的苦衷：“吾非独欲成功，乃侥幸而已。”其谨慎保身如此。

下一次，司马懿不仅不争功，还学会了让功。读九十八回原文——

> **懿曰：“陛下可即令人告戒曹真：凡追赶蜀兵，必须观其虚实，不可深入重地，以中诸葛亮之计。”睿即时下诏，遣太常卿韩暨持节告戒曹真：“切不可战，务在谨守。只待蜀兵退去，方才击之。”司马懿送韩暨于城外，嘱之曰：“吾以此功让与子丹；**

公见子丹，休言是吾所陈之意，只道天子降诏，教保守为上。追赶之人，大要仔细，勿遣性急气躁者追之。”暨辞去。（780页）

此段妙就妙在司马懿送韩暨于城外的秘嘱，心思细腻周至让人想起将相相争中处处忍让的蔺相如。然而曹真不能醒悟，乃有王双受诛，陈仓被袭之患；将这段话放在此回首段，是赞扬司马懿的先见之明不亚于诸葛亮。妙就妙在，曹真这头也不是毫无知觉，张郃前来，他问的第一句话就是：“曾别仲达否？”（782页）他很想知道司马懿是否已经猜到了这一切，其事果验。非常可惜的是曹真的智谋去司马懿远矣，不能像周葛亮与周瑜那样皆在手心里写“火”字以猜赌。

曹真拒西蜀而败，曹休拒东吴而丧，两位顾命大臣，一样草包。曹叡这时才想起司马懿，司马懿分析形势，指出东吴不过想坐收渔利，不必提防，只需抗蜀即可；曹叡这才封司马懿为大都督。前两位是以亲胜；司马懿是以才胜。令人津津乐道的是司马懿自取都督印的情节——

懿曰：“臣自去取之。”遂辞帝出朝，径到曹真府下，先令人入府报知，懿方进见。问病毕，懿曰：“东吴、西蜀会合，兴兵入寇，今孔明又出祁山下寨，明公知之乎？”真惊讶曰：“吾家人知我病重，不令我知。似此国家危急，何不拜仲达为都督，以退蜀兵耶？”懿曰：“某才薄智浅，不称其职。”真曰：“取印与仲达。”懿曰：“都督少虑。某愿助一臂之力，只不敢受此印也。”真跃起曰：“如仲达不领此任，中国必危矣！吾当抱病见帝以保之！”懿曰：“天子已有恩命，但懿不敢受耳。”真大喜曰：“仲达今领此任，可退蜀兵。”懿见真再三让印，遂受之，入内辞了魏主，引兵往长安来与孔明决战。（787页）

读此段，有人看到司马懿的奸诈狡猾，正如李肃当年说吕布，劝人背叛偏不说出，叫他自说（小说第三回）；司马懿欲取印，又恐曹真疑他夺权，以言语诱惑，令他自己非要让之。其诈虽然不可以狡辩，但我读此段，也常想见其如履薄冰的艰难，其为了国家与个人利益的尽心周旋。

可惜曹真病好之后，明帝曹叡还是二人共同治军，以此牵制司马懿，虽然记住了曹操留下的“必与汝家事”的训诫，但也不停地加重司马懿的不安全感，这一切都为他其后痛下杀手，将曹家斩草除根埋下了伏笔。

在小说第一百回中还记载了一则二人相争的故事。就一个战术问题，曹真不信，司马懿与他打赌——

懿曰：“子丹如何不信？吾料孔明必从两谷而来。吾与子丹各守一谷口，十日为期。若无蜀兵来，我面涂红粉，身穿女衣，来营中伏罪。”真曰：“若有蜀兵来，我愿将天子所赐玉带一条、御马一匹与你。”（797页）

当我们都以为这场赌赛只是增加战争的可看性时，司马懿却果断斩了嚼舌头的士官，且剖明心迹：**“吾非赌赛，欲胜蜀兵，令汝各人有功回朝。汝乃妄出怨言，自取罪戾！”**（798页）原来赌赛的背后却是严肃的目的。观之后文，亏得这支生力军，全听曹真的，则魏军全军覆没。当曹真被救，羞惭满面时，**司马懿又宽慰他：“切莫言赌赛之事，只同心报国。”**（800页）原本当是一段佳话，不料曹真既无才干，更无气量，被诸葛亮一封信气得咽气。

对于司马懿，后世多为他诛杀曹爽，夺曹家兵权一事而附之以奸贼二字。但此前拒北伐、平叛乱，“同心报国”之语岂是虚幻？那是实实在在的事功。他的忠心和才干终于赢得了曹叡的信任。小说第一百六回写道：

（临终前）**叡执司马懿之手曰：“昔刘玄德在白帝城病危，以幼子刘禅托孤于诸葛孔明，孔明因此竭尽忠诚，至死方休。偏邦尚然如此，何况大**

国乎？（851页，下同）这是曹叡自己效仿白帝城托孤，希望以道德、以情谊感动司马懿。曹丕时代顾命大臣有四位，曹丕拉着的是宗族曹真之手，而此时虽有曹爽在场，曹叡却早已看明白了以能力任，只有司马懿才堪托孤。**朕幼子曹芳，年才八岁，不堪掌理社稷。幸太尉及宗兄元勋旧臣，竭力相辅，无负朕心！”又唤芳曰：“仲达与朕一体，尔宜敬礼之。**”此句仿效刘备的那句“汝与丞相事，事之如父”。**遂命懿携芳近前，芳抱懿颈不放。睿曰：“太尉勿忘幼子今日相恋之情！”言讫，潸然泪下。懿顿首流涕。**

不知道司马懿听到曹叡说“无负朕心”时，被曹芳抱着脖子时，内心是什么滋味？是否像诸葛亮一样“由是感激”？又或者从极度的信任中听出了隐约的不信任，正如诸葛亮当年的惶恐。无论如何，在乱世之中能不死，还熬到了功高盖主，本身就不容易；位极人臣，则更有高处不胜寒的危险。

果然，曹芳听信曹爽之言，再次削了司马懿兵权。关键时刻，还是要听本族叔叔的，一个“曹”字，抵过万千功劳。曹叡托孤未成美谈，率先背盟的不是司马懿，而是当年抱着他脖子不放的曹芳。

先是太祖曹操非要让司马懿来做官，再是文帝、明帝两度托孤，又间有削职、复启、再削职；仲达的际遇让人想起宫斗剧《甄嬛传》中甄嬛的感慨：“这宫里的女人得宠，失宠，复宠，再失宠，不过是君王一时乐子。”那么为国建功立业，暮年依然奔走的臣子呢？被如此对待，心里会有何感呢？小说里没写司马懿接到消息后的反应，不知道他那直肠子的大儿子司马师是不是会爆一句粗口，骂道：“俺爹爹为国鞠躬尽瘁，居然落得如此下场？”当然，深谙官场隐忍之道的司马懿早已让两个儿子也退职闲居了。

代替司马懿当政的曹爽是怎样的人品呢？

爽每日与何晏等饮酒作乐，凡用衣服器皿，与朝廷无异，各处进贡玩好珍奇之物，先取上等者入己，然后进宫。佳人美女，充满府院。黄门张当，谄事曹爽，私选先帝侍妾七八人，送入府中。爽又选善歌舞良家子女三四十人，为家乐。又建重楼画阁，造金银器皿，用巧匠数百人，昼夜工作。（852页）

如此于国无益的蠹虫，谁不除之而后快？而司马氏除之，则被人骂了千年。古人有云："积善三年，知之者少，为恶一日，闻于天下。"正在此应验。终于，司马家也陷入了和曹操一样的道德困境。他的选择和曹操相类，甚至更谦逊。曹爽一事后，魏主曹芳讨好司马懿，封他为丞相，加九锡；他固辞，说自己不像曹操那样有大功大德，不能接受；平定王凌谋反后，曹芳又要给他一个丞相的头衔，加封安平郡公，司马懿又不受；殁于七十三岁，临终训子"善理国政"。两个儿子也的确秉承父训。大儿子司马师刚刚做完眼瘤手术就为国带病出征，疼得把被子都咬破了；二儿子司马昭在位时收服了西蜀，为国家统一奠定了基础。

纵观司马懿这一生，一方面，他有勇有谋，不愧为魏之栋梁，诸葛敌手；另一方面，他与狼共舞，能屈能伸，承受多种价值观的冲突，也折射出了乱世为官的艰难，是文学之一景，人性之一景。

思辨读写

讨论：

小说中诸葛亮送女装给司马懿以激怒他出战，司马懿却问使者诸葛亮的饮食情况。使者曰："丞相夙兴夜寐，罚二十以上皆亲览焉。所啖之食，日不过数升。"懿顾谓诸将曰："孔明食少事烦，其能久乎？"后来，果真诸葛亮出师未捷身先死，而司马懿得享高寿七十三岁，为国家平叛乱、兴屯田，使民富谷丰。

两人的做法你更欣赏谁的？不妨和父母长辈一起讨论一下。

写作加油站：

《三国演义》将诸葛亮推上智慧神坛，但也给他安排了对手，前有周瑜，后有司马仲达，为了衬托他的智慧，改易了二人在历史上的形象，周瑜善嫉，仲达胆怯，虽则二人都做了艺术牺牲，但也使诸葛亮的逞智之旅不至寂寞，我们的阅读之旅不至寂寞，且于掩卷之余当思：强中更有强中手。这种两相对照的写法，譬如《红楼梦》中的黛玉与晴雯，宝钗与袭人，往往使一个人物的性格上升为一类人物的性格。你在写作中也不妨设计这样一个陪衬人物，叙事会呈现更为多样的面貌。

阅读加油站：

阅读《晋书·宣帝纪》选段，了解加点词的用法。

魏武帝为司空，闻而辟之。帝知汉运方微，不欲屈节曹氏，辞以风痹，不能起居。魏武使人夜往密刺之，帝坚卧不动。及魏武为丞相，又辟（征召）为文学掾，敕行者曰："若复盘桓，便收之。"帝惧而就职（到任，开始从事）。

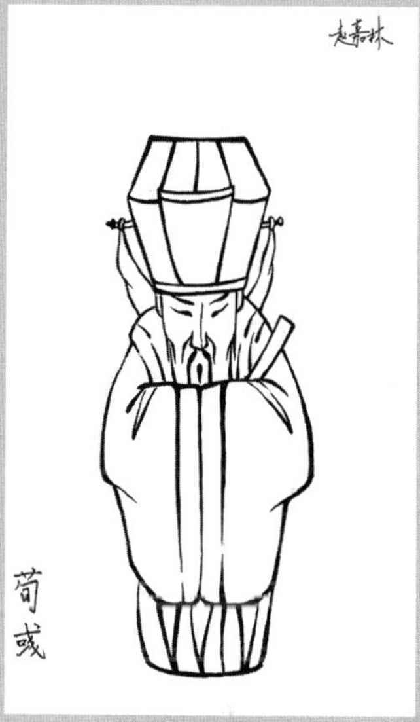

赵嘉林　绘

张家祺　绘

郭笑延　绘

刘丹华　绘

张静娱　绘

图5　学生阅读作业

刘备用“德”这个汉字给自己做字，前面却加上了“玄”这个表示黑色、深奥的汉字。这两者结合透露出他怎样独特的精神特质和隐秘的内心追求呢？

第十二讲

刘备

为什么是他

阅读导引

阅读回目：

第一、十六、十九、三十一、三十四、三十五、三十九、四十一、六十、六十二回

阅读指导：

在《三国演义》小说中，刘备是一个人设先行的人物，这个“人设”就是“仁义”。我们在阅读时，要抓住这一典型性格来理解他的诸多行为，比如桃园三结义、三让徐州、携民渡江，也要去理解这一性格中的变调，比如强占荆州，因为“仁义”不仅仅是刘备的性格，也是他的政治策略，最终是要为自己的帝业服务的。读一个着墨多的人物，可以把握主调，关注副调。

阅读支持：

1. 如鱼得水：原义是像鱼得到水一样，比喻得到跟自己最相投合的人或最合适的环境；也比喻有所依靠。最早见于李斯《用笔法》：“如游鱼得水，景山兴云，或卷或舒，乍轻乍重。”典故见于《三国演义》中刘备称他和诸葛亮之间的关系：“孤之有孔明，犹鱼之有水也。”

2. 髀肉复生：“髀肉复生”的原义是因为长久不骑马，大腿上的肉又长起来了；形容长久过着安逸舒适的生活，无所作为。典出《三国志》，刘备无意间摸到了自己的大腿，突然发现因为长久不骑马征战，髀肉复生，想到自己眼看就老了，但壮志未酬，不禁潸然泪下。

围绕刘备，最引人争议的话题是“为什么是他？”。不用说当时的竞争对手袁绍四世三公，吕布勇冠当世，刘表据有荆州；单说三分天下中的另两位，一是曹操，一是孙权，哪一位不是自己家族早已在朝廷中拥有一定的根基？而刘备虽有个刘家后代的虚名，却早已沦落到织席贩履为生了。大时代中英雄辈出，为什么偏偏是他，成就一番帝业？

不妨通过几个关于他的著名故事，来思考这个问题。

一、桃园三结义

在小说第一回，作者为我们勾勒了一个这样的人物形象：“**性宽和，寡言语，喜怒不形于色**”（3页，下同），这是说这个人肚子里能盛事儿，情绪管理很好，对待事情慎重，不轻易表态。“**不甚好读书**”“**素有大志，专好结交天下豪杰**”，说的是刘备并不信赖书本这些间接经验，他所信赖的是自己能够直接获得的社会经验；就好比他也许并没有读过《论语》上的“三人行，必有我师焉”，但却一直凭经验践行这句话。

再来看看他的教育情况，“**年十五岁，母使游学，尝师事郑玄、卢植，与公孙瓒等为友**”（4页，下同）。刘备的母亲也没有像一般贫苦人家的妇人一样，把孩子锁在自己身边分担家庭重任，而是真的相信自己儿子的大志，让他去像贵族司马迁一样去游学。至于他当作老师的这两个人，一个是“白马将军”公孙瓒，一个是大学者郑玄。前者有史载，后者是杜撰。小说家这么写，无非为了突出他的“**素有大志，专好结交天下豪杰**”。《三国演义》这本小说就从他这一点写起，唤作“桃园三结义”。

话说为破黄巾起义，幽州太守刘焉出榜招募义兵。榜文行到涿县，引出三位英雄。涿县这个地名，在今天指河北省的涿州市，据《三国志》记载，此地确实是刘备的出生地。我们看看小说是怎样描写他的揭榜投戎的——

及刘焉发榜招军时，玄德年已二十八岁矣。

当日见了榜文，慨然长叹。随后一人厉声言曰：“大丈夫不

与国家出力，何故长叹？”

寥寥数字，刘备、张飞的不同性格跃然纸上。刘备为什么“慨然长叹”？用后文他自己的话说是“**闻黄巾倡乱，有志欲破贼安民，恨力不能，故长叹耳**”。这声长叹中有对国家前途的担忧，有对自己志向不得展的惆怅，还有一番权衡计较之后对自己力量不足的遗憾。就是这声叹息被张飞厉声斥责了。大概张飞是听不出这声长叹中的情感层次的，在他的头脑中，“惆怅”“犹豫”这些词语都应该是被摒弃的，大丈夫理应慷慨赴国难。哪怕是以卵击石，哪怕是杯水车薪，也要来个痛快！也要分毫不剩地为国解难。

我们再来看看关羽看到榜文什么态度：**一大汉，推着一辆车子，到店门首歇了，入店坐下，便唤酒保：“快斟酒来吃，我待赶入城去投军。**”注意几个词语，“便唤酒保”的“便”，“快斟酒来”的“快”，“赶入城去投军”的“赶”，这三个字都说明了关羽投军的迫不及待。上前线打仗非同儿戏，有多少人想尽办法逃脱兵役，关羽却毫无惜身的念头，想要为国效力。于是就有了著名的“刘关张三结义”。

> **次日，于桃园中，备下乌牛白马祭礼等项，三人焚香再拜而说誓曰：“念刘备、关羽、张飞，虽然异姓，既结为兄弟，则同心协力，救困扶危，上报国家，下安黎庶，不求同年同月同日生，只愿同年同月同日死。皇天后土，实鉴此心。背义忘恩，天人共戮！”誓毕，拜玄德为兄，关羽次之，张飞为弟。**（5页，下同）

“桃园三结义”是我们从小就听说过的典故，这个故事中的“义”究竟是什么意思？我们从他们的誓言中寻找一下答案：**虽然异姓，既结为兄弟，则同心协力，救困扶危……不求同年同月同日生，只愿同年同月同**

日死。这里的“义”指的是朋友间的信义。三人结义又为何呢？目标是：**救困扶危，上报国家，下安黎庶**。这里的“义”指的行事大义，是于国于民的勇于担当。刘备一生的功业始于忠，结于义。为什么他这么幸运，一下子就遇到了关羽和张飞这两员大将给自己做小弟？为国尽忠、同气连枝是一个原因，还有一个原因小说家在第一回就解释：与黄巾军征战时，刘备兵寡，他率领二弟用奇兵，终于取得了胜利。事件之后，小说家附了一首诗：**运筹决算有神功，二虎还须逊一龙**。（6页）有头脑，这就是二人臣服刘备另一重原因。

二、“如鱼得水”

那么刘备又是怎样令诸葛亮这位绝代天才臣服于他的呢？“三顾茅庐”，有知遇之恩自然是重要原因。但写经典故事不容易，写后传也许更难，比如“王子和公主结婚之后怎么写”。好不容易请来了诸葛亮，之后怎么用呢？一起读读三十九回——

> **却说玄德自得孔明，以师礼待之。关、张二人不悦，曰：“孔明年幼，有甚才学？兄长待之太过！又未见他真实效验！”玄德曰：“吾得孔明，犹鱼之得水也。两弟勿复多言。”关、张见说，不言而退。**（320页）

小学女生大概经常遇到这样的难题：我已经有了一个好朋友，又遇到一个新的知音，怎么相处？刘备此时遇到的就是这个问题。张飞和关羽的对于诸葛亮的不信任站在普通人的角度非常容易理解，但刘备不受他人眼光的影响，果决地站在诸葛亮这一边。“如鱼得水”正是史书《三国志》

对刘备原话的转录。

孔明演练士兵的时候，夏侯惇差十万兵杀奔新野。张飞醋意甚浓地说：**“哥哥何不使‘水’去？”玄德曰：“智赖孔明，勇须二弟，何可推调？”**（321页，下同）这一句表明，刘备把三个人的位置摆得很明确，和个人情感区分开来。不是说我今天与你的兄弟情不浓了，与他的情分更深了。而是直言我有需要他的地方，也有需要你们的地方；一句“何可推调”把亘古的友谊难题化解了，吃醋的人反而被置于不够义气的位置上。

不仅如此，刘备既然决定用诸葛亮，就支持到底，博望坡一战，虽然他面对诸葛亮备下的“功劳簿”与庆功宴，也疑惑不定；但是当孔明怕关、张二人不听指挥向他乞剑印时，他毫不犹豫地给了他。

张飞大笑曰：“我们都去厮杀，你却在家里坐地，好自在！”孔明曰：“剑印在此，违令者斩！”这是文臣和武将之间常见的矛盾，比如廉颇与蔺相如。可玄德依旧毫不犹豫地替孔明说话撑腰：**“岂不闻‘运筹帷幄之中，决胜千里之外’？二弟不可违令。”**后来的结果自然是一切都在孔明掌握之中，博望坡一把火烧得夏侯惇大败。设想如果没有刘备的支持，关羽和张飞就不会听孔明的调遣，新官上任这第一把火是肯定烧不起来的。

在对待孔明的事情上，刘备体现出了高超的领导艺术；在摆正老兄弟和新朋友的关系上，刘备的处事态度为我们提供了范本。

再对比看看关张二人，先是阻挠刘备三顾茅庐，完全不信任一个二十七岁的没有任何功业的年轻人；再是冷眼旁观，在刘备的压制下勉强遵从命令，最后在见到博望之胜后，才拜服孔明之才。而刘备是预见、成全这场胜利的人，这就是为何关羽、张飞甚至孔明都要拜刘备为主公的原因。

除此之外，刘备是怎么和关羽、张飞相处呢？上文讲的是用理性，其实还有用智，比如经常和诸葛亮一起智激张飞；用情，比如张飞和马超斗战，他恐张飞有失，自取披挂，直至阵前。再如关羽死，刘备“**一日哭绝三五次，三日水浆不进，只是痛哭，泪湿衣襟，斑斑成血**”。“**孤与关、张二弟桃园结义时，誓同生死。今云长已亡，孤岂能独享富贵乎！**”（622页）小说甚至把他的伐吴，归结为替二弟报仇。“桃园三结义”是感动了一代又一代中国人的故事，它所代表的浪漫与深情是中国人所期许的友谊的理想状态。

总之，关于刘备的“专好结交天下豪杰”，可以通过这几个小故事去体会：桃园三结义、三顾茅庐、如鱼得水。

能够结交天下豪杰，除了有爱才惜才之心，还有一个重要的条件就是自己也是英雄。下面讲“跃马过檀溪”。

三、跃马过檀溪

辛弃疾词《破阵子·为陈同甫赋壮词以寄之》中有一句叫“**马作的卢飞快，弓如霹雳弦惊**”，的卢马就是指额上有白斑的马，相马书上认为此种马妨主。妨，就是“克”或者说“害”的意思。俗云的的卢马指的就是三国时期刘备的坐骑。不同的是，历史上的的卢马是曹操赠给刘备的，而小说中的的卢马则引出了一串重要故事，表现了刘备性格中的一个重要方面。

在小说三十四回，刘备依附荆州刘表后，遇表手下人叛乱，他主动出力前去讨伐。赵云见刘备相中叛军将领张武所乘之马，以勇力夺之。得到马后，刘备和刘表呈现出来不同反应。

次日出城，（表）**见玄德所乘之马极骏，问之，知是张武之马，表称赞不已。玄德遂将此马送与刘表。**（279页，下同）哪怕是自己刚刚得到的心爱之物，刘备也毫不顾惜。而刘表呢，第二天听到手下谋士说此马妨人后，马上归还。“**昨承惠良马，深感厚意。但贤弟不时征进，可以用之。敬当送还。**”为什么不告诉刘备原因呢？怕他觉得自己小气，还是看看这匹马是否会妨了刘备？小说中写刘备的反应只有两个字“**起谢**”。不卑不亢，不过度敏感，这正是寄人篱下者不容易达到的境界。只此一件事，刘备和刘表二人的气度可见一斑。

当刘表手下幕宾伊籍拦住刘备，据实相告，劝他千万不可乘此马时。刘备的回答是这样的：“**深感先生见爱。但凡人死生有命，岂马所能妨哉！**”在三国时代，迷信、方术或者民间经验盛行，刘备能说出这样的话的确显示了他超凡的自信。也许，正是性格中的这种大气、豁达中和了刘备的野心勃勃，使他能够坚忍不拔，不忘初心。曾经说出过类似话的还有孙策和曹操，他们都是那个时代的强者。这段故事结尾还有一句话：“**籍服其高见，自此常与玄德往来。**”后来蔡瑁等人设下鸿门宴，正是伊籍报信，才使得刘备逃过一劫。待刘备入主汉中后，伊籍更是成为了蜀国政权有力的地方支持。

这之后的故事就是著名的“刘皇叔跃马过檀溪”了，我们读读小说——

> **却说玄德撞出西门，行无数里，前有大溪拦住去路，那檀溪阔数丈，水通襄江，其波甚紧。玄德到溪边，见不可渡，勒马再回，遥望城西尘头大起，追兵将至。玄德曰：“今番死矣！”遂回马到溪边。回头看时，追兵已近。玄德着慌，纵马下溪。行不数步，马前蹄忽陷，浸湿衣袍。玄德乃加鞭大呼曰：“的卢，的**

卢！今日妨吾！”言毕，那马忽从水中涌身而起，一跃三丈，飞上西岸。玄德如从云雾中起。（283页）

这段故事可以见于史书的记载。小说作者在处理时，刘备的语言尤其精彩，用通俗的现代语讲就是：“的卢啊，的卢，难道你今天一定要害我吗？”这一句和我们刚才鉴赏的那一句相反，是刘备对命运的强烈反抗，而的卢马也仿佛被主人强大的心力所感化，突破了自身的极限。蔡瑁见此，对左右人说：“**是何神助也？**”（285页）如果有神，那也是刘备自己吧。

这个的卢马，还为刘备引出了另一个人物，那就是徐庶。在小说三十六回中，对其有过介绍。徐庶年少时好击剑，后为他人报仇而杀人被捕，幸得一干朋友劫法场救得性命。从此浪子回头，折节向学，与诸葛亮、司马徽为友，托名单福。这样一个人物，与伊籍对待刘备“长揖”的做法显然不同，他先是奇装异服，行歌于市，吸引刘备的注意力，接着更是以的卢马来试探。在小说三十五回中，这样写道——

（单）**福曰：“**（此马）**终必妨一主。某有一法可禳**（ráng）**。”玄德曰：“愿闻禳法。”福曰：“公意中有仇怨之人，可将此马赐之。待妨过了此人，然后乘之，自然无事。”玄德闻言变色曰：“公初至此，不教吾以正道，便教作利己妨人之事，备不敢闻教。”福笑谢曰：“向闻使君仁德，未敢便信，故以此言相试耳。”玄德亦改容起谢曰：“备安能有仁德及人，惟先生教之。”**（290页）

谁做了“利己妨人”之事？自然是我们刚刚提过的刘表。而刘备的反应则顺利通过了徐庶的考验，不仅如此，他还谦逊地称自己并没有什么德行，不过是先生教我罢了。要知道刘备比徐庶年长，比这个“天外来客”有资历，还比他做事更谦逊。难怪徐庶后来待刘备如此忠心。正是他，为刘备引荐了诸葛亮。仔细想想，这个故事有点像汉代张良的“圯（yí）桥三进履”，生命中所遇的贵人往往都要考验自己是否有足够的德行领受。只是刘备这么做，比张良更不容易，他日后也比张良更有成就。在这部小说中，徐庶感刘备恩德，发誓终生不为曹操设一谋，后世还流传下一个歇后语：“徐庶进曹营，一言不发。”历史上是徐庶在魏文帝时期得到了重用。如此的艺术加工，是为了突出刘备的人格魅力；也是对忠诚这种价值观的一种褒扬。

的卢马的故事，反映出了刘备在荆州集团的种种境遇，更折射出了刘备身上作为英雄的气度、德行，当然还有他强烈的进取愿望。

的卢马的结局也值得玩味：攻雒城时庞统的马将他掀了下来，玄德马上亲自为其笼马。**玄德曰：“临阵眼生，误人性命。吾所骑白马，性极驯熟，军师可骑，万无一失。劣马吾自乘之。”遂与庞统更换所骑之马。庞统谢曰：“深感主公厚恩，虽万死亦不能报也。”**（507页）后来庞统被射落凤坡，的卢马也死于乱箭中。这个情节的安排本来是为了暗示庞统之死，正如相马人所说的那样“此马妨主”。我们读上文，深感刘备待下属至诚，救命宝马可以毫不吝惜地赠送，自己去骑刚刚妨了人的马。正是这点，使一众当世英豪众星拱月般围绕在他身边，甚至“妨主”的灾难居然都被渡了出去。这一小小的细节无疑是对刘备此种英雄特质的极力褒扬。对朋友仗义，对人民就是“仁义布于四海”。我们通过“三却徐州”的故事来体会这一点。

四、三却徐州

小说第十二回的回目是“陶恭祖三让徐州”，让的这个人正是“刘备”，而他却三次推辞了。这个故事在史书《三国志·先主传》中可以找到一点影子。讲它，是为了体会刘备性格中“仁义”的一面，这既是他能够成就帝业的重要因素，也是《三国演义》这部小说对他的重要人设。

徐州之危祸在曹操。曹操接养父一家来自己身边，徐州主事陶谦热情派人护送，不想手下人谋财害命。曹操立誓血洗徐州，为父报仇。陶谦派手下人往北海孔融处求救。孔融，就是中国人熟知的“孔融让梨”中的孔融。其时孔融正被黄巾军困住，由太史慈前往求救于刘备。我们读读十一回这段小说——

> （太史）**慈曰：“……今管亥暴乱，北海被围，孤穷无告，危在旦夕。闻君仁义素著，能救人危急，故特令某冒锋突围，前来求救。”玄德敛容答曰：“孔北海知世间有刘备耶！”乃同云长、翼德点精兵三千，往北海郡进发。**（88页）

当时刘备只当一个小小的平原令，势力非常小，当太史慈找到他，连他自己也非常惊讶，“孔融居然知道世间有我刘备？！”其实孔融也好，太史慈也好，都和他非亲非故，甚至不相识，只因为别人向他求助，他就真的倾尽自己所有的力量前去帮忙，这就是“仁义素著，能救人危急”。而正是这次救急，给他带来了更好的地盘和更大的名声。

我们来看看面对徐州事件，他和孔融的不同反应。孔融是《世说新语》中的熟面孔，小说引用了他在这本笔记小说中说过的话：“**座上客常满，樽中酒不空，吾之愿也。**”（87页）看来，他是经常叫朋友一起喝酒，在家里举办聚会活动的。但是朋友遇到困难的时候呢？他先是不顾糜竺的劝阻，送书信与曹操试图劝和；再是拉上刘备一起，进军之后却“**惧怕曹兵势猛，远远依山下寨，未敢轻进**”（89页，下同）。刘备的做法呢？宁肯借兵也要来助战。我们读读小说——（公孙）**瓒曰：“曹操与君无仇，**

何苦替人出力？”玄德曰：“备已许人，不敢失信。”为了信义，为了帮助陶谦，刘备甚至不听朋友劝告，不惜与曹操为敌。当孔融举步不前时，更是他担心徐州城无粮不能久持，奋力杀入城中相救。

刘备留给陶谦的第一个印象是“**仪表轩昂，语言豁达**”（90页）。“豁达”一词是说刘备讲话落落大方，既没有过度的自谦，也没有解人危难之后的得意，更没有后悔、惧怕等优柔的情绪。他为什么这么做？往前读小说，我们发现他和孔融对话时，有这样一句：“**陶恭祖乃仁人君子，不意受此无辜之冤。**”（88页）陶恭祖就是陶谦，当曹操将破城时，他欲自缚往操营，任其剖割，以救徐州一郡百姓之命。刘备救陶谦，为的就是这样朴素的理由，他甚至没有考虑自己的安危。语言豁达是因为他心底磊落。正因此，陶谦一见之下，就决定将徐州让给刘备。刘备的反应是惊愕的，他向上天发毒誓自己没有吞并之心。第二次，刘备以书信退曹操之兵，陶谦再让徐州。此时人人都认为刘备应该领徐州。

陶谦的理由是：“**老夫年迈，二子不才，不堪国家重任。刘公乃帝室之胄，德广才高，可领徐州。**”（91页，下同）这是从他自己和徐州百姓的角度出发。当地谋士糜竺的说法是：“**今汉室陵迟，海宇颠覆，树功立业，正在此时。徐州殷富，户口百万，刘使君领此，不可辞也。**”这是从刘备的角度考虑。**孔融曰：“袁公路冢中枯骨，何足挂齿！今日之事，天与不取，悔不可追。**”这段话也是载《世说新语》中的，孔融看出刘备是个英雄比曹操还要早。急性子张飞更是说：“**又不是我强要他的州郡，他好意相让，何必苦苦推辞！**”似乎从任何一个角度来看，刘备都应该立刻领受徐州牧的位置。可是他偏偏坚辞不肯，理由是：“**孔文举令备来救徐州，为义也。今无端据而有之，天下将以备为无义人矣。**”刘备看重“仁义”的操守、名声甚至胜过一块唾手可得的根据地。

第三次让徐州，是陶谦将死之时。小说写刘备如何如何固辞，直到徐州百姓拥挤在府前哭拜：**“刘使君若不领此郡，我等皆不能安生矣！”**（99页，下同）这才应允。这当然是小说的笔法。而曹操闻此事的反应是——**大怒曰：“我仇未报，汝不费半箭之功，坐得徐州！吾必先杀刘备，后戮谦尸，以雪先君之怨！”**即传号令，克日起兵去打徐州。

之前读小说，估计很多人都会觉得刘备三却徐州未免矫情，可是观之结果，我们突然发现：在乱世中，刘备一直以仁义道德为自己行路的方向，居然每走一步都是对的；居然道德可以成为比武力更强大的武器。

与这个事件拿来一起阅读的是“荆州事件”。为什么刘表会接受刘备的投靠？正是因为当时的刘备“仁义布于四海”，刘表相信他不会侵占州郡。第三十九回刘表第一次表示：**“我死之后，弟便为荆州之主。”**（318页）刘备推辞，对诸葛亮说：**“景升待我，恩礼交至，安忍乘其危而夺之？”孔明叹曰：“真仁慈之主也！”**（319页）第二次，刘表病危，诸葛亮劝刘备趁乱夺荆州。刘备不肯。诸葛亮跟他急了，说：**“今若不取，后悔何及！”**（324页，下同）刘备也来了性子，**曰：“吾宁死，不忍作负义之事。”**第三次，刘表临终托孤于刘备，刘备垂泪曰：**“吾兄临危托孤于我，今若执其子而夺其地，异日死于九泉之下，何面目复见吾兄乎？”**（336页，下同）孔明曰：**“如不行此事，今曹兵已至宛城，何以拒敌？”玄德曰：“不如走樊城以避之。”**后来就有了刘备一生中最危难的时候。

在古代“三”是多的意思，“三却徐州、荆州”当然是小说为了突出刘备仁义的性格特意安排的。

有一次刘备在刘表处喝醉后，吐露心里话：**“备若有基本，天下碌碌之辈，诚不足虑也。”**（281页）基本，就是根据地。刘备始终没有一块属于自己的地盘。即便做梦都想有一块地盘，他却能“不义而富且贵，于我如浮云”。这样的道德坚守，即使是含有一点点沽名钓誉的成分，也应该是值得肯定的。但居然，事情的结果是步步予他奖励，这大概是对于道德的肯定吧。读小说时，你会发现，刘备考虑事情的眼光是长远的；而张飞、关羽以及军师诸葛亮考虑问题的方式是切近的；很难判断这二者孰优孰劣，最好的方式当然是二者能够结合起来。看来，刘备是找到了自己的黄金搭档。

在个人道德上，刘备坚守仁义；在政治上，对待百姓，他也是一以贯之的，我们来看“携民渡江”这个故事。

五、携民渡江

“刘玄德携民渡江”的故事出现在小说第四十一回。故事的背景是刘备依附刘表后，表将其派往襄阳属邑新野县。小说写到此，只一句话“**玄德自到新野，军民皆喜，政治一新**”（279页）。大概刘备治理一个县城的能力是绰绰有余的，小说甚至不屑于去写，倒是发生在此地的“三顾茅庐”和“髀肉复生”两个故事透露出了他的政治野心。几年之后，刘表病亡，后妻蔡夫人议献荆州，曹操不费兵卒获得荆州土地，一意绞杀刘备。曹军对刘备，几乎类于瓮中捉鳖，跑得快尚有一线生机。在这种情形之下，刘备的反应是什么呢？

孔明曰：“可速弃樊城，取襄阳暂歇。”玄德曰：“奈百姓相随许久，安忍弃之？”孔明曰：“可令人遍告百姓，有愿随者同去，不愿者留下。”……两县之民，齐声大呼曰：“我等虽死，亦愿随使君！”即日号泣而行，扶老携幼，将男带女，滚滚渡河，

两岸哭声不绝。（333页，下同）

逃跑时带着谋臣武将可以理解，因为这是一个政治利益共同体，但“携民渡江”却有几分不可思议。若在太平盛世，则是“铁打的百姓，流水的官员”，顶多不过十里相送；而乱世中，百姓遇到一位好的父母官，却像抓住一根救命稻草一样舍命相随。他们对刘备的称呼是“刘使君”，意思是汉家代表人，这也是刘备坚持政治正确的结果，而曹操大概在政治宣传上没有做好，被戴上了“曹贼”的帽子。他真正意识到这一点的重要，是在第五十六回大宴铜雀台发表讲话时，但刘备几乎天然就懂得这一点的重要。

小说又写道：**玄德于船上望见，大恸曰：“为吾一人而使百姓遭此大难，吾何生哉！”欲投江而死，左右急救止**。刘备此时的“大恸”大约是真诚的，在穷途末路之时，依然有人追随自己，这既是道德压力，又是奋斗动力。如果他面对接连的挫败、危在旦夕的命运，“百折不挠”到底，没有一点情绪的波澜，我们反而觉得他虚假。而且，这不是他唯一一次为百姓而哭。夺江陵时，玄德见军兵在城边混杀，喊声大震。曰：“**本欲保民，反害民也！吾不愿入襄阳！**”这一举动之后，小说写道：“**襄阳城中百姓，多有乘乱逃出城来，跟玄德而去**。”此时刘备一行军民十余万，大小车数千辆，挑担背包者不计其数。

第三次是路过刘表之墓时，**玄德率众将拜于墓前，哭告曰：“辱弟备无德无才，负兄寄托之重，罪在备一身，与百姓无干。望兄英灵，垂救荆襄之民！”言甚悲切，军民无不下泪**。（334页，下同）

接着是众将皆劝，简雍又占卜出有大凶之兆。性命攸关之际，他依然说“安忍弃之”。前面我们说过，对于百姓来讲，刘备是救命稻草；其实对于刘备来讲，百姓何尝不也是那一根救命的稻草，是他最大的精神慰藉呢？当然，还有一个更深层次的原因，如刘备自言“**举大事者必以人为本**”。什么叫“以民为本”？就是即使处于绝境，也不弃根本。真正做到这一点，需要十足的勇气，更需要坚定的信念。居于万丈深渊，依然能有鸟瞰的眼光与洞察力，刘备的确是英雄。

可是这样坚持的结果呢？曹军一阵攻击，十万余众就全部溃散，自己与手下将士俱失陷妻子。巨大的道德压力使刘备再次失声痛哭。

如果说曹操赤壁兵败被逼华容道时是“三笑一哭”，那刘备则是“三哭一自杀”；如果说曹操逃跑时是只顾自身，不惜令人马践踏为道，那刘备则是步步心念百姓，宁可自己身蹈险境；在曹操眼里，自己才是曹氏集团最大的生产力，身在命在，其余事情才可再谈，在刘备眼里，百姓才是最大的财富，是成大事的根本，留住百姓的心，其余事情才可再谈。曹操被关羽所放，是他日结下的善因；刘备携民过江无异于弄险，却凭借张飞的勇猛、诸葛亮的智谋最终化险为夷。命运褒奖了这两个人，小说也同等地认可了这两种价值观。

在携民渡江之后，还发生了一件事情，我们在赵云一讲中提到过，这个故事后来成了民间流传的一句歇后语：“刘备摔阿斗——收买人心”，那么“携民渡江”是否也是为了收买人心呢？这是一个不容易回答的问题，但刘备的身上肯定有很多谜点。

六、刘备之谜

刘备的行为一直都是以人为本吗？要注意这样一段耐人寻味的小说，第六十二回“取涪（fú）关杨高授首 攻雒城黄魏争功”，看小说的回目即可知道，此时的刘备正积极攻占西蜀，节节顺利，这段对话就发生在他的庆功宴上。谈话对象“凤雏”庞统虽然辅佐刘备入川，但他是荆襄本地人，刘备此时在做的事情其实是在他的家乡军事殖民。注意开头“玄德酒酣”这四个字，刘备“寡言语”，大概只有乘着醉意，他才会吐露真言。

> **玄德酒酣，顾庞统曰：“今日之会，可为乐乎？”庞统曰：“伐人之国而以为乐，非仁者之兵也。”玄德曰：“吾闻昔日武王伐纣，作乐象功，此亦非仁者之兵欤？汝言何不合道理？可速退！”庞统大笑而起。左右亦扶玄德入后堂。睡至半夜，酒醒，左右以逐庞统之言告知玄德。玄德大悔，次早穿衣升堂，请庞统谢罪曰：“昨日酒醉，言语触犯，幸勿挂怀。”庞统谈笑自若。玄德曰：“昨日之言，惟吾有失。”庞统曰：“君臣俱失，何独主公？”玄德亦大笑，其乐如初。**（500页）

这段小说写得十分精彩。百姓真正需要的其实是和平的生活，庞统指责刘备攻占别人的家乡，以胜利为快乐，不是真正的仁义；刘备说自己是武王伐纣，解救众生。酒醉后他就后悔了，一是自比武王暴露了他内心的狂妄与野心，二是他自知庞统的批评其实是对的。庞统的“君臣俱失”，指的是庞统在为政治家刘备服务时，突然释放出了内心真实的情感，批评他没有在道德上达到一定的高度。其实二人都明白，政治而已，与“正直”“仁爱”尚有相当远的距离，甚至在这段距离中，“仁爱”自身都可以作为筹码出卖。“其乐如初”就指的是两个高情商的人都深知这一点。

那么刘备对朋友都是像对陶谦那样吗？当日袁术欲攻打刘备，吕布辕门射戟救之，嘱咐他“**异日得志，不可相忘**”（134页）。第十九回，白门楼，吕布被曹操所捉，果然向刘备求救。**操回顾玄德曰：“何如？”玄德答曰：“公不见丁建阳、董卓之事乎？”布目视玄德曰：“是儿最无信者！”**

操令牵下楼缢之。（165页）此时的刘备比曹操还要冷血。在刘备的心里，存在着另一种价值观：像吕布这样的“坏人”就可以利用，可以不讲信用，不念救命之恩。

不仅对吕布，对其他人呢？

刘备投靠荆州刘表之时，蔡瑁曾这样进谏，“**刘备先从吕布，后事曹操，近投袁绍，皆不克终，足可见其为人。**”（260页）几经动荡之后，刘备果真占了荆州。在他入益州之前，刘璋手下从事官王累发言更是警醒：“**张鲁犯界，乃癣疥之疾；刘备入川，乃心腹之大患。况刘备世之枭雄，先事曹操，便思谋害；后从孙权，便夺荆州。心术如此，安可同处乎？今若召来，西川休矣！**”（483页）第一次，站在益州的立场，王累将刘备的所作所为指称为“心术如此”。不仅说了这番话，小说还写了王累倒悬于城门以命进谏，因刘璋不听，割断绳索而亡。这个情节类似于“观音得道”，多个民间戏种都有剧目。小说这样写，一是为了写刘备入川前益州当地政权内部的争议，二是为了借他人之口突出刘备这张“仁义”的名片背后的虚假。既然“仁义”被定为刘备的人设，“携民渡江”的情节自然被大大夸大，那么他性格中的这些“隐忍”或者“阴影”怎么处理呢？就是假以他人之口说出。

奇怪的是刘璋偏偏就是信了刘备，刘备居然在投靠过各个人，吞吃掉各个地盘后还能让别人相信他，这就不能不让人佩服了。怎么做到这点的？刘备曾经自己做过一番阐述。对话发生在张松携西川地图投降之后，庞统劝他速取益州。

> **玄德曰：“今与吾水火相敌者，曹操也。操以急，吾以宽；操以暴，吾以仁；操以谲，吾以忠：每与操相反，事乃可成。若以小利而失信义于天下，吾不忍也。”**（484页，下同）

耐人寻味的是紧接着刘备就改变了做法。觉得乱世之中，还是先争地盘要紧，于是迅速抛弃了自己那种靠仁义道德的慢功夫。

> **庞统笑曰："主公之言，虽合天理，奈离乱之时，用兵争强，固非一道。若拘执常理，寸步不可行矣，宜从权变。且'兼弱攻昧'、'逆取顺守'，汤、武之道也。若事定之后，报之以义，封为大国，何负于信？今日不取，终被他人取耳。主公幸熟思焉。"玄德乃恍然曰："金石之言，当铭肺腑。"于是遂请孔明，同议起兵西行。**

其实刘备的身上始终是有着多重矛盾的。其一，他不得不一再投靠他人以求得生存，必然发生的就是一次次的背叛，按照使者孙乾的解释是"忠心为国，前此相从，不得已也"。为了解释这种背叛，吕布、袁绍、曹操都可以被置于国家公敌的位置上，似乎姓了"刘"，一切背叛就都有了合理性。若从刘备立场来思考问题，正是一次次的委曲求全、坚忍不拔才成就了他分鼎天下的功业。其二，刘备对道德仁义有着近乎固执的坚守，这种坚守对于他的意义，不亚于方天画戟对于吕布的意义；但是这种坚守常常与他的政治野心发生抵牾，比如他不愿意抢人地盘，自己又确确实实需要地盘。连诸葛亮都嘲笑他，之前给你荆州你不要，现在却又要这么困难地夺过来。对于益州，他不愿意一场鸿门宴夺了刘璋兵权，最终却还是要了人家地盘。他被百姓称为"刘使君"，一直是以"皇叔""汉家使君"的身份召唤人民，斩杀对手，最终却还是偏居一隅，自行称帝，而且是三方中最早称帝的。他的推推搡搡，是道德带来的羞涩与自省，还是塑造个人形象的心术？

无论如何，刘备至少在两个维度上为我们提供了思考的范本：如何处理个人和国家的关系；如何处理道德和进取心的关系。

在小说中，刘备有很多称呼，比如“刘备”“玄德”“豫州”“使君”“汉中王”“先主”，我们在赏析的时候，为了方便，统一用了“刘备”这个称呼。备，周到、细致的意思，比如“准备”这个词；想想刘备的一生确实经历了漫长的准备和等待，才最终迎来曙光。其实小说中后一部分用“玄德”这个称呼更多，以表对人物的尊重。

曹操的字中也有一个“德”字，“孟德”，“孟”是排行老大的意思，也有“猛”的意思，总之，是刚烈而外现的。“玄德”的“玄”字本义是黑色的，后意为玄妙、深奥，似乎正合了他性格中的暗黑性质。对这二人的对比感兴趣的话，还可以去读读第六十回“张永年反难杨修庞士元议取西蜀”。这一回，鲜明地写出了二人对待西川叛徒张松的不同态度。

总之，冥冥之中，一个人的名字似乎彰显了他独特的精神特质。如果给刘备设计一张名片，你会写些什么，怎么设计呢?

学生表演《三国演义》片段　　苏子悦　陈亦茹　郑若雨　演出《三顾茅庐》

思辨读写

取字：

古人幼时命名，成年（男20岁、女15岁）取字，一般而言，字和名在意义上有一定的联系。《颜氏家训》：“名以正体，字以表德。”今天，姓名已由父母取定，你也效仿古人给自己取个字，表达内心的追求吧！

写作加油站：

在小说中，刘备曾说：“今与吾水火相敌者，曹操也。操以急，吾以宽；操以暴，吾以仁；操以谲，吾以忠：每与操相反，事乃可成。”刘备和曹操是两个性格相反的人物，但都取得了成功。在写作中，你也可以设计这样的相映成趣的一组人物，他们的互动一定会使你的写作妙趣横生。

阅读加油站：

1. 阅读刘备与徐庶初识时的故事，解释加点字的意思。

福（徐庶化名）曰：“（此马）终必妨一主。某有一法可禳。”玄德曰：“愿闻禳法。”福曰：“公意中有仇怨之人，可将此马赐之。待妨过了此人，然后乘之，自然无事。”玄德闻言变色曰：“公初至此，不教吾以正道，便教作利己妨人之事，备不敢闻教。”福笑谢曰：“向闻使君仁德，未敢便信，故以此言相试耳。”玄德亦改容起谢曰：“备安能有仁德及人，惟先生教之。”

（1）终必妨一主：________________

（2）向闻使君仁德：________________

2. 魏略曰：庶先名福，本单家子，少好任侠击剑。中平末，尝为人报仇，白垩突面，被发而走，为吏所得，问其姓字，闭口不言。吏乃於车上立柱维磔之，击鼓以令於市鄽，莫敢识者，而其党伍共篡解之，得脱。於是感激，弃其刀戟，更疏巾单衣，折节学问。始诣精舍，诸生闻其前作贼，不肯与共止。福乃卑躬早起，常独扫除，动静先意，听习经业，义理精熟。遂与同郡石韬相亲爱。初平中，中州兵起，乃与韬南客荆州，到，又与诸葛亮特相善。乃荆州内附，孔明与刘备相随去，福与年病卒，有碑在彭城，今犹存焉。（选自《魏略》，有删改）

注：相关情节出现在《三国演义》第三十六回，借程昱之口向曹操道出。

（1）根据上下文意，解释加点的通假字。

①白垩突面　②被发而走

（2）“折节向学”已经成为一个成语，典出《后汉书·段颎传》：“颎（jiǒng）少便习弓马，尚游侠，轻财贿，长乃折节好古学。”请你根据典故出处和选段内容，推测“折节向学”的含义：

____

参考答案：

1.（1）对……不利　（2）曾经

2.（1）①“突”通“涂”，涂抹。②“被”通“披”，披散。

（2）改变旧习，发奋读书。

为什么关羽在死后享有如此高的哀荣，直至被封为“关帝”，与“文圣”孔子并祀？他切合了中国人怎样的情感需求和文化诉求？他的艺术形象和历史形象是怎样交叠在一起的？

第十三讲

关羽

文化的符号

阅读导引

阅读回目：

第五、二十五、二十六、二十七、六十六、七十四、七十七回

阅读指导：

关羽，是一个被故事塑造的人物，他早已脱离了史书的记载，在漫长的岁月中成了一个文化的符号，甚至一缕文化乡愁。因此，阅读关公，首先要熟悉中国人耳熟能详的典故、成语：温酒斩华雄、屯土山约三事、过五关斩六将、挂印封金、单刀赴会、千里走单骑、水淹七军、败走麦城，这些共同勾勒出关公忠义、神勇的人物形象。其次，还要去关注小说中对关羽种种行为的反思，比如“斩颜良、诛文丑”是否正确？败走麦城中隐含着他怎样的性格缺陷？关注这些有利于我们辩证地看待问题，警醒自身。

阅读支持：文化常识

1. 身在曹营心在汉：这则成语原指关羽身在曹营，心想刘备。后比喻身处对立的一方，但心里想着自己原来所在的一方。

2. 过五关斩六将：关羽连过曹操五个关卡，斩了六员大将才摆脱曹操投奔刘备，后比喻英勇无比或下决心克服重重困难。

3. 败走麦城：关羽被围困在麦城，粮尽水绝，不得已只好突围，却中了吴国吕蒙的计谋，和长子关平被擒并被斩于临沮。后比喻陷入绝境或遭到失败。

说起三国人物在后世享有民间香火最多的，居然不是曹操、刘备、孙权这三位一代霸主，也不是被尊为智慧化身的“诸葛亮”，而是关羽。在网上搜索“关帝庙”，会惊讶地发现关帝庙遍布全国，连邻国日本都有。在关羽死后的数百年间，一开始并没有什么专门的庙宇祭祀他，自宋朝起他一路被加封，至明朝万历年间进爵为帝，被称为“武圣”，与“文圣”孔子并祀。清朝顺治年间又加封“忠义神武关圣大帝”，香火之盛，几乎“将与天地同不朽”。关羽一路被神圣化的过程固然有多种原因，但他由寂寞而显扬的时间，与三国故事的流传正成对照。宋“说三分”与元杂剧均演绎了若干关羽故事，《三国演义》一书对他的高扬更是功不可没。鲁迅曾指出罗贯中对于关羽的偏爱：“惟于关羽，特多好语。义勇之概，时时如见。”

为什么关羽能够在民间和官方都获得如此大的哀荣？莫过于两个原因：一曰忠义，这是国人对于道德至高的追求；二曰神武，这是冷兵器时代世人对于武功与事功的向往。

一、忠义

《三国演义》第二十五、二十六、二十七回，小说家以饱含情感的笔墨书写了关公的不忘初心和曹操的爱才如命。现在“挂印封金”“过五关斩六将”“千里走单骑”已经成为了汉文化中的经典故事，承载着国人对于“忠义”的深刻向往。

《三国志·关羽传》是这样节录关羽与曹操的际遇的：**曹公禽羽以归，拜为偏将军，礼之甚厚。……初，曹公壮羽为人，而察其心神无久留之意，谓张辽曰：“卿试以情问之。”既而辽以问羽，羽叹曰：“吾极知曹公待我厚，然吾受刘将军厚恩，誓以共死，不可背之。吾终不留，吾要当立效以报曹公乃去。”辽以羽言报曹公，曹公义之。及羽杀颜良，曹公知其必去，重加赏赐。羽尽封其所赐，拜书告辞，而奔先主于袁军。左右欲追之，曹公曰：“彼各为其主，勿追也。”**[①]

看来挂印封金是真，回顾刘备是真，屯土山约三事则是为关羽投降做的回护，千里走单骑、过五关斩六将则纯属夸张。小说家作书，采关羽、曹操真情之真，又何虑故事之虚呢？我们毋宁将这些子虚乌有的故事理解成集体的想象，关羽已经脱离了实体，成为了众人感动的投射物、承载物。

来看小说家以其卓越笔法对关羽所行的托举之功。

故事梗概大致如下：刘备兵败弃下家小兄弟独自逃亡，关公保护着刘

① 陈寿，《三国志》[M]，北京：中华书局，2006年，560页。

备妻小被曹操围于土山之中，与曹操约定三事之后答应暂时投降。为报曹操之恩，关公在白马一战中斩颜良、诛文丑，解了曹军困境。得到刘备的亲笔信后，关公毅然决然挂印封金，背曹而去，历尽艰辛，过五关斩六将，终于回到刘备身边。细心的读者可能会发现，这一串故事中作者对关羽始终尊称"关公"，礼赞有加，曹操却似乎一直被忽视。其实在这三回文本中，小说家不仅正写曹操，而且以极写曹操之殷切来衬托关公对刘备的殷切。这三回，放在整部小说来看，其实是双男主的戏份。

1. 屯土山约三事

为什么有人投降了，还能名垂千古，被后世奉为"忠义"的典型呢？关羽就做到了。原因史书上没写，小说中安排张辽劝降的环节，以张辽之口替关羽道出情由：**"投降，一者可以保二夫人，二者不背桃园之约，三者可留有用之身。"**（206页，下同）这么一分析，投降比不投降更能坚守忠义。

所谓"屯土山约三事"指的是如果曹操答应关羽提出的三个条件，他就投降。这三个条件：一是只降汉帝，不降曹操；二是用刘皇叔的俸禄供养嫂嫂；三是只要知道刘备下落，立即辞去。第三条甚至流传下来一个成语——"身在曹营心在汉"，比喻身子虽然在对立的一方，但心里想着自己原来所在的一方。现代却多用于贬义，原典则赞誉关羽不忘初心。很奇怪，事情的标准总是到了关羽这里就成了特例。

造成这种特例的很大一部分原因其实在曹操这里。我们了解一下故事背景：不久前刘备刚刚投奔曹操，得了兵，得了官职，和汉献帝攀亲戚成为了"皇叔"，但很快又带着所得的一切背叛了他。曹操挟恨将刘备打得片甲不留，关羽也被擒。对于对方集团头号大将，普通人会怎么处理呢？

泄恨斩首？曹操居然在关羽开出的三个条件前条条让步。“屯土山约三事”第一条“降汉不降曹”，这是关羽给自己的投降找的一个道义理由。难道曹操听不出来这是将他以“国贼”视之吗？他居然笑着给自己找了个台阶下：“**吾为汉相，汉即吾也。此可从之。**”第三条更扎心，人家关羽已经明确说了，只要一有刘大哥消息，马上走。曹操居然真的答应了。他满怀自信地认为只要对关羽施以厚恩，再加上自己的人格魅力，一定可以征服他。这种情节完全超越了现代人的想象，但在那个曹操推行《举贤无拘品行令》的时代，又有什么不可能发生呢？“屯土山约三事”不仅是对曹操和关羽的炫耀，更是对那个开诚的大时代的至高想象。

2. 曹操厚结关公

对于曹操是如何展开攻势，关公又是如何坚持初心的，小说家大书特书。

一是执礼。曹操亲到军营大门接关公，待关公下马入拜，又慌忙答礼。“慌忙”一词写尽曹操面对关公的诚惶诚恐，这是背面敷粉赞关公的义名。面对曹操的真诚，对着写关公的不为所动：上来先让曹操当面保证答应自己的三件事一定会做到。

二是赐金银、请官职。曹操当日就引关公朝见献帝，让献帝授予其偏将军之职。待他斩了颜良，倍加钦敬，又表奏朝廷，封其为汉寿亭侯，铸印相赠。绫罗绸缎、金银器皿、美女侍从皆源源赠送。于名于利，曹操都做到极致，既含钦佩，也怀心计。而关公呢？知道了刘备的消息后挂印封金而去。封金好理解。挂印呢？这其中就有一点别扭。关羽投降时说的第一条就是降汉不降操，“汉寿亭侯”说到底还是曹操帮他请来的。

三是关心关羽生活。“**一日，操见关公所穿绿锦战袍已旧，即度其身**

学生阅读作业　　　　刘丹华　绘

品，取异锦作战袍一领相赠。”（208页，下同）注意“度其身品”是说曹操亲自打量他的身材，告诉裁缝大概尺寸，“异锦”有点特供的意思，不是什么人都穿得上。关羽的做法是“**受之，穿于衣底，上仍用旧袍罩之**”。并且当面对曹操说：“**旧袍乃刘皇叔所赐，某穿之如见兄面，不敢以丞相之新赐而忘兄长之旧赐，故穿于上。**”

又一天，曹操看见关羽脸色不好，似乎眼角有泪，关切地问他缘故，得知是思念旧主，他始终“**笑而宽解之，频以酒相劝**”。关公醉了，说的话是：“**生不能报国家，而背其兄，徒为人也！**”这两句话句句戳曹操心窝子——“不能报国家”什么意思？没有杀死曹贼还政汉帝？“背其兄”什么意思？投降曹操呗。可是曹操依然忍着，他心想：我不断不断地关心他，总能令他回心转意吧！于是他主动问起了关公的胡子。关公曰：“**约数百根。每秋月约退三五根。冬月多以皂纱囊裹之，恐其断也。**”看看，关公这是得有多在意自己的胡子啊，连多少根，每月掉几根都记得；冬天还特意给这蓬胡子做了一个布袋子裹着。可是关公跟着刘备，太穷了，只能用皂纱这种很硬的布料。曹操于是琢磨着改进了布料，用更为柔软的“纱锦”做了一个香囊送给关公。

再看这段——**忽一日，操请关公宴。临散，送公出府，见公马瘦，操曰：“公马因何而瘦？”关公曰：“贱躯颇重，马不能载，因此常瘦。”操令左右备一马来。须臾牵至，那马身如火炭，状甚雄伟。操指曰：“公识此马否？”公曰：“莫非吕布所骑赤兔马乎？”操曰：“然也。”遂并鞍辔送与关公。**（209页，下同）前文所谓“小宴三日，大宴五日”所言不虚，而且每一次曹操都亲自送出大门。见到关公马瘦，立刻将当世名马赤兔相赠，丝毫没有犹豫，“须臾牵至”“并鞍辔送与关公”，说明了曹操心之诚，心之细。要知道当初吕布收了这匹马立刻反水，杀了自己的主公丁原给董卓做了干儿子。相比之下，关羽怎么做的呢？**关公再拜称谢……曰：“吾知此马日行千里，今幸得之，若知兄长下落，可一日而见面矣。**”和吕布形成了鲜明的对比。只是又戳了曹操的心窝子。

若只是送一些身外之物，董卓这样的人物也能做到，财大气粗即可，若说到对一个人生活上的细致关心，就不容易做到了。读完整本《三国演义》，你都看不到刘备对关羽有过类似的关心。

那么关羽为什么要这样做呢？在和张辽的两次对话中，一次，他回答：“**奈吾受刘皇叔厚恩，誓以共死，不可背之。**”若玄德已弃世，关羽则“**愿从于地下**”。另一次，他回答：“**我与玄德，是朋友而兄弟、兄弟而主臣者也。**”（215—216页）也就是说关羽与刘备，先有桃园结义之“义”，又有共同的政治理想而结成的“忠”。大约这就是人们理想中的友谊状态，理想中的君臣状态。

“屯土山约三事”“挂印封金”集中体现了孟子所说的“**富贵不能淫，贫贱不能移，威武不能屈**”。关羽身上寄托的理想人格，正是他千年来依然打动人心的原因。

再说两句那个成全了关羽“义名”的曹操。面对关羽的“捂不热”，他当然有过不悦、失落，甚至后悔。要知道曹操一直是一个很有人格魅力的人，少有他不能征服的人。他此时的心情大概就像《红楼梦》中贾宝玉终于发现龄官爱的是贾蔷而不是他，“原来这世上的爱他也不能全得……”但是比起贾宝玉的小情小绪，曹操毕竟有王霸之度、名士风范，他说：“**不忘故主，来去明白，真丈夫也。汝等皆当效之。**”（218页）这句话中不但有对关公的敬佩，还有对自己的释怀，更是借此机会给手下人树立了榜样。

3. 白马解围

再从关公的角度考虑问题，如果他只是一心想着刘备，罔视曹操对他的厚恩，岂不也成了无情无义之徒？于是就有了下文的斩颜良、诛文丑，解白马之围。关羽在民间也被称为“武圣”，这一出就是专为表现他的神勇的。为了达到这一目的，小说进行了大量的铺垫：话说颜良勇挫曹操二将，徐晃也败归本阵，连曹操都说“**河北人马，如此雄壮**”（211页，下同）。关公却说“**吾观颜良，如插标卖首耳！**”——这是英雄之言语。“**奋然上马，倒提青龙刀，跑下山来，凤目圆睁，蚕眉直竖，直冲彼阵。**”“**手起一刀，刺于马下。忽地下马，割了颜良首级，拴于马项之下，飞身上马，提刀出阵，如入无人之境。**”——一连串动作，这是英雄之气势。“**河北兵将大惊，不战自乱。**”——这是英雄之威力。此番斩颜良，又继诛文丑，关羽的名声传遍了河北大地，甚至成了他的个性标签。比如他千里走单骑的第一站，想要投宿时，庄主胡华乃问：“**在下莫非斩颜良、文丑的关公否？**”（221页）这一名声不仅使他得到了殷勤款待，还得到了一封救命的书信。将“白马解围”放在忠义这部分考量，是因为《三国志》中关羽对张辽说的那句话：“吾终不留，吾要当立效以报曹公乃去。”这句话，这番行为，既全了关羽对刘备的“忠”，又全了他对曹操的“义”。最令人感动的还是《三国志》中的这句：“及羽杀颜良，曹公知其必去，重加赏赐。”这样写去，比让曹操挂“免见”牌更能表现他的胸襟气度。只是没有这一笔，便不能引出关羽未得通关文牒而过五关斩六将的坚定。这是曹操为关羽做的文学牺牲。

4. 千里走单骑

话说关公替曹操解了白马之围后，得知刘备下落，归心似箭，挂印封金自行离去，沿路守将不肯放行，遂连过五个关卡，斩了六员大将，才最终回到刘备身边。这就是“美髯公千里走单骑”，川剧、京剧中都有这出剧。

千里之说早为人考证过，与史实不符，纯属戏说。想想就知道，昨天曹操还和袁绍在一起打仗，双方军营能有多远？说书艺人和小说家专门让关公南辕北辙，逢路绕远，为的就是故事好看，突出的就是关公的忠义、神武，以及人神爱戴。我们不逐一梳理，只看一下其中的惊险情节：第一遭，关羽与曹操话别的工夫，二位夫人被山贼所劫，其中一位名为廖化的，被关公忠义打动，杀了同伙，送还夫人。第二遭，关公被韩福暗箭射伤胳膊，又被卞喜伪以善待，骗到了镇国寺，幸得僧人普净提醒，才免遭刀斧之祸。第三遭，韩福的亲家王植设计烧死关公，却得胡班相救。这个胡班是谁？就是第一站庄主胡华的儿子。虚构这三遭险情意义有三：首先是为了小说曲折好看；再是完成了前后文照应，胡华事件是回应胡班留宿，更是回应斩颜良、诛文丑的壮举；廖化后来归顺蜀汉集团，普净此时救了关公，相隔半本《三国演义》又点化了他；最后，这样的情节安排不仅表现了关羽忠义的决心，客观上也呈现了一些对他无辜斩将的反对声音。

小说七十七回关公遇害后阴魂不散，**普净曰：“昔非今是，一切休论；后果前因，彼此不爽。今将军为吕蒙所害，大呼‘还我头来’，然则颜良、文丑、五关六将等众人之头，又将向谁索耶？”于是关公恍然大悟，稽首皈依而去。**（618页）一直以来，“过五关斩六将”是被歌颂的桥段，细想想那些人岂不是为了关公的忠义而枉送了性命。《三国演义》在这个情节中表现出了难得的反思精神。

从叙事学上来看，读到“关公所历关隘五处，斩将六员”以为要结束的时候，又有几处余音，甚至荡到了下一回。“**正行间，忽见一骑自北而来，大叫：云长少住！**”（225页，下同）原来是前来接应的孙乾。本来读者松了口气，正行之间，**背后尘埃起处，一彪人马赶来，当先夏侯惇大叫：“关某休走！**”两个人正要拍马挺枪，“**只见后面一骑飞来，大叫：‘不可与云长交战！’**”（227页，下同）原来是曹操遣人送来了通关文书。夏侯惇指责关某于路杀把关将士，又前来厮杀。**两马相交，战不十合，忽又一骑飞至，大叫：“二将军少歇！**”原来是张辽派来的先遣员。他也不知对于关羽是杀是放。夏侯惇满怀怨气，再挑战端。读此处也觉得畅快，那些被枉杀的将士终于得一个糙汉子来给他们出气了。**两个正欲交锋，阵后一人飞马而来，大叫：“云长、元让，休得争战！”众视之，乃张辽也。二人各勒住马。张辽近前言曰：“奉丞相钧旨：因闻知云长斩关杀将，恐于路有阻，特差我传谕各处关隘，任便放行。**”至此，一共有五位人物先后登场，有五次峰回路转，使得关羽过五关斩六将之后，故事的劲头依然没有泄下来，依然精彩，这在文章的写法上就叫作“豹尾”。豹子的尾巴，取其有力的喻义。作为我国历史上第一部长篇章回体小说，这样的情节安排方式，对后世影响深远。

其后若干年，又有了《西游记》，有了唐僧和孙悟空师徒四人历经九九八十一难赴西天取经。仔细想想，关公在坚持自己忠义的路上不也是经历了一番修行吗？这样的修行具有隐喻性、普适性，我想这就是“过五关斩六将”最终流传下来成为一个俗语的原因。现在我们常常用这个词来比喻英勇无比或下决心克服重重困难，是一个褒义词。

从屯土山关公约三事，到白马解围，再到挂印封金、过关斩将，这既是曹操和关羽之间的一场公关战，也是英雄与英雄之间的一场相惜相敬。关羽坚持了自己对忠义的追求，回到了刘备身边，也领受了曹操的情谊，得到了赤兔马。曹操同样坚持了自己对忠义的爱护，得到了关羽的相助，更为日后自己在华容道兵败时留了一个生存的机会。“华容道义释曹操”已经人考证纯属虚构，但二人皆有好结果，这就是小说对“忠义”二字最好的褒奖。

二、神勇

提起关公的神勇，又有一些中国人耳熟能详的故事，比如温酒斩华雄、单刀赴会、刮骨疗伤。

5. 温酒斩华雄

“温酒斩华雄”，发生在十八路诸侯讨伐董卓初期，孙坚战败，祖茂被杀，大将华雄一夫当关万夫莫开。读这段小说，要注意两重铺垫：第一重极言董卓先锋华雄的锐不可当，盟军的手足无措，在此情景之下关羽主动请缨；第二重是关羽的身份仅仅是弓马手，引得袁绍不屑甚至大怒，幸亏有曹操劝解才有了出战机会。这两重铺垫已经足够把人们的胃口吊得很高了：关羽能战胜华雄吗？来看小说第五回——

> **关公曰：“如不胜，请斩某头。”操教酾（shī）热酒一杯，与关公饮了上马。关公曰：“酒且斟下，某去便来。”出帐提刀，飞身上马。众诸侯听得关外鼓声大振，喊声大举，如天摧地塌，岳撼山崩，众皆失惊。正欲探听，鸾铃响处，马到中军，云长提华雄之头，掷于地上。其酒尚温。**（42页）

在这一段中，“酒”是一个关键细节，关公曰：“酒且斟下，某去便来。”反映了他的无比自信，甚至带着点骄傲，这样的一种反应既是对袁绍轻视他的回击，又是他一贯的性格。

写关公战华雄为什么不正面描写众诸侯出去看了，而是在里面听呢？这里面既有贵族们身份上对一个弓马手的不屑，又有内心的不抱期望，怕关羽失败了当面难堪，还是一种别致的写法。有没有注意这一段都是四字词，读起来声音就很急促？如果出去看了就会遵从一种视觉优先的写法，没有这么有悬念了。不妨试着把小说读出来：**众诸侯听得关外鼓声大振，喊声大举，如天摧地塌，岳撼山崩，众皆失惊**。最后四字做结尾最好——“其酒尚温”，说明关公胜华雄时间之短，历来为文章家所推崇。可惜，据《三国志·孙破虏讨逆传》记载，华雄是被孙坚所杀。小说家移花接木，是嫌关羽身上的光环还不够进行的加持。另外，从正本小说叙事来看，如此写来也使三国之一的刘备集团在早期不至寂寞。

6. 单刀赴会

第六十六回的“单刀赴会”，故事背景是关羽留守荆州，东吴一方的鲁肃和吕蒙联手，设下鸿门宴，预备杀关羽、夺荆州。关公当然知道请他赴宴的目的。此事从道义上来讲，刘备一方不占理，说好了暂借荆州，人家几次催还都未还，确有一些赖账的意思。正因为此，关羽才明知危险和尴尬而必须去赴宴，否则吴蜀联盟将会被撼动。

> **平谏曰：“父亲奈何以万金之躯，亲蹈虎狼之穴？恐非所以重伯父之寄托也。”云长曰：“吾于千枪万刃之中，矢石交攻之际，匹马纵横，如入无人之境，岂忧江东群鼠乎！”手下人再谏，关云长又说：“昔战国时赵人蔺相如，无缚鸡之力，于渑池会上，觑秦国君臣如无物，况吾曾学万人敌者乎！”**（533页，

学生阅读作业　　徐艺歌　绘

下同）

这段话充分体现了关羽的自信，甚至是自傲。连他赴宴所穿的衣服都是家常的绿袍，头上裹着的是儒者的头巾，从容气派，令人津津乐道。

那么他是如何面对外交难题以及性命之忧呢？小说核心部分只有二三百字，却写得扣人心弦。“借荆州”本是己方有亏，关羽挟持鲁肃从鸿门宴中全身而退。我们看看鲁肃被其放开之后的反应：**肃如痴似呆，看关公船已乘风而去**。何以“如痴似呆”？关公的机智和勇气完全出乎了他的意料，本来以为到手的荆州又飞了。小说至此，我们才觉得关公之前的话确实不是自负之言。只是按照《三国志》的记载，关鲁之会是双方各驻兵马百步上，但诸将军单刀俱会。鲁肃以辞穷关羽，致使刘备割湘水为界，才罢军。再回看“单刀赴会”关羽劫持鲁肃，像不像武侠片里的情节？总之，为了关羽的个人英雄主义，这回又轮到鲁肃做文学牺牲了。

7. 水淹七军与大意失荆州

刚才关公说给儿子的话有一句很刺耳：“岂忧江东群鼠！”这正是他身首异处的起因。读《三国演义》这部小说，始终要注意它传递出的哲学思考，这一次他单刀赴会，英勇盖世，赢了东吴；而这种“赢”更加深了他的自负、他对东吴的轻视，吕蒙正是看中了这一点，将计就计，夺回了荆州。古人常说：祸兮福所倚，福兮祸所伏。思想家通过无数的故事抽离出道理，而小说家则通过故事让人们深刻地感受到道理，两者殊途同归。《三国演义》的成书得益于数代说书艺人的口耳相传。为什么说书可以作为一个独立的职业？因为人们大都不愿意接受空洞的说教，而愿意在故事中经受情绪的跌宕而自我领悟。这就是叙事的力量。

同样地，第七十三回“云长攻拔襄阳郡”，七十四回“关云长放水淹七军”，这两回算是关公此生光辉的顶点；而紧挨着的三回就是关云长刮骨疗毒、败走麦城、玉泉山显圣了。如果画一个形势图，大概是一条线高高地向上，然后急转直下；盛衰本来就是一对近邻。在关公最最得意的水淹七军之后，出现了这样一个情节——

当日关公自到北门，立马扬鞭，指而问曰：“汝等鼠辈，不早来降，更待何时？”正言间，曹仁在敌楼上，见关公身上止披掩心甲，斜袒着绿袍，乃急招五百弓弩手，一齐放箭。公急勒马回时，右臂上中一弩箭，翻身落马。（600页）

关公的骄傲遭到了现世报，这成了他最终兵败的一处小小伏笔。小说接下来该如何发展？一路急转直下，写他的失败吗？没有。写完了他的骄傲，又写了他的勇敢，那就是著名的“刮骨疗伤”。华佗当时的设想是这样的——**于静处立一标柱，上钉大环，请君侯将臂穿于环中，以绳系之，然后以被蒙其首。吾用尖刀割开皮肉，直至于骨，刮去骨上箭毒，用药敷之，以线缝其口，方可无事。但恐君侯惧耳**（602页，下同）。关公的反应是——**“何用柱环？”于是饮数杯酒毕，一面仍与马良弈棋，伸臂令佗割之。……佗用刀刮骨，悉悉有声，帐上帐下见者，皆掩面失色。公饮酒食肉，谈笑弈棋，全无痛苦之色。须臾，血流盈盆。**最后以华佗的话作结：**“某为医一生，未尝见此。君侯真天神也！”**

夸完了关公的勇，再说他的失败。这就是《三国演义》这本小说的节奏，不会一直夸一个人好，也不会一直说一个人歹，而是间错开来，这样既不会让读者产生审美疲劳，又比较符合真实的人性。

再回到刚才的话题：关公为什么会突然兵败如山倒？其实原因早已埋藏在他与蜀汉集团的胜利中。强占了荆州，看似一时的胜利，当然会激起东吴集团长久的怨恨，美人计不成，鸿门宴不成，最后一招调虎离山总会成功；水淹七军斩杀了庞德、囚禁了于禁，一时间辉煌达到了顶点，当然会招来曹魏集团的反攻，才有了徐公明大战沔水；两方夹击，关公和蜀汉集团的败局是必然的。所谓“大意失荆州”强调了“大意”，也就无形中神化了关公的个人能力；其实蜀汉的这一次溃败根本原因在于他们实力不足、道义根基不稳，一时的胜利只会换来更沉重的失败。但也并不是说“攻拔襄阳郡、水淹七军”都是没有意义的；恰恰相反，这里面体现的人的智慧、勇敢和执着是永远闪光的，这才是我们阅读的价值所在。

三、封神之路

以上所讲，都是我们汉文化中鼎鼎有名的故事。我们国家在1962年还出版了一本专门的《关羽戏集》，所收剧本几十个，这还只是京剧。关羽，简直是被故事塑造的一个人物，他早已脱离了史书的记载，而在漫长的岁月中成了一道文化的符号。

关羽崇拜经历了漫长的变迁而后达到鼎盛。他死后数百年默默无闻，直到隋朝时僧人为了在荆州一带传教需要，宣布关羽为佛教“伽蓝护法神”。随着唐朝几百年佛教的发展，关公成为了民间供奉的众多佛教神灵之一。北宋时期道教兴旺，为了和佛教争夺影响力，便将香火较盛的关羽吸纳进神仙体系。道士们在关羽家乡解州装神弄鬼，宣布他们召唤出关羽神灵，斩杀了为祸盐池的恶蛟，保障了盐业生产。宋徽宗敕封关羽为“崇宁真君”，有人认为这种动机是因为皇帝陛下笃信道教，也有人认为他这是出于政治需要，嘉奖关羽把自己比成刘备，掩盖他是一个昏君的事实。

到了清朝，太祖努尔哈赤未入关时就与其子孙人人熟读《三国演义》，把这本书当作军事启蒙教材。受该书影响，把关羽当作他们的战争守护神来崇拜，专门向明朝请求赐予关羽神像，并称关羽为“关玛法”（满语，即关爷爷）。八旗兵每次出战之前，必烧香拜佛祈祷关羽护佑。随着他们节节胜利，不断侵吞大明疆土，更加认定这是关玛法保佑的结果。在西藏日喀则扎什伦布寺，立有一块“关帝显圣碑”，记述了清乾隆五十七年（公元1792年）关羽神灵助清军打退入侵西藏的廓尔喀军队一事，对关帝崇拜可见一斑。从顺治帝入关起，关羽被加封为“忠义神武关圣大帝”，之后10个皇帝中，先后有8个皇帝共13次封谥关羽。到了清朝后期，戏台唱戏时但凡关羽出场，连慈禧和光绪都要特意离座位走几步，以示恭敬。与关羽的显荣相反，抗金英雄岳飞则被雍正帝下令移出武庙。这是把兄弟忠义和江湖道义，抬高得比民族大义更重，显然这是封建统治者有意识淡化民族情结的一种政治手段。

总之，关羽呼应了中国人的道德需求和英雄情结，经过宗教和政治的加持后，渐渐成为万能神。一尊尊关公圣像是万千民众的道德楷模；一个个关帝神龛，是商贾们祈求平安与发财的精神寄托。今天，走出国门，在日本、新加坡、马来西亚、菲律宾，甚至美国、英国，华人聚集地多可看到关公神龛香烟缭绕。关公，成为了一道文化的符号。

思辨读写

趣味采访：

找到一处供奉关羽的商家、寺庙，采访一下主事人或者参拜者，询问他们供奉的原因，了解关羽的民间传播情况。

写作加油站：

关羽暂且投降后，曹操礼遇甚佳，甚至亲自关照为他量体裁衣，而关羽的做法是“受之，穿于衣底，上仍用旧袍罩之”。并且当面对曹操说：“旧袍乃刘皇叔所赐，某穿之如见兄面，不敢以丞相之新赐而忘兄长之旧赐，故穿于上。”如果你是曹操，心里会怎样想？不妨补写一段心理描写，突出曹操的矛盾心理。

阅读加油站：

1. 阅读小说“温酒斩华雄”片段，回答问题：

关公曰：“如不胜，请斩某头。”操教酾热酒一杯，与关公饮了上马。关公曰：“酒且斟下，某去便来。”出帐提刀，飞身上马。众诸侯听得关外鼓声大振，喊声大举，如天摧地塌，岳撼山崩，众皆失惊。正欲探听，鸾铃响处，马到中军，云长提华雄之头，掷于地上。其酒尚温。

“酒”在小说中起到了何种作用？

答：____

____

2. 关公遇害后阴魂不散，与老僧普净一番对话后，魂魄才得以归天。

有人认为这个情节是封建迷信，也有人认为这个情节安排得很有价值，你支持哪种观点？阐明你的理由。

公曰："向蒙相救，铭感不忘。今某已遇祸而死，愿求清诲，指点迷途。"普净曰："昔非今是，一切休论；后果前因，彼此不爽。今将军为吕蒙所害，大呼'还我头来'，然则颜良、文丑、五关六将等众人之头，又将向谁索耶？"于是关公恍然大悟，稽首皈依而去。（选自第七十七回）

3. 在《三国演义》中有一位将军治军严明，请阅读第七十五回，指出这位将军是____________。

一日大雨，将军____________上马引数骑点看四门。忽见一人取民间箬笠以盖铠甲，将军喝左右执下问之，乃将军之乡人也。曰："汝虽系我同乡，但吾号令已出，汝故犯之，当按军法。"其人泣告曰："其恐雨湿官铠，故取遮盖，非为私用。乞将军念同乡之情！"将军曰："吾固知汝为覆官铠，然终是不应取民间之物。"叱左右推下斩之。枭首传示毕，然后收其尸首，泣而葬之。自是三军震肃。（选自第七十五回，有删改）

（引导学生联系《孙权劝学》中的吕蒙，注意体会小说对各色人物的精心塑造。）

参考答案：

1. 曹操为关公斟热酒是为了壮行，关公说"酒且斟下，某去便来"体现了他的自信，"其酒尚温"表现了关公斩华雄的速度之快。总之，"酒"作为线索物，体现了关公的神勇。

2. 我认为这个安排很有价值。它使得关公对自己的杀戮行为作了反思，也让读者看到《三国演义》在褒扬关羽的同时中肯的一面。

3. 吕蒙

“智慧”与“自负”、“尽忠”与“偏执”一体两面地存在于诸葛亮身上。小说家本欲将他写成神，却使他遇到了人的烦恼，也在烦恼中折射出了人性的光辉。

第十四讲

诸葛亮

人神之间

阅读导引

阅读篇目：

第八十五、八十七、九十、九十一、九十五、九十七、一百三回

阅读指导：

诸葛亮和关羽一样，既是真实的历史人物，又是汉文化中的符号人物，很多关于他的故事，经由小说的传播，已经成为中国人说话、写文章的"典故"，一定要熟悉，比如：三顾茅庐、空城计、借东风、安居平五路、七擒孟获、挥泪斩马谡、失街亭、死诸葛走生仲达、星落五丈原等。

另外，作为一个有着复杂性格的人物，依然要抓住诸葛亮身上的矛盾点进行深入阅读与思考，比如：怎么理解他的智谋与狡诈？怎么理解他的忠诚与偏执？这些问题上都留有充分的可供探讨的空间，是阅读和思考的乐趣所在。

阅读支持：

1. 馒头的来源：馒头，古称"蛮头"，为"包子"的本称。起源于野蛮时代的人头祭，传为诸葛亮征孟获时所发明，形状为人头形，尔后随着历史的发展演变，逐渐改为禽肉馅，但中国人吃馒头的历史，至少可追溯到战国时期，彼时称为"蒸饼"。

2. 借东风：指赤壁之战时，诸葛亮设坛借东风，助力火攻。喻指凭借或利用大好形势。

3. 空城计：指诸葛亮城头抚琴，以空城吓退司马懿。这则成语指在危急处境下，掩饰空虚，骗过对方的策略；今多用以比喻毫无实力、虚张

声势吓人。

在三国人物当中，形象最独特的当属诸葛亮。我们经常读到这样的描写：门旗开处，驶出一辆小车。其人头戴纶巾，身披鹤氅，手摇羽扇，乃孔明也。“羽扇纶巾”并不唯一，周瑜也这样打扮，这是儒将的标志、从容的象征。但周瑜不坐在小车上，像谜底一样被人推出来——他要么骑马立于山头，要么坐船以观战景。诸葛亮却从来不出现在前线。他的出场方式一直在试图证明一个汉文化中的俗语：运筹帷幄之中，决胜千里之外。再说“鹤氅”，仙鹤是道教常用的图案，世称成仙为“羽化登天”。“鹤氅”又叫“神仙道士衣”，就是斗篷、披风之类的御寒长外衣。看来，无论冬夏，诸葛亮都一面穿着御寒的披风，一面扇着扇子。显然，这两样物饰只是他的气质标签而已。历史上的诸葛亮身长八尺，美仪容，但每次出场都这样打扮，显然是出于人们的文学想象。在世人的想象中，诸葛亮是智慧的化身，他的形象自然也要比照着神仙来。只因这本书是历史小说，如果是神话幻想小说，作者就会让诸葛亮脚踩祥云从天而降，再配上睥睨万物的眼神。智慧，就是《三国演义》这本小说对诸葛亮最重要的人物设定。他一出场，所有人都成了陪衬：借东风羞煞周瑜，华容道智算曹操，鱼腹浦困住陆逊，空城计吓走司马懿，七擒孟获震惊蛮人……每一个人到最后都要说出这样的台词：“丞相之机，神鬼莫测”或是“吾不及也”。为了配合他的智商优越感，小说不仅一次次重复他的神仙之姿，还为他设计了一个招牌动作“大笑”，再居高临下地道出如此如此。

赞颂诸葛亮，其实是在赞颂智慧的力量。在科学文明不发达的时代，大概人们特别需要一个智慧的化身用来崇拜。于是就有了这个最小说化的人物——“诸葛亮”。

一、诸葛亮之“智”与“诈”

关于诸葛亮的智慧有很多著名的故事，比如我们在“赤壁之战”中讲过的借东风、草船借箭，下面再讲几个。

1. 空城计

“空城计”现在成了一出著名的京剧唱段，这个故事最早见于西晋人郭冲的《条亮五事》。“条”，列举的意思。对这篇文章中提到的五事，《三国志》作者陈寿和注者裴松之已经一条条辨伪过。看来这篇文章只能看作是诸葛亮的一个粉丝为了神化、赞颂诸葛亮而编造的。故事是假无疑，但小说写得却是真精彩。

闻说失了街亭，**孔明跌足长叹曰：“大事去矣！”**（762页，下同）跌足，就是跺脚的意思，诸葛亮极少做这样情绪化的举动。咽喉要地失守，他却只给了情绪一个小小的时间，马上就着手安排后续所有动作，慌急之中甚至不忘差心腹之人去搬取姜维老母送入汉中。虑事之细，令人惊叹。姜维后来成为诸葛亮之后蜀国栋梁，矢志不渝继承诸葛亮遗志。若非此时小小举动，姜维可能成为另一个徐庶。

小说一环扣一环，虽诸葛亮安排有法，却全没顾惜自保，眼见成了光杆的丞相，故事已经登上了绝峰。**忽然十馀次飞马报到，说司马懿引大军十五万，望西城蜂拥而来**。这一句画面感很强，你可以想象如果是说书艺人演义这句话将会是何神气、动作，听故事的你大概也会如“众官”一样，尽皆失色。他却似乎不需要思考一般，直接传令，**将旌旗尽皆隐匿，诸军各守城铺，“如有妄行出入及高言大语者，斩之！”大开四门，每一门用二十军士，扮作百姓，洒扫街道，“如魏兵到时，不可擅动，吾自有计。”**这是该乱时，以静示人；当强时，以弱示人；束手就擒之时，做请君入瓮之态。**孔明乃披鹤氅，戴纶巾，引二小童携琴一张，于城上敌楼前，凭栏而坐，焚香操琴。……左有一童子，手捧宝剑；右有一童子，手执麈（zhǔ）尾。**（762—763页）“焚香操琴”是闲暇时的消遣，这是示人以从容；“宝剑”“麈尾”是道家作法的器物，这是示人以杀气。诸葛亮每一个行为设计，都精准地踩在对方的心理疑点上。一切反其道而行之，他赌注的砝码的就是司马懿心中口中的“**亮平生谨慎，不曾弄险。今大开城门，必有埋伏**”（763页）。如果对手是司马昭这样混不吝的角色，这种障眼法自然失效。

“空城计”绝对是小说人物诸葛亮一生的高光时刻，他凭借着多年积累的个人威慑力就吓退了司马懿十五万大军。

这段小说在流传甚广的同时，也遭到了很多人的质疑。比如，离那么远，怎么能看到诸葛亮面带微笑？再比如，派个侦察兵进去探探虚实成不成？我想要做的，却是寻找这个故事“真的”根基。易中天先生曾在著述中认为历史上真正的“空城计”是曹操设计的，根据是裴松之注中的一段记载，小说第十二回也曾提到过。曹操主要兵力都去割麦了，吕布来袭，曹操令人在林中多插旌旗为疑兵，再留鼓手于村中擂鼓呐喊。如此说来，张飞在当阳桥后以马尾拖树枝为疑兵岂不是也有类似的影子？只不过在布置疑兵这一方面，诸葛亮不以动取胜，反以静制敌。这一点，说的是“空城计”有军事事例作为依据。再者，心理学虽然是非常现代的科学，但心理战却早已随人性的发展而存在。充分利用个人特点和对手心理，如何算新鲜？曹操抹书间韩遂算不算心理战？这一点，说的是“空城计”有心理战术作为依据。

从事实上来讲，“空城计”虽然是无中生有、神化孔明的故事；但从艺术上来讲，最初的创作者郭冲几乎可以算作最出色的短篇小说家了。他为了突出人物特点，较为合理地设计了情节，更呈现了中国小说少有的心理较量。品析这个故事，可以让我们清楚地看到，创作者是如何让诸葛亮集所有人的智慧为一身的，这是人物典型化处理的一种艺术方法。

在诸葛亮与司马懿之间，还流传着一个谚语：“死诸葛能走生仲达。”走，在古汉语中是“逃跑”的意思。这是取材自唐代流行的民间故事。诸葛亮死后，秘不发丧，雕成自己的坐像。司马懿撞见，一时之间还以为自己中了他的奸计，吓得奔逃五十余里，直到被手下人扯住马停下来，还惊魂未定地用手摸头说：“我有头否？”这当然又是小说夸张的手法。后来，这个谚语专指人虽死，余威犹在。我们常说写文章、刻画人物都要有一个有力的收束，诸葛亮星落五丈原，先写余威退敌，次写蜀人之悲，这才是力道不泄的写法。

2. 安居平五路

一代枭雄刘备陨落白帝城，后主刘禅新继帝位，蜀国自然受多方觊觎，处于风雨飘摇之中。建兴元年，五路大军齐发动作：一路魏军，一路反将，一路东吴兵，一路南蛮兵，一路番王兵。作为军事殖民政权，内部有反将，边界有蛮夷；作为三足鼎立之一，另两方始终都想趁机吞并。这就是刘备留给诸葛亮的烂摊子。小说第八十五回回目名为“刘先主遗诏托孤儿 诸葛亮安居平五路”，前写其“忠”，后写其“智”，把这两者联系在一起的就是“难”，与“难”形成对比的则是诸葛亮的“安”。

面对事关利害的五路来兵，丞相不知为何，数日不出视事。后主亲自召见，依然托病不出。派大臣去家里请，被闭门谢客。答应次日出堂议事，又没有露面。后主惶急，奏告母后，亲至丞相府。此处是以他人之“急”衬托孔明的“安”。到府中如何呢？

后主乃下车步行，独进第三重门，见孔明独倚竹杖，在小池边观鱼。（679—680页）“观鱼”跟空城计中他抚琴一样，都是做悠闲之态。**后主在后立久，乃徐徐而言曰：“丞相安乐否？”**（680页，下同）注意这个词语“立久”，有没有想起三顾茅庐时，刘备在孔明床边等，他翻了个身，继续睡觉？从传播者心态来讲，知识分子要的就是这样的骄矜贵重；从塑造人物来讲，他人越不明就里，越能突出孔明的智慧。如何安居平五路，不必去谈，重要的是如他自言：**“成都众官皆不晓兵法之妙，贵在使人不测，岂可泄漏于人？”**（后主）**曰：“相父果有鬼神不测之机也！”**围绕诸葛亮的很多故事，都是以别人对他的称赞结尾的。“鬼神不测之机”就是他在这本小说中的标签。

读这段小说，要注意作者罗贯中充分运用铺垫、设置悬念的方法突出人物智慧的方法。

3. 七擒孟获

在诸葛亮传世文章《出师表》中有这样几句话：“**五月渡泸，深入不毛。**”泸，就是“泸水”，有一篇选入小学语文教材多年的文章叫《飞夺泸定桥》，讲的是红军长征期间，要爬过铁索桥才能到山涧对面。山高、水急、地险，就是此地的地理特征。“不毛”意为不长庄稼，也就是没什么平路，易守难攻。“五月渡泸，深入不毛”指的就是七擒孟获的故事。史书《三国志》中确实也记载了几擒几纵，但具体情节并没有。小说却足足

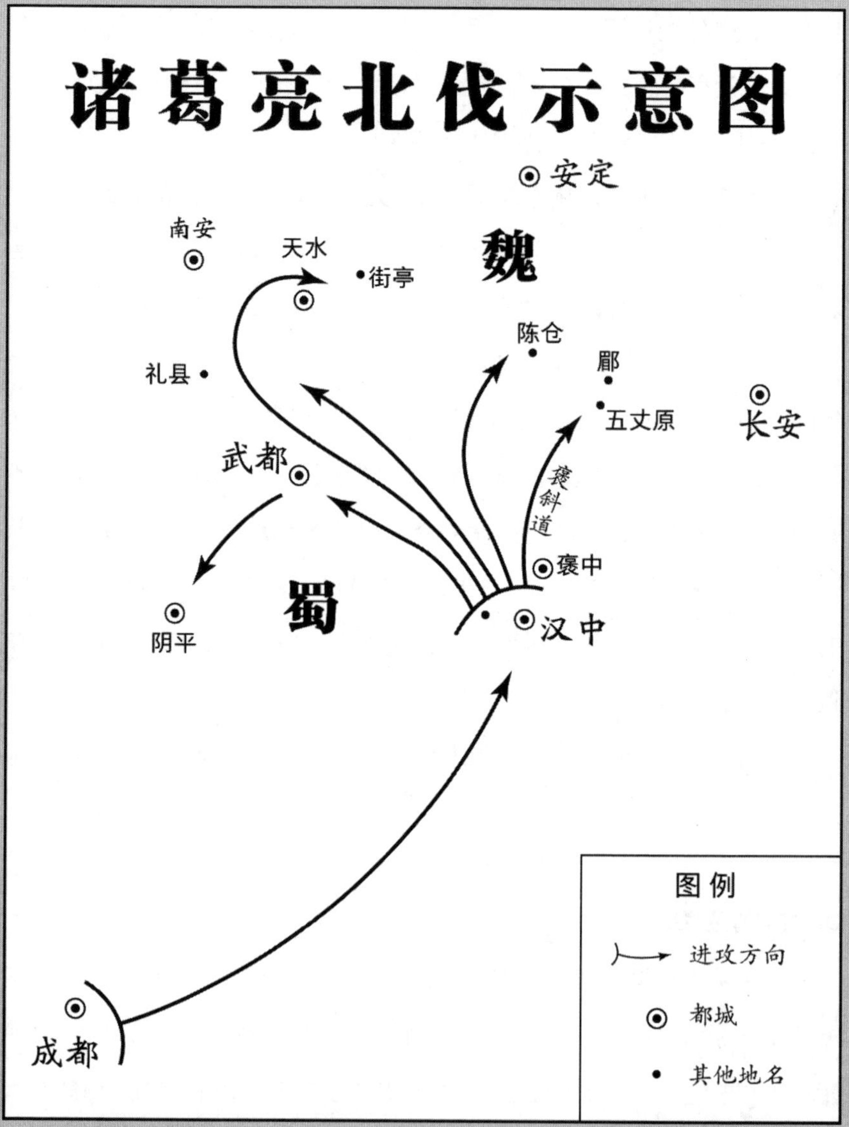
诸葛亮北伐示意图
安定
南安
天水
街亭
魏
陈仓
郿
礼县
五丈原
长安
武都
褒斜道
褒中
蜀
阴平
汉中
成都
图例
进攻方向
都城
其他地名

诸葛亮北伐示意图

写了五回，第八十七回到第九十一回都在讲这件事。为什么要如此大书特书？一则为了好看，都说《三国演义》是战争的百科全书，描写了各种战争的类型，与南方少数民族作战更是让人大开眼界。读这几回，你会常常觉得这还是历史小说吗？难道不是神魔小说《西游记》吗？二则表现了中原人对待南方少数民族地区的优越心理。第三点当然是为了让诸葛亮逞智。七擒七纵，这是何等的智慧与自信！

为什么会有七回？小说八十七回写到，大军出征前，马谡曾于诸葛亮前谏曰：“**夫用兵之道：‘攻心为上，攻城为下；心战为上，兵战为下。’愿丞相但服其心足矣。**”**孔明叹曰：“幼常足知吾肺腑也！”于是孔明遂令马谡为参军，即统大兵前进。**（694页）幼常，是马谡的字，孔明这么称呼，是视其为朋友。为什么在伐魏时，诸葛亮会把街亭这样的咽喉要道交给马谡来处理？大概在遇到姜维之前，他一直是孤独的。赵云、张飞、关羽等大将经常是“皆领命而去”，或是取几个锦囊贴肉收着，完全处于听从者的地位。在蜀汉一方，诸葛亮长期以来都是“只手撑天”。他的智商优越感使他不容易相信别人，久而久之，这种相处模式置他于无人对话的境地。我们可以想见，当他听到马谡这句话时是多么感动。由此，几乎可以推之，马谡失街亭一事其实疚在诸葛亮的“自负”。

为什么会有孟获的叛乱？小说在第八十七回写道：

> **孔明教唤武士押过孟获来……曰：“先帝待汝不薄，汝何敢背反。”**（孟）**获曰：“两川之地，皆是他人所占土地，汝主倚强夺之，自称为帝。吾世居此处，汝等无礼侵我土地，何为反耶？”**（697页）

不得不承认孟获说的有理。让我们再回看一下第三十八回的“隆中对”。诸葛亮给刘备制定的策略是占领荆州和益州作为根据地，与孙权和曹操抗衡。听起来很完美，但是站在南中王孟获的角度来讲，这种行为就是强占家园，刘备和诸葛亮无异于“强盗”。所以，诸葛亮的“智”是效力于一方的，是政治层面上的“智”，与孔子所追求的“仁以为己任”相差甚远。

如果把七擒七纵一一梳理，你会发现以诸葛亮为代表的中原文明对以孟获为代表的自然主义的征服。第一次，孔明用激将法使赵云、魏延各展其勇，初执孟获，并收买其手下人心；第二次，孟获倚仗泸水瘴气，高枕安眠，诸葛亮反用先帝阵法，联结安抚的内应，再缚番王；接着，识诈降三擒孟获；第四次，引诱孟获劫寨，设下陷阱擒拿；第五次，孟获倚四毒泉阻路，孔明祷告汉伏波将军，引来土地神与隐者，解危难，缚孟获；第六次，孟获施咒唤出豺狼虎豹，孔明以木制巨兽胜之；第七次最为惨烈，藤甲军着刀枪不入藤甲战衣，饮桃花异水，孔明令人假意败阵，将其引入山谷，纵火焚兵。

小说中这样写藤甲兵：**藤生于山涧之中，盘于石壁之上，国人采取，浸于油中，半年方取出晒之，晒干复浸，凡十馀遍，却才造成铠甲，穿在身上，渡江不沉，经水不湿，刀箭皆不能入，因此号为“藤甲军”**。（717页）对自然有这么奇特的理解和想象，可惜一把火，迅速就化为灰烬了。孟获对此的评价是：“吾虽是化外之人，不似丞相专施诡计。”此番碰撞，大概是南方文化崇拜“力”，而中原文化崇拜“智”的写法。

再读两段小说原文：

兀突骨骑象当先，头戴日月狼须帽，身披金珠缨络，两肋下露出生鳞甲，眼目中微有光芒。（720页）这是描写一位番王首领的，注意“两肋下露出生鳞甲”，几类于野兽，这大概是中原人对西南少数民族的想象。再看这一段：

木鹿大王腰挂两把宝刀，手执蒂钟，身骑白象，从大旗中而出。赵云见了，谓魏延曰："我等上阵一生，未尝见如此人物。"二人正沉吟之际，只见木鹿大王口中不知念甚咒语，手摇蒂钟。忽然狂风大作，飞砂走石，如同骤雨，一声画角响，虎豹豺狼，毒蛇猛兽，乘风而出，张牙舞爪，冲将过来。（716页）

读这些段落的时候有没有觉得好像在读神话小说《西游记》？驱虎豹之法大约真的是有，显然，只是小说做了夸张。智慧的诸葛亮自然是早已预见到了这一点，从黑油柜车里变出了木制巨兽，穿着五色绒线为毛衣，钢铁为爪牙，一个可骑十人，口吐火焰，鼻出黑烟，身摇铜铃，张牙舞爪。最终，假怪物吓退了真野兽。读到这儿，大概会有人马上想到，这些怪物动力何来？机械原理又是什么？对于小说当然不能坐实去理解，这当然是想象出来，增加诸葛亮智慧光环的。

如果阅读史学家陈寿编辑的《诸葛氏集》，里面真的有"作木牛流马法"这一条目，小说中写到在六出祁山时，诸葛亮曾以此搬运粮草。也许诸葛亮还发明不了小说中的神兽，但是他有发明的才干是毋庸置疑的。再比如，文集里面还存有"八阵图法"和"二十八宿分野"。历史上的诸葛亮虽然并没有在鱼腹浦埋下雄兵百万，于八阵图中困杀陆逊；也不能真的"呼风唤雨，夜观天象即知天下大事"，但历史上的他本身就是一个知识渊博的人，通晓天文地理，识得奇门遁术。蜀国不设史官，类似于"几擒几纵"都是一笔带过。这几回故事大概由民间的口耳相传，艺人的夸大渲染，更兼小说家的捕风捉影、想象与铺排而成。

为什么孟获能一次次请来各番大王帮忙呢？大概人人都如孟获所言，有家园被侵占之感。蜀汉政权如何摆脱强盗的面目？诸葛亮的处理方法是：**令其永为洞主，所夺之地，尽皆退还**（722页）。既如此，当初的身涉险地有没有必要？是不是一种过度的自卫？第五次如果没有所谓的伏波将军显灵，蜀汉军会不会兵败于此？出师前，后主曾有过疑虑。朝中大臣的意见是什么呢？小说没有多写。大概那个时候的蜀汉只能听到诸葛亮的声音，他已经处在过度自信、缺乏弹性的位置上。

所有的这些不能不引起我们复杂的情绪。照着这样想下去，我们又会走到诸葛亮智慧的背面去——冷酷。幸好小说中他的两场泪水让我们重新感受到了他的慈悲，那才是智慧的高境界吧。

第一次在诸葛亮火烧藤甲兵之后——

孔明在山上往下看时，只见蛮兵被火烧的伸拳舒腿，大半被铁炮打的头脸粉碎，皆死于谷中，臭不可闻。孔明垂泪而叹曰："吾虽有功于社稷，必损寿矣！"左右将士，无不感叹。（720页）升帐之后，面对众将，孔明再曰："**吾今此计，不得已而用之，大损阴德。……使乌戈国之人不留种类者，是吾之大罪也！**"（722页）

第二次，班师之后，孔明令行厨杀牛羊做"馒头"，亲自祭奠泸水中的亡魂。这里的"馒头"是南方的叫法，北方叫"包子"。读毕祭文，放声大哭，极其悲痛，情动三军，无不泪下。他的眼泪中大概隐含着这样一种悲伤和委屈，为了"有功于社稷"，为了报先帝三顾之雅意，他动用自己的智力做了违背仁德之事，力征蛮王如是，三气周瑜如是，强占荆州亦是。忍受这种矛盾煎熬的唯一动力就是下文所述。

二、诸葛亮之"忠"与"执"

成都武侯祠"三顾堂"前有一副对联：两表酬三顾，一对足千秋。两表就是人们习惯说的“前后出师表”，是诸葛亮请求伐魏给后主刘禅写的公文。《三国演义》这部小说均全文引用了这两篇表文。诸葛亮的历史形象和艺术形象在这两篇文章中交织在了一起。

我们常说的《出师表》出现在小说第九十一回“伐中原武侯上表”。表文的前半部分，他先陈出师之意，再对后主殷殷教诲：“诚宜开张圣听”“亲贤臣，远小人”“宫中府中，俱为一体，陟罚臧否，不宜异同”。刘备死时，嘱咐儿子对待诸葛亮亮要“以父视之”，因此刘禅称呼诸葛亮为“相父”。诸葛亮一生的矛盾尴尬全在“相”和“父”这两种身份上。文章前几段要么嘱咐，要么举贤，没有半点征求意见的意思。可能诸葛亮自己都没有察觉到自己内心的声音：我早已替你决定好了，难道我的意思不就是你的意思吗？再有，北伐中原不是我们理所应当要去做的事情吗？他似乎从来没有想过，这也许只是他和一部分人的想法。因为他，陷入了自己的情感逻辑中。所以，在这篇表文的中央，出现了这样一段奇怪的、抒情性极强的段落——

> **臣本布衣，躬耕于南阳，苟全性命于乱世，不求闻达于诸侯。先帝不以臣卑鄙，猥自枉屈，三顾臣于草庐之中，咨臣以当世之事，由是感激，遂许先帝以驱驰。**（729页，下同）

这一段揭示了孔明出山的原因。“由是”把他出山的原因写得很明白。“感激”古义是“感动、奋发”之意，是说他不再做卧龙冈春睡的闲散人，而是要陪伴先帝积极建功立业。要特别注意“驱驰”这个词，两个字都是马字旁，驱赶、奔驰，“**遂许先帝以驱驰**”原意是给你当牛做马，再延伸一点就是“我答应你，任由你派遣、使唤”。

> **后值倾覆，受任于败军之际，奉命于危难之间：尔来二十有一年矣。**

学生阅读作业　　张静娱　绘

“倾覆”指的是曹操占领荆州后，绞杀刘备。“败军之际”和“危难之间”却不仅仅指这一次，而是很多次。困于当阳之际，诸葛亮出使东吴，凭一张嘴请动孙权十万雄兵。马超大战葭萌关之时，诸葛亮欲亲自前去说服他来降。要知道吕布之后，马超堪称当世第一勇夫，又正值痛失全家，脾气爆裂。他见了后来的使者李恢第一句话就是“**吾匣中宝剑新磨**”。这虽是第六十五回一个不起眼的情节，却足见诸葛亮之不顾个人安危，一心为主。后来，又是在他的辅佐之下，刘备集团打下了荆州、益州，称王称帝。一句“尔来二十有一年矣”，隐含的是君臣二人在多年战斗中结下的深厚友谊。

先帝知臣谨慎，故临崩寄臣以大事也。受命以来，夙夜忧虑，恐托付不效，以伤先帝之明，故五月渡泸，深入不毛。

这两句话说的是诸葛亮人生的另一个动力：白帝托孤。小说第八十五回写道：

先主泣曰：“君才十倍曹丕，必能安邦定国，终定大事。若嗣子可辅则辅之，如其不才，君可自为成都之主。”孔明听毕，汗流遍体，手足失措，泣拜于地曰：“臣安敢不竭股肱之力，尽忠贞之节，继之以死乎！”言讫，叩头流血。（676页）

第一句话“君才十倍曹丕”是刘备对诸葛亮之智的高度评价，“安邦定国”是他的第一层嘱咐，“终定大事”是他最深的期许、未竟的梦想。先说这句话有一个原因，就是猇亭一战，刘备说自己“**智识浅陋，不纳丞相之言，自取其败**”。因此他对诸葛亮的智慧是怀着崇拜的。《出师表》中的“**恐托付不效，以伤先帝之明**”，指的就是如果不能“终定大事”，怕辜负了先帝对我的高度评价。

第二句托孤之语，千百年来为人争论，有人认为刘备施恩其外，威吓其内；也有人认为他以真情换诸葛亮的倾心相待。从回应来看，两种效果都达到了。

那么“先帝知臣谨慎”的“谨慎”怎么理解呢？在今天，这个词的词意偏重于“小心”，但在古代汉语中，这两个单字还含有郑重、恭敬、周密、真诚的意思。“谨慎”体现在诸葛亮身上，就是“**夙夜忧叹，恐托付不效**”。

有两个人特别了解诸葛亮的个性，都是他的敌人。一个是贾诩。在小说第八十五回，所有人都觉得刘备死后是进攻蜀国的大好时机，只有他劝曹丕“**刘备虽亡，必托孤于诸葛亮。亮感备知遇之恩，必倾心竭力，扶持嗣主。陛下不可仓卒伐之**”（678页）。

一个是司马懿。小说第一百三回，诸葛亮派使者送来了女人衣服，欲激怒司马懿。司马懿反而重待来使，**问曰：“孔明寝食及事之烦简若何？”使者曰：“丞相夙兴夜寐，罚二十以上皆亲览焉。所啖之食，日不过数升。”懿顾谓诸将曰：“孔明食少事烦，其能久乎？”**（829页，下同）使者回五丈原后，如此转述，**孔明叹曰：“彼深知我也！”**

聪慧如孔明，真的不知道他这样做不是长久之计吗？

主簿杨颙（yóng）**谏曰：“某见丞相常自校簿书，窃以为不必**。簿书，指的就是一般的文书。丞相而自校簿书，相当于校长而亲自起草家长信，董事长而亲自写公司宣传单。**夫为治有体，上下不可相侵。譬之治家之道，必使仆执耕，婢典爨**（cuàn）**，私业无旷，所求皆足，其家主从容自在，高枕饮食而已**。这句话以治家做比，说的是具体的工作由具体的人负责，做主人的从容自在才是最高境界。**若皆身亲其事，将形疲神困，终无一成。岂其智之不如婢仆哉？失为家主之道也**。此句从反面立意，说的是如果主人把力气都花在种田做饭这些事情上，弄得身体和精神俱乏，那他就什么都做不成了，还不如仆人聪明。**是故古人称：坐而论道，谓之三公；作而行之，谓之士大夫。昔丙吉忧牛喘，而不问横道死人；陈平不知钱谷之数，曰：'自有主者。'** 这是说做"三公"这样的大领导的人需要做的是把握理论方向。丙吉与陈平这两句用的是典故，二人都是丞相，与诸葛亮位置相当。我们讲讲陈平的典故。皇帝问陈平："全国一年判决多少案件，收多少钱粮啊？"他回答："您可以问主管部门。丞相只主管群臣，不管这些事。"**今丞相亲理细事，汗流终日，岂不劳乎？司马懿之言，真至言也。**"作为结尾的这句话，有心疼、劝诫、疑惑，更有担忧。道理越是浅白，愈是衬出孔明的"执"。**孔明泣曰："吾非不知。但受先帝托孤之重，惟恐他人不似我尽心也！"**（829—830页）

明知是一种执念，却每次读到此句都不能不深深感动。"事必躬亲"并不是刘备让他做的，但诸葛亮却要做的比他托付的还要尽心。出自《后出师表》的"鞠躬尽瘁，死而后已"，这八个字的确成了诸葛亮后半生的写照。"鞠躬"原意概指弯着腰亲自做某事，非常有画面感，在词语中引申为"小心谨慎的样子"；瘁，意为过度劳累，疾病；"已"指停止。整个词语是指勤勤恳恳，竭尽心力，不辞劳苦、疾病，到死为止。长期以来，存在着这篇表文为伪作的说法，但"鞠躬尽瘁，死而后已"这个词语却已流传甚广，大概没有什么比它更能概括诸葛亮的忠心，更能概括这一类人了。

杜甫《蜀相》一诗有这样四句：**三顾频烦天下计，两朝开济老臣心。出师未捷身先死，长使英雄泪满襟。**英雄之泪为何而洒？由蜀汉来统一中国一定会好吗？当然不是。人们所叹惋甚至愿意成全的其实是诸葛亮内心深处对刘备的承诺。为什么无论是小说人物还是历史人物，诸葛亮都能打动那么多的人？因为他回答了一个人应该如何对待托付的问题，而且给出了最深沉的答案。人性的闪光总是能在任何时代照进人们的内心。

那怎么理解诸葛亮的六出祁山呢?

小说中呈现了两种观点，一个是诸葛亮在《后出师表》中所说的“**不伐贼，王业亦亡。惟坐而待亡，孰与伐之?**”（774页）。为什么“不伐贼，王业亦亡”？根据小说和史书可以推断出这样几条理由：其一，蜀汉政权是军事殖民政权，在荆、益二州缺乏根基，孟获七反就是其中的例子。其二，蜀汉政权内部并不平静。早先追随先帝的“五虎上将”已经尽皆陨落。此时的政治势力主要由当地人士组成，比如马谡、谯周、费祎、董允，他们更倾向于“蜀人治蜀”，“定鼎中原”的政治理想不仅丧失了号召力，而且有被稀释、被同化的倾向。其三，天下三分中的另两家，特别是魏，从来没有停止过吞并蜀国的想法。与其坐以待毙，不如主动进攻。

那诸葛亮自己相信北伐会成功吗?《后出师表》的最后一句是“**至于成败利钝，非臣之明所能逆睹也**”（775页），这就使诸葛亮的北伐带着一点“明知不可为而为之”的悲壮色彩。

小说中还呈现了对于北伐的另一种观点，认为此举是逆天而行。我们读这段小说：**班部中太史谯周出奏曰：“臣夜观天象，北方旺气正盛，星曜倍明，未可图也。”乃顾孔明曰：“丞相深明天文，何故强为?”孔明曰：“天道变易不常，岂可拘执?”**（730页）又是“夜观天象”，也许乍一听即觉得是封建迷信。其实历史上的谯周是四川本地学者之首，确实颇通天文。谯周看到蜀汉经常对魏国用兵，百姓因此凋瘁，与主战派展开激烈论争，写下《仇国论》一文力陈北伐之弊。不仅如此，在邓艾逼近成都之时，他还力排众议，劝后主投降。这件事也被写在了《三国演义》中。站在狭隘的地方主义观点看，谯周不啻卖主求荣；但是站在另一个角度看，他使百姓免遭兵患，蜀地在全国统一的背景下平稳繁荣；而他个人，当朝廷下令不许奔诸葛丞相之丧时，他第一个赶赴；当司马昭几次召他入朝为相时，他都上书婉拒。我想，小说中写到谯周这个人物，表示蜀汉政权内部的一种声音："北定中原"早已是不切实际的梦想。所以后期姜维坚持北伐时，将军廖化不支持他，丞相费祎也竭力压制。小说第一百十五回"托屯田姜维避祸"虽然把召回姜维归结为宦官黄皓进谗言，但其时朝中主和派的不支持才是主要原因。

后主刘禅对待诸葛亮南定蛮夷、六伐中原的态度又是什么呢？小说写得很委婉：一会儿说丞相太劳累了，不要出帅了吧；一会儿又说现在三分天下不是挺好，相父何不安享太平？史书《三国志》的记载却残酷了很多：诸葛亮去世之后，朝廷下令禁止祭祀；后迫不得已才设立公祭处。这鲜明地表现了后主对诸葛亮的不满。这些情节小说中自然不会出现，因为《三国演义》这本书着力赞颂的正是诸葛亮的尽忠与执着，甚至在后期把他写成了一个悲剧英雄。

此时侍奉的是后主，却每言必提先帝；"定鼎中原"的理想早已失去了现实的土壤，却每强而进兵。在后主和主和派的眼里，大概诸葛亮的"报恩之举"成了刻舟求剑的不合时宜，诸葛亮的"执着"也成了将他人裹挟进自我梦想的"偏执"吧。历史上，魏文帝曹丕就曾派人到蜀国散布言论，说诸葛亮专权北伐，给蜀人带来了战争的痛苦；在日本，六出祁山的诸葛亮则被视为西西弗斯式的悲剧英雄，得万民追念。

"智慧"与"自负"、"尽忠"与"偏执"一体两面地存在于诸葛亮身上。小说家本欲将他写成神，却使他遇到了人的烦恼，也在烦恼中折射出了人性的光辉。也许在故事的结尾，我们应该放上一段京剧《空城计》悠扬的唱词："我本是卧龙岗散淡的人……先帝爷下南阳御驾三请……"

思辨读写

趣味作图：

阅读《诸葛氏集》中“作木牛流马法”条目，不妨亲自动手画图，体会诸葛亮的实干精神和巧思。

木牛者，方腹曲头（《御览》作小头），**一尾四足，头入领中，舌著于腹。载多而行，少则否，宜可大用，不可小使；特行者数十里，群行者二十里也。曲者为牛头，双者为牛脚，横者为牛领，转者为牛足，覆者为牛背，方者为牛腹，垂者为牛舌，曲者为牛肋，刻者为牛齿，立者为牛角，细者为牛鞅，摄者为牛鞦秋轴。牛仰双辕，人行六尺，牛行四步。载一岁粮，日行二十里，而人不大劳。流马尺寸之数，肋长三尺五寸，广三寸，厚二寸二分，左右同。前轴孔分墨去头四寸，径中二寸。前脚孔分墨二寸，去前轴孔四寸五分，广一寸。前杠孔去前脚孔分墨二寸七分，孔长二寸，广一寸。后轴孔去前杠分墨一尺五分，大小与前同。后脚孔分墨去后轴孔三寸五分，大小与前同。后杠孔去后脚孔分墨二寸七分，后载克去后杠孔分墨四寸五分。前杠长一尺八寸，广二寸，厚一寸五分。后杠与等板方囊二枚，厚八分，长二尺七寸，高一尺六寸五分，广一尺六寸，每枚受米二斛三斗。从上杠孔去肋下七寸，前后同。上杠孔去下杠孔分墨一尺三寸，孔长一寸五分，广七分，八孔同。前后四脚广二寸，厚一寸五分。形制如象，靬干长四寸，径面四寸三分。孔径中三脚杠长二尺一寸，广一寸五分，厚一寸四分，同杠耳。**

写作加油站：

在诸葛亮与司马懿之间，流传着一个谚语：“死诸葛能走生仲达。”诸葛亮死后，秘不发丧，雕成自己的坐像。司马懿撞见，一时之间还以为自己中了他的奸计，吓得奔逃五十余里，直到被手下人扯住马停下来，还惊魂未定地用手摸头说：“我有头否？”这个故事后来流传成一个谚语：“死诸葛能走生仲达。”“我有头否”显然是一个夸张的写法。张飞喝断长坂坡一出中，小说写道：“曹操骤马望西而走，冠簪尽落，披发奔逃。张辽、许褚赶上，扯住辔环。”这也是夸张的写法。你不妨在自己的创作中，尝试夸张这种手法。

阅读加油站：

阅读杜甫《蜀相》一诗，回答问题：

丞相祠堂何处寻？锦官城外柏森森。映阶碧草自春色，隔叶黄鹂空好音。

三顾频烦天下计，两朝开济老臣心。出师未捷身先死，长使英雄泪满襟。

对“长使英雄泪满襟”一句怎么理解？

答：____

参考答案：

这一句中有杜甫为诸葛亮的忠心未就而遗憾，也有隐隐的惺惺相惜之情，表达自己报国之志壮志未酬的遗憾。

魏文帝曹丕几次想收服东吴均未获成功，不禁感叹：“魏虽有武士千群，无所用之。江南人物如此，未可图也！”江南人物有怎样的精彩，令人望而却步呢？

第十五讲

东吴群像

江南人物如此

阅读导引

阅读回目：

第二、六、七、十五、二十九、三十八、五十三、六十七、六十八、七十五、七十六、七十七、八十三、八十六回

阅读指导：

我国江南地区，经过东吴集团的几代经营，才逐渐在中国文化上占据一席之地。《三国演义》对东吴集团的描写不多，散见各处，较为集中的是在赤壁之战和猇亭之战中。以人物为纲，便于我们在纷繁的战争中把握人物的精神脉络。阅读时，可以突破章节束缚，按照人物的所作所为进行联结阅读，还要读出细节，以把握人物风貌，比如濡须口一战，孙权从高处冲到“垓心”，也就是在平地上救属下徐盛。

阅读支持：

1. 指囷相赠：指着谷仓里的粮食，表示要捐赠给他人，形容慷慨资助朋友。《三国演义》中鲁肃曾如此救济周瑜。

2. 曲有误，周郎顾：出自《三国志·吴志·周瑜传》，周瑜听人演奏的时候，即使多喝了几杯酒，有些醉意了，如果演奏稍有一点儿错误，也一定瞒不过他的耳朵。

3. 士别三日，当刮目相看：比喻即使多日不见，别人已有进步，即不能再用老眼光去看人。

三国时代东吴名将吕蒙，原只是孙策旗下小兵，后得孙权重用，屡建战功，但孙权告诫他：必须学习，才能鉴往知来，进一步出谋划策。吕蒙

因此开始勤念经书武略，后来斗败关羽。原本轻视吕蒙的鲁肃，也才惊呼他已非吴下阿蒙。

在《三国演义》这本小说中，东吴一方着墨并不多，高光时刻集中在赤壁之战与猇亭之战，更多时处于陪衬地位。最令人叫屈的江东才俊周瑜，在历史上英姿勃发、儒雅风流，《三国演义》为了突出诸葛亮的才智，强化戏剧冲突，将周瑜写成了狭隘之徒，三气而亡，发出“既生瑜何生亮”的感慨。豪气到“指囷相赠”的大都督鲁肃，也在荆州事件上被捉弄成了愚钝的“烂好人”。

但正如周瑜有蒋干盗书，甘宁有百骑劫魏营一样，在这部小说中，江东人物也留下了大大小小的闪光片段，值得我们回味、向往。

一、孙坚与孙策

孙家父亲孙坚，陈寿为他作传，传名与众不同，曰《孙破虏讨逆传》，意为彰显其“讨逆”之不朽功业。孙坚效力剿灭了黄巾之乱后，闻曹操倡义兵，前来响应，而且主动请缨为前部。当董卓弃洛阳奔长安时，又是孙坚驱兵先入。我们读小说：

且说孙坚飞奔洛阳，遥望火焰冲天，黑烟铺地，二三百里，并无鸡犬人烟；坚先发兵救灭了火，令众诸侯各于荒地上屯住军马。“飞奔”一词可见孙坚心系洛阳城安危，后文又详写他收拾宫殿残余，掩闭被盗陵寝，祭祀汉家先祖。

> **孙坚救灭宫中馀火，屯兵城内，设帐于建章殿基上。坚令军士扫除宫殿瓦砾。凡董卓所掘陵寝，尽皆掩闭，于太庙基上草创殿屋三间，请众诸侯立列圣神位，宰太牢祀之。祭毕，皆散。坚归寨中，是夜星月交辉，乃按剑露坐，仰观天文，见紫微垣中白气漫漫。坚叹曰：“帝星不明，贼臣乱国，万民涂炭，京城一空！”言讫，不觉泪下。**（49页）

注意“**祭毕，皆散**”，却只有孙坚夜不能寐，“**按剑露坐**”，天上星河灿烂都能让他触景伤怀，可谓无时无刻不心念国家和人民。想到“**帝星不明，贼臣乱国，万民涂炭，京城一空**”竟然“**不觉泪下**”。勇士落泪，直似菩萨低眉。这就是柔情汉子、爱国英雄孙坚。

其子孙策，字伯符，其英武极肖其父，连对手袁术都尝叹曰：“**使术**

有子如孙郎，死复何恨！”（123页）对他的叙述集中在第十五回“太史慈酣斗小霸王 孙伯符大战严白虎”。在这一回中，**他一霎时挟死一将，喝死一将，自此人皆呼孙策为“小霸王”**（127页），一声“孙郎在此”就能使众军尽弃枪刀，伏拜于地。

这二人皆以勇武著称，比如第二回写孙坚和玄德一起攻打黄巾寇贼赵弘的城池：**孙坚首先登城，斩贼二十馀人，贼众奔溃。赵弘飞马突槊，直取孙坚。坚从城上飞身夺弘槊，刺弘下马，却骑弘马，飞身往来杀贼。**（12页）想那“从城上飞身夺弘槊”，宛如盖世英雄身展绝技；再看小说写孙策，严白虎之弟严舆拔剑起身，“**策飞剑砍之，应声而倒**”（129页），这样的“飞剑功”不啻为武林高手。可惜二人皆不得善终。

孙坚被刘表击杀，寿止三十七。死因有三：一是贪婪，他为传国玉玺所诱，引出刘表之兵。《三国演义》的情节排列很有意思，刚写完孙坚为国家而流泪，紧接着就是意外获得传国玉玺，此情节似是对其忠心的褒奖，却很快转变成考验。孙坚显然没有经受住，他私藏此宝，却发誓“**异日不得善终，死于刀箭之下**”（50页），接着这个毒誓就应验了。二是狭隘，孙坚之弟孙静曾劝他“**海内大乱，各霸一方，江东方稍宁。以一小恨而起重兵，非所宜也**”（59页，下同）。而孙坚则认为：“**吾将纵横天下，有仇岂可不报呢！**”也就是说孙坚的境界还停留在“有仇不报非君子”，而不是“侠之大者，为国为民”。三是自负，“吾将纵横天下”的意思就是我天下无敌，正是抱着这样的认识，他一个人，大胆地走入了敌人的圈套。

孙策与周瑜结为昆仲，力聘张昭、张纮二张，又收太史慈，聚蒋钦、周泰、虞翻一众，正是在他的经营之下，江东基业初步建立起来。可惜他和父亲有着相似的缺点，郭嘉曾这样点评：“**轻而无备，性急少谋，乃匹夫之勇耳，他日必死于小人之手。**”（237页）小人，指小人物。孙策后来为许贡门客刺杀，又被术士于吉所弄，寿止二十六岁，比他的父亲还少活十一年。

临死前，他取印绶与孙权曰：“**若举江东之众，决机于两阵之间，与天下争衡，卿不如我；举贤任能，使各尽力以保江东，我不如卿。卿宜念父兄创业之艰难，善自图之！**”（240页）这句话特别鲜明地指出了他和孙权各自的优缺点。在小说中，我们没有读到过孙权“亲冒矢石”这样的描述，但是他与臣下的故事却令人印象深刻。

二、孙权

孙权待人，有时用气度。他年少继大事，常被父兄老臣训斥，却能够从谏如流。

比如在第五十三回，张辽专搦孙权决战，他毫不犹豫地绰枪自战。结果为了救他，折了宋谦，孙权放声大哭。

> **长史张纮曰：“主公恃盛壮之气，轻视大敌，三军之众，莫不寒心。即使斩将搴旗，威振疆埸，亦偏将之任，非主公所宜也。愿抑贲、育之勇，怀王霸之计。且今日宋谦死于锋镝之下，皆主公轻敌之故。今后切宜保重。”权曰：“是孤之过也，从今当改之。”**（425—426页）

孙权待人，更用情至深。我们读读小说第六十八回，东吴与魏军正面作战——

> **孙权在濡须坞中，听得曹兵杀到江边，亲自与周泰引军前来助战。正见徐盛在李典军中搅做一团厮杀，便麾军杀入接应。却**

学生阅读作业　　　　贾齐家　绘

被张辽、徐晃两枝军，把孙权困在垓心。（550页，下同）

“濡须坞”位于龟山上，它和七宝山两山夹一水，在不远处汇入长江。坞，关隘。这段话说的是孙权本来在有堡垒和天险保护的指挥所中，见到军情危急，自己的属下徐盛被困，亲自前去接应。“把孙权困在垓心”，“垓”的意思是平地，就是说孙权完全将自己置于险境中。再读下一段：

却说周泰从军中杀出，到江边，不见了孙权，勒回马，从外又杀入阵中，问本部军：“主公何在？”军人以手指兵马厚处，曰：“主公被围甚急！”周泰挺身杀入，寻见孙权。泰曰：“主公可随泰杀出。”于是泰在前，权在后，奋力冲突。这一次，“泰在前，权在后”。**泰到江边，回头又不见孙权，乃复翻身杀入围中，又寻见孙权。权曰：“弓弩齐发，不能得出，如何？”泰曰：“主公在前，某在后，可以出围。”孙权乃纵马前行。周泰左右遮护，身被数枪，箭透重铠，救得孙权。**

这一次，孙权在前，周泰在后。这一段小说，用笔甚简，特别注意闪回、重复，以此突出周泰的义无反顾。

> **到江边，吕蒙引一枝水军前来接应下船。权曰：“吾亏周泰三番冲杀，得脱重围。但徐盛在垓心，如何得脱？”周泰曰：“吾再救去。”遂轮枪复翻身杀入重围之中，救出徐盛。**

这是周泰为主公分忧，也是主公待徐盛的情谊。正是这个人，当孙权降魏受九锡时，在车后大哭：“**吾等不能奋身舍命，为主并魏吞蜀，乃令主公受人封爵，不亦辱乎！**”（651页，下同）引得魏国使者叹曰：“**江东将相如此，终非久在人下者也！**”也正是他，在小说第八十六回，吴魏再度对战时一把火差点烧死魏主曹丕。这是徐盛报答主公孙权的方式。

先说回孙权和周泰的故事。早在他尚未继大事之时，二人一起守宣城，忽被山贼四面围杀。正是周泰抱孙权上马，杀条血路逃生。这一仗周泰身被十二枪，金疮发作，命在旦夕，幸得华佗救治。刚才我们讲到的濡须一战后，孙权感周泰救护之功，设宴款之。来读这段小说：

> 权亲自把盏，抚其背，泪流满面，曰："卿两番相救，不惜性命，被枪数十，肤如刻画，孤亦何心不待卿以骨肉之恩、委卿以兵马之重乎！卿乃孤之功臣，孤当与卿共荣辱、同休戚也。"言罢，令周泰解衣与众将观之：皮肉肌肤，如同刀剜，盘根遍体。孙权手指其痕，一一问之，周泰具言战斗被伤之状，一处伤令吃一觥酒。是日，周泰大醉。权以青罗伞赐之，令出入张盖，以为显耀。（551页）

刘关张三人的同患难共荣华是小说的艺术创作，但孙权与周泰的君臣之情却是载于史书之上。这是他作为领导人的用情。

再举甘宁和凌统事件，看他是如何用智慧与气度处理二人关系的。

甘宁效力于黄祖之时曾杀死孙权手下大将凌操。孙权面对他的归降却说出这样一番话来：**"兴霸来此，大获我心，岂有记恨之理？请无怀疑。愿教我以破黄祖之策。"**（315页）后来黄祖果真兵败将亡。庆功宴上，却有座上一人大哭而起，拔剑在手，直取甘宁，原来是凌操之子凌统。权连忙劝住，谓统曰：**"兴霸射死卿父，彼时各为其主，不容不尽力。今既为一家人，岂可复理旧仇？万事皆看吾面。"**（318页）解劝不行，孙权即日就将甘宁外调往夏口镇守，以避凌统。与张辽对战时，凌统被乐进射中坐骑，紧要关头只听得弓弦响处，一箭射中乐进面门，翻身落马。谁射的？小说暂时没写，只等孙权来说：**"放箭救你者，甘宁也。"**（549页）自此二人结为生死，再不为恶。处理有矛盾的臣子，多让人看到对方的好，这就是孙权的智慧。

还有时，他待人，靠眼光，用信任。决定与刘备联合抗击曹操后，孙权对周瑜说：“**卿前军倘不如意，便还就孤。孤当亲与操贼决战，更无他疑。**”（362页）决定启用年轻的陆逊后，他毫不动摇，面对长久的相持阶段，人皆上书言其懦夫，独他不信，在关键时刻大起吴兵前去接应。刘备伐吴，诸葛瑾出使蜀汉，张昭疑其倒戈。**孙权曰：“孤与子瑜，有生死不易之盟，孤不负子瑜，子瑜亦不负孤。昔子瑜在柴桑时，孔明来吴，孤欲使子瑜留之。子瑜曰：‘弟已事玄德，义无二心。弟之不留，犹瑾之不往。’其言足贯神明。今日岂肯降蜀乎？孤与子瑜可谓神交，非外言所得间也。”正言间，忽报诸葛瑾回。**（650页）人皆赞叹诸葛亮与刘备的君臣际遇，其实其兄诸葛瑾与孙权之间的情谊何尝不同样感人？

在小说中我们看到更多的是孙权“举贤任能”这一面，其实虽然孙权勇不及父兄，却也有他自己的英雄气概。

在苏轼的《江城子·密州出猎》中有这样一句话：“**为报倾城随太守，亲射虎，看孙郎。**”这里的孙郎指的就是孙权。据《三国志》记载，孙权曾骑马射虎，还多次以此为乐，吓得张昭屡次进谏。小说没有采纳这段情节，却虚构了其他情节，让他与三分天下的另两位都有交集。比如在第五十四回，与刘备在驻马坡上扬鞭大笑。再如第六十一回，濡须口之战相持阶段给曹操写信，威胁他要是不退兵将复有赤壁之祸。还在信的背面加了一行小字：“**足下不死，孤不得安。**”（496页）曹操与孙坚同龄，是他的父辈，又是他的劲敌，孙权无惧无畏，英雄之气丝毫不输。怪不得他能够将父兄基业治理得如此之好，连曹操也不禁感叹：“生子当如孙仲谋！”

三、甘宁

在《三国演义》这本小说中，有这样一位游侠，他不仅武艺高强，而且颇通书史；他为江洋大盗，爱美爱酷，腰悬铜铃，以华美的西川锦作帆幔，时人称为“锦帆贼”；他浪子回头，报效一主，至死方休。这个人就是甘宁甘兴霸，在小说第三十八回出场。

当时黄祖军战船数十艘，以大锁连横水面，每船设强弓硬弩千余张，箭如疾雨。甘宁对吴军将领董袭曰：**“事已至此，不得不进。”**（316页）遂亲自率领敢死队深入敌营，砍开连锁，飞上战船，擒杀敌军首领。至此，黄祖兵败。在第六十七回，攻打皖城时，他和吕蒙再度合作，又是他作为敢死队急先锋。请想象对面一座高高的城池，城池上弓箭和石头齐发，要从云梯爬上去，打倒敌人，这个危险多高，难度多大，他做的正是这件事。**“甘宁手执铁链，冒矢石而上。朱光**（敌守将）**令弓弩手齐射，甘宁拨开箭林，一链打倒朱光。吕蒙亲自擂鼓。士卒皆一拥而上，乱刀砍死朱光，馀众多降，得了皖城，方才辰时。”**（545页）这里是写甘宁之勇。

英姿如此，却还不是甘宁人生中最辉煌的时刻，且看第六十八回“甘宁百骑劫魏营”。话说曹操起四十万大军前来救合肥。孙权问谁敢当先破敌，挫其锐气。凌统曰三千，甘宁却言百骑。凌统先去，与张辽斗了个平手，孙权犹恐有失，派吕蒙接应回来。这是小说铺垫的艺术，三千人尚且如此，区区百骑又如何呢？甘宁却信心满满地说：**“若折了一人一骑，也不算功。”**（548页，下同）他是怎么做到的？我们读小说。

第一步，壮行。**甘宁回到营中，教一百人皆列坐，先将银碗斟酒，自吃两碗，乃语百人曰：“今夜奉命劫寨，请诸公各满饮一觞，努力向前。”众人闻言，面面相觑。甘宁见众人有难色，乃拔剑在手，怒叱曰：“我为**

上将，且不惜命；汝等何得迟疑！”众人见甘宁作色，皆起拜曰：“愿效死力。”读这段的时候，有没有一种感觉？甘宁特别适合做特种兵的教练。

第二步，约号与突击。**甘宁将酒肉与百人共饮食尽，约至二更时候，取白鹅翎一百根，插于盔上为号，都披甲上马，飞奔曹操寨边，拔开鹿角，大喊一声，杀入寨中，径奔中军来杀曹操。原来中军人马，以车仗伏路穿连，围得铁桶相似，不能得进。甘宁只将百骑，左冲右突，曹兵惊慌，正不知敌兵多少，自相扰乱。那甘宁百骑，在营内纵横驰骤，逢着便杀，各营鼓噪，举火如星，喊声大震。甘宁从寨之南门杀出，无人敢当。**（548—549页）这叫以轻骑克重旅。读这段的时候，能不能想象甘宁当“锦帆贼”时的情景？**甘宁引百骑到寨，不折一人一骑。至营门，令百人皆击鼓吹笛，口称：“万岁！”欢声大震。**（549页，下同）在这本写满了战争的残酷与权谋的小说中，什么时候有过这么欢乐的气氛？劲敌曹操被狠狠地戏弄了。怪不得孙权要携着甘宁手曰：“**将军此去，足使老贼惊骇。非孤相舍，正欲观卿胆耳！**”还忍不住对众将曰：“**孟德有张辽，孤有甘兴霸，足以相敌也。**”同样是智、勇、胆兼备，比起张辽，甘宁的气质更飞扬，更有一种来自江湖的俏皮，要是评选三国中最浪漫的将领，非他莫属。

四、吕蒙

常常与甘宁搭档的是吕蒙。中国人有一句俗语叫“士别三日，当刮目相看”，说的就是吕蒙。早先的他单以勇力著称，后经孙权劝学，迅速成长，连鲁肃都大为惊讶，称他“非复吴下阿蒙”。荆州是孙权心头一大块垒，早先由鲁肃建议借与刘备，几番不还，周瑜定计以权妹孙尚香嫁之，却最终“陪了夫人又折兵”。正是吕蒙为他除了这块心病。对于这个故事小说有一个好听的回目名称，叫“吕子明白衣渡江”，很有画面感，轻盈曼妙彰显计策之奇。说的是吕蒙见荆州守备森严，托疾辞职，使他人卑辞赞美关公，以骄其心，待他放松警惕，派先遣军着白衣扮作商人，不知不觉袭了守军，夺了荆州。

故事梗概很容易理解，除此之外，还有几个容易被忽略的细节体现了吕蒙作为大将的智慧。

其一，袭荆州之前，孙权本想令其弟孙皎与吕蒙同去，蒙有这样一番话：**“主公若以蒙可用则独用蒙，若以叔明可用则独用叔明。岂不闻昔日周瑜、程普为左右都督，事虽决于瑜，然普自以旧臣而居瑜下，颇不相睦，后因见瑜之才，方始敬服？今蒙之才不及瑜，而叔明之亲胜于普，恐未必能相济也。”**（604—605页）孙权乃大悟。这是吕蒙的明智，也是他的自信。主副将不和，不独他举的例子，前有于禁、庞德不和，致使关羽水淹七军；后有马谡不听王平，失了街亭。

其二，治军严谨。俗话说得城易守城难，夺取荆州后吕蒙尤其注意这一点，他传令军中：**“如有妄杀一人，妄取民间一物者，定按军法。”**（605页，下同）如曹操的马入麦田一样，他也遇到了一件棘手事。**一日大雨，蒙上马引数骑点看四门。忽见一人取民间箬笠以盖铠甲，蒙喝左右执下问之，乃蒙之乡人也。蒙曰：“汝虽系我同乡，但吾号令已出，汝故犯之，当按军法。”其人泣告曰：“其恐雨湿官铠，故取遮盖，非为私用。乞将军念同乡之情！”**一来有同乡之谊，二来非为私用；情有可原，怎么办？**蒙曰：“吾固知汝为覆官铠，然终是不应取民间之物。”叱左右推下斩之。枭首传示毕，然后收其尸首，泣而葬之。自是三军震肃。**（605—606页）吕蒙的做法是省略其他，只看事情的本质和影响，犹如诸葛亮挥泪斩马谡一样，他也将个人感情放在了第二位，“三军震肃”正是他想要的结果。

其三，收买人心。吕蒙刚才的做法不仅是约束三军之举，更是做给荆州城的百姓看的。除了不打扰，他还使出了更多笼络人心的做法：**凡荆州诸郡，有随关公出征将士之家，不许吴兵搅扰，按月给与粮米；有患病者，遣医治疗。将士之家，感其恩惠，安堵不动。忽报关公使至，吕蒙出郭迎接入城，以宾礼相待。……于是随征将士之家，皆来问信，有附家书者，有口传音信者，皆言家门无恙，衣食不缺。**（610—611页，下同）关公闻之却大怒：“**此奸贼之计也！**”（611页，下同）这是将其置于四面楚歌之境。在战争的紧要关头，**关公遥望四山之上，皆是荆州土兵，呼兄唤弟，觅子寻爷，喊声不住，军心尽变，皆应声而去。**这叫兵不血刃。收买人心是刘备惯用的做法，关羽恃其威名、美名，不屑为此，反被其害。

孙权对荆州一事高度评价，甚至将吕蒙置于鲁肃、周瑜之上：“**今子明设计定谋，立取荆州，胜子敬、周郎多矣！**”（618页）

五、陆逊

陆逊，早在袭荆州一事上二人就已经开始合作了。吕蒙见关公荆州守备有法，托疾在家，点破他心事的人正是陆逊；为吕蒙出主意，让他就此辞职，以轻关公之心的也是他。早先赤壁之战，周瑜也曾托病在床被诸葛亮点破。小说这样写，固然是套路，也是将陆逊和诸葛亮并举的意思。吕蒙向孙权推荐他时这样评价：“**陆逊意思深长，而未有远名**”。（604页）“意思深长”很快就在夷陵一战上应验了。

小说第八十三回“守江口书生拜大将”，这一回可以与第三十九回写诸葛亮的“博望坡军师初用兵”对读，二人都很年轻，甚至外貌也像：**身长八尺，面如美玉**。（661页）《三国演义》这类古典小说在用语上的确有些程式化，比如写帅哥，写儒将都这八个字，但也起到了别样的艺术效果，就是将二人同类化处理。二人都自知年轻，不足以服众，请主公示以威严。吴王孙权在此事上表现出了超人的果决，不仅取所佩之剑，赐予陆逊，允许他“先斩后奏”，更命人连夜筑坛，大会百官，拜其为大都督。

孔明上任即逢荆州变乱，陆逊领兵之时刘备已经连胜十余阵，手下所领韩当、周泰、丁奉年龄皆是其父辈，功劳资历皆远在其上。火烧七百里连营只是结果，问题的重点是如何能诱刘备自取其败。小说写这个过程，重点以他人的嘲笑、不信任反衬陆逊的忍辱负重。

先是周泰建议救孙权之侄，（陆）**逊曰：“吾素知孙安东深得军心，必能坚守，不必救之。待吾破蜀后，彼自出矣。”众皆暗笑而退**。（662页，下同）众人见其危时，陆逊却能见其安。

再是韩当发难：我们都是身经百战，出生入死的勇士，今天吴王命令您当大都督，您不早定计谋打败刘备，只是令我们一味坚守，难道是等着老天来杀贼吗？我们都不是贪生怕死的人，怎么能使我们这样失了锐气？接下来是众将皆言：**“吾等情愿决一死战！”**陆逊的反应我们援引原文——**陆逊听毕，掣剑在手，厉声曰：“仆虽一介书生，今蒙主上托以重任者，以吾有尺寸可取，能忍辱负重故也。汝等只各守隘口，牢把险要，不许妄动。如违令者皆斩！”众皆愤愤而退**。小说这一回的回目叫“守江口书生拜大将”，注意“书生”和“大将”这两个词语带来的反差效果，“掣剑”“厉声”有大将风采，“忍辱负重”见书生之意思深长。此处对比，是以匹夫之勇反衬陆逊的深谋远虑。

如此自春历夏，终于等来了刘备的移师茂林，结营连寨。而后，就是大家熟悉的火烧七百里连营。这回小说，不直接夸陆逊，借魏主曹丕的预言，借诸葛亮的叹息，再借刘备的后悔夸之。“忍辱负重”是胆识、自信，更是智慧。这就是东吴的一代英才陆逊，他后期统领吴国军政二十余年，是当之无愧的“社稷之臣”。

记得在小说第八十六回，徐盛以芦苇为木偶，一夜之间如天兵落于城郭，惊得曹丕叹曰：“**魏虽有武士千群，无所用之。江南人物如此，未可图也！**”（688页）这是借曹丕之口，对这片土地的英才予以了高度褒奖。《三国演义》最后一回是三分归晋，吴主孙皓虽然是酷君，丢了江山社稷，但在投降时却不堕江南人物风采，非后主刘禅的“乐不思蜀”可比。

> **皓登殿稽首以见晋帝。帝赐座曰：“朕设此座以待卿久矣。”皓对曰：“臣于南方，亦设此座以待陛下。”帝大笑。**（955页）

“滚滚长江东逝水，浪花淘尽英雄。是非成败转头空。青山依旧在，几度夕阳红。”《三国演义》是星光灿烂的人物画廊，是一万座活生生的历史说书场。它留给我们的艺术财富和精神财富有如阳光一样取之不尽用之不竭，一样不朽，一样温暖人心照亮前路。

思辨读写

东吴故事会：

结合第七讲《赤壁之战：好戏连台》，从“蒋干盗书”“周瑜打黄盖”“吕子明白衣渡江”“火烧七百里连营”“甘宁百骑劫魏营”等经典故事中挑选一个，开一个东吴故事会，看谁讲得精彩。在准备故事的过程中，体会江南人物的特殊风貌。

写作加油站：

陆逊火烧七百里连营，致使蜀汉一方大败，刘备不久薨于白帝城。小说行文，不直接夸陆逊，借吕蒙的推荐，借魏主曹丕的预言，借诸葛亮的叹息，再借刘备的后悔夸之。吕蒙是前辈，曹丕是观望者，诸葛亮和刘备是敌人，不从自己的角度写起，从这三个角度写起，强有力地衬托出陆逊少年将军的智勇双全。在写作中，你也可以学习这种多面衬托的写法。

以陆逊的素材为原材料写一篇短篇小说。

阅读加油站：

1. 阅读辛弃疾的《南乡子·登京口北固亭有怀》，回答问题：

何处望神州？满眼风光北固楼。千古兴亡多少事？悠悠。不尽长江滚滚流。

年少万兜鍪，坐断东南战未休。天下英雄谁敌手？曹刘。生子当如孙仲谋。

“生子当如孙仲谋”体现了词人怎样的情感？

答：____

2. 孙策不信于吉，曹操不服董卓，读相关小说，想想这二人体现了怎样的精神？

3. 经过孙权劝学，吕蒙成长为吴国的大都督，白衣过江袭了荆州，致使关羽败走麦城。孙权可谓一位好领导。

在《三国演义》中，你觉得谁是好领导？谁是坏领导？请结合具体情节写出你的理由。

______

______

______

参考答案：

1. 曹操与孙权在濡须口大战，曹操远远地看见孙权舟船军队严明整肃，不禁脱口叹道："生子当如孙仲谋，刘景升儿子若豚犬耳！"此处用典，表现词人期待南宋朝廷也像孙权一样敢于抗争，不畏强权。

2. 3. 附一篇范文，供参考。

范文

三国里的好领导、坏领导

赵　冉

好领导的代表——曹操

虽然《三国演义》作者所持的是拥刘反曹的立场，但曹操的才能实在盖世，想否定都难。曹操的雄才大略一个很突出的表现就是他作为领导，非常有识才之德、容才之量和用才之能，尤其是他的用人不疑，让世人佩服。

就拿他对待关羽为例吧。第二十五回讲了，曹操对关羽擒而不杀，反而待为上宾，又是赏赤兔马，又是赏美女，上马金，下马银，还封他为汉亭侯，将近一年都不曾失去耐心。最后，关羽要走，他下令不准杀，还带人追赶上关羽，赠给他一件锦袍和一盘黄金，希望他能回心转意，投到他的帐下。

曹操可以说是对待关羽仁至义尽。为什么？原因就在于曹操深知关羽是一个大智大勇、大忠大义的良将，他欣赏他身上的那些美德，这叫英雄惜英雄。

曹操对待别的将领也是如此。

击败袁绍以后，不计前嫌，原谅营中所有和袁绍暗通款曲之人，他说："当绍之强，孤亦不能自保，况他人乎？"其实是曹操深有智慧，他很清楚，如果要清算和袁绍有来往的人，恐怕自己的手下有一半都保不住。何况当时敌强我弱，有些人不一定是勾结袁绍，可能只是给自己留条后路罢了。

正因为曹操有如此豁达的胸襟，他手下的众多名将像荀彧、荀攸、程昱、夏侯惇、夏侯渊等人都干得风生水起，甘愿为他效力。

坏领导的代表——袁绍

在用人方面，袁绍不仅任人唯亲，迷信门第、虚名，而且喜听谗言，偏听偏信，是非颠倒，善恶不辨，即使有人才也不懂使用。袁绍帐下，不乏才能一流的人，但由于他这个当领导的昏聩，造成内部不团结，小人得志，良将遭斥。比如田丰、许攸都是他手下忠心耿耿的谋士，却都没有好下场。

看看他是怎么对待田丰的。

破公孙瓒后，袁绍急于攻曹，第一谋士田丰认为，连年兴师动众，老百姓已经疲惫不堪，曹操兵虽少但能征善战，此时应该以逸待劳，不宜与曹操开战。田丰苦苦劝谏，袁绍不听，还把田丰关进监狱。

建安五年（200年），袁绍和曹操决战于官渡。袁绍带领冀、青、幽、并等州的人马七十多万，前往官渡，进攻许昌，田丰从狱中再次上书袁绍："现在应当静守，以待天时有利于我，不可随便兴兵，否则恐有不利的事情发生。"

田丰分析当时的情况，敏锐地看到袁绍兵虽多，但人心不齐，长途征讨，如果被破袭了粮草，局面是不堪设想的。可是袁绍骄横粗蛮，根本不听。田丰的对头逢纪又趁机进谗言说："主公征伐曹操，是仁义之举，田丰为什么要说这种不吉利的话呢？”袁绍大怒，想杀了田丰，众官苦苦哀求，方才作罢，他还愤恨不休地说：“等我破了曹操，再来治田丰的罪！”

袁绍对待许攸也基本是这个套路。他刚愎自用，对谋士许攸的计谋不但不采纳，反而污辱他。而曹操则礼贤下士，采纳了许攸的计谋，袭击袁军粮草基地乌巢，最后导致袁军大败。

由此，不难看出，袁绍的落败与他身为领导不会知人善用、缺乏凝聚力有很大关系。这不能不说是袁绍的悲哀，只可惜了他有那么好的出身和家世。

第二部分

陈寿、裴松之、罗贯中、毛宗岗，正是一代代知识分子以及无名艺人的薪火相传，才有了《三国演义》这部小说的诞生，才有了我们民族的文明、文化、精神气象、性格品质的传扬。

第十六讲

薪火相传

小说的前世今生——《三国演义》的诞生

阅读导引

阅读指导：

第一，本文希望帮助读者理清围绕《三国演义》的一系列文学常识：史书《三国志》，作者陈寿，三国时期蜀国人；裴松之，晋朝至南朝宋时人，为《三国志》作注，我们今天读到的一般都是《裴注三国志》；罗贯中，元末明初人，号湖海散人，《三国演义》作者；毛宗岗，明末清初人，《三国演义》重要的文学评论者。第二，在了解几位重要人物的同时，能够感受到正是一代代知识分子以及无名艺人的薪火相传，才有了《三国演义》这部小说的诞生，才有了我们民族的文明、文化、精神气象、性格品质的传扬。

在批评家毛宗岗心中，《三国演义》世罕匹敌，他用半是入理，半是任情的话称赞这部小说："**叙事之佳，直与《史记》仿佛，而叙事之难则倍之**"（10页）；《列国志》逐段各自成文，不相联属，《三国》一书以文脉贯穿胜之；一卷《汉相南征记》抵一部《西游记》，《三国》一书以虚实相生胜之；《水浒传》草莽英雄不若《三国》人才鼎盛，写来各各出色。"**吾谓才子书之目，宜以《三国演义》为第一**。"（11页）然这本被称为"天下第一"的书，却非一人一世之功，而是若干人物薪火相传，才有了它今天的面目。

《三国演义》全称《三国志通俗演义》，顾名思义，小说是根据《三国志》这本史书"演义"而来。如果说《三国演义》是一棵枝繁叶茂的大树，那么《三国志》则是这棵树的根系与主干；如果说《三国演义》是一条支流纵横的大河，那么《三国志》则是这条河流的源头。先来认识《三国志》的作者陈寿。

一、陈寿

陈寿是三国时期蜀国人，出生地在今天的四川南充。不过他无缘见到蜀地当时最有名的历史人物——诸葛亮。在他出生的第二年，诸葛亮就星落五丈原了。

他的前半生一直生活在刘禅的统治下，而且是没有诸葛亮的刘禅。青少年时代，陈寿做了两件有意义的事：一是好好学习，拜同郡人谯周为师，研习《尚书》《史记》《汉书》。谯周是当时蜀地的首席知识分子，精研六经，通晓天文。在《三国演义》中他有三劝：一劝刘璋投降刘备，二劝诸葛亮放弃北伐，三劝后主降晋。人或疑他与亮有私怨，诸葛亮死后朝廷禁止奔丧，唯他火速到达；人或疑他贪图富贵，其实他不就功名，所做一切都是为了顺时爱民。陈寿在谯周的影响下，能够客观地看待历史，评价诸雄。在《三国志》一书中并不存在“拥刘贬曹”的政治倾向。

陈寿做的第二件益事是当官：给大将军姜维做御用笔杆子。因为文书做得好，他被提拔去给皇帝做秘书。本来人生应该就此一片光明，可却因为得罪了一个人，从此官运夭折。这个人叫黄皓，就是那个兵临城下，还请巫师给皇帝跳大神的宦官。因为不肯像其他人一样屈服、贿赂黄皓，青年陈寿远离了政治中心，但这段经历已经足以使他嗅到蜀汉后期衰亡的味道，看到它必将覆灭的原因。

给陈寿的人生带来转机的是一股外部力量。司马懿之孙司马炎统一了全国，年号太康。此后十年，全国出现了短暂的繁荣，史称“太康之治”。

当时已经48岁的陈寿历经10年，终于完成了《三国志》。

放下这部书的成就我们稍后再论，特别令人震撼的是这本书的规模：《三国志》全书共65卷，36.7万字。这么多的字是在竹简上一个个写就的吗？如若是，岂非要用尽整座竹山！而写成的竹简又岂非"车载斗量"能够计数！公元105年，蔡伦改进了造纸术，我们无法推断陈寿时代纸张是否全面普及，他又将这部史书写在何处，总之，这种治史的精神、毅力，以及为时代为国家记事的责任感是分外动人的。今天我们能够了解三国这个精彩的时代，能够读到《三国演义》这本书，首先要感谢陈寿。假设那个时代有"感动中国"的评选活动，陈寿一定会位列其中。

特别需要补充说明的是：《三国志》是一本私撰历史，不是国家委派的。在没有人要求和支持的情况下，陈寿凭借士人的历史使命感，开启了这本书的写作历程。当时世上已有《魏书》《魏略》《吴书》可供参考，蜀国因为不设史官，资料缺乏。想必陈寿一定如司马迁一般，四处游历，采集传闻，这对金钱和精力来讲都是巨大的投入。国家没有拨专门的项目基金，陈寿的工作又因为种种原因时断时续，资金从何处来？我们不得而知，只能推之"艰难"二字。再者，没有国家给予的专权加身，著史所需要查阅的大量资料、档案，访问的若干人员，岂非都需要靠陈寿自己的私人关系、个人魅力、体力、智商？好在三分归晋后，陈寿被杜预推荐为治书侍御史，这份工作正是管理图籍文书，于他撰史，大有便利。看来我们在感谢陈寿之前，先要感谢杜预。这正是知识分子之间出于国家利益而进行的扶持。在陈寿去世后，皇帝派人到他家把这本史书抄录了下来。

《三国志》，志，记载之意。这本书是一本纪传体史书，完整记叙了自汉末至晋初近百年间中国由分裂走向统一的历史全貌，属断代史。所谓纪传体，是我国传统史书的一种体裁，以为人物立传的方式记叙史实。

皇帝的传记称“纪”，一般人的称“传”。这种方式始于汉代司马迁所著的《史记》。中国的官方正史“二十四史”及其他史书，都依照《史记》体例，以纪传体编纂而成，日本有的史书也是依此例写成。因为晋是承魏而来，所以《三国志》尊曹魏为正统。在《魏书》中为曹操写了本纪，而记刘备则为《先主传》，记孙权则称《吴主传》。至于司马懿，其后被尊为“司马宣王”，他的传记是放在《晋书》中的。(《晋书》是唐房玄龄等人合著，记载的历史上起三国时期司马懿早年，下至刘裕废晋帝自立，以宋代晋，读三国后期历史需要参照《晋书》。)《三国志》在我国享有崇高地位，与《史记》《汉书》《后汉书》并称“前四史”。

虽然这本书已经快四十万字了，但对于三国丰富的史实来讲，它依然显得简略了。比如写著名的“三顾茅庐”，就五个字：“凡三往乃见。”后世人读着不过瘾，就有一个人奉了皇帝的命令为这本书做注，使三国时期的史料得以更丰富地保留。《三国演义》中很多生动的情节就是来自于他的补充。他就是裴松之。

二、裴松之

裴松之，半生属晋朝，半生属南朝宋，身处改朝换代由乱而治的风云中；出身于士族大家庭，是一位典型的官二代和富二代。虽然如此，他的身上却没有丝毫的骄傲和娇气，从小就勤奋好学。裴松之八岁，相当于小学一、二年级时，就已经熟读了《论语》《诗经》等书。长大之后，很年轻的他就被后来的宋开国皇帝刘裕赏识，一路平步青云。在地方担任过父母官，给未来的皇子做过老师，还做校长主持中央大学国子监的工作；这份工作履历兼顾了学术研究、人才培养与一线从政。

当然，他做的对后世影响最大的一件事就是奉皇帝刘裕的命令注释《三国志》。为此，他收集了三国时期的原始材料多达一百五十多种以备参考，比如我们经常看到的《九州春秋》（司马彪撰）、《魏晋世语》（郭颁撰）、《江表传》（虞溥撰）、《吴书》（韦曜撰）、《典略》（鱼豢撰）等。由于博引各家原文，以至于裴注的文字数超过原文三倍！如此治学，令今天的我们汗颜。

卓绝的智识，实干的精神，历经乱世的切身体验，使裴松之注释《三国志》有料、有识，今人读《三国志》必读裴注，以注释之功几与作者并立。

概括来讲，裴松之注《三国志》重在两点：一为补阙，二为辨异。补阙之功，尤其不朽。首先是对重要事件和人物的补记。如曹操推行屯田一事，陈寿仅在《武帝纪》和《任峻传》中用50多个字略作记载，仅仅说明了"军国之饶，起于枣祗而成于峻"。而曹操在这一重大决策上有何认识与领导，推行中有何艰辛，推行后有何成效，陈寿则未作评叙。裴注以180字的篇幅阐明了以上问题，将屯田一事作为曹魏定国的重大国策看待，裴松之的杰出史识大略如此。这份补注无疑与史书一样"有资于治道"，甚至略胜一筹。其次，补记与重大事件和人物有关的重要文献，如曹操的《明志令》《举贤无拘品行令》，曹丕的《与吴质书》，李密的《陈情表》等均由裴注得以传世。曹操的《明志令》是世人理解他的重要钥匙，后来《三国演义》还将这篇文章安排在第五十六回"曹操大宴铜雀台"的情节中。再次，对能够反映三国时代人物风貌的奇闻趣事加以补记，比如曹操因"鸡肋"事件而杀杨修，比如曹丕惊艳于袁熙之妇甄宓美貌，比如郭嘉的"十胜十败"之说，《三国演义》太多精彩故事都是裴松之搜罗来的，如果没有裴注，我们甚至不能确定世间是否还有这本小说的存在。

裴注本一出，三分故事更为人们津津乐道：隋唐时期有了三国的木偶戏和话本，宋代时甚至出现了专门以说“三分”为业的艺人，到了元朝《全相三国志平话》、《三分事略》、五十一种三国杂剧都已出现。历史正在等待一个人集三国故事大成。那个人的名字叫罗贯中。

三、罗贯中

罗贯中，名罗本，号湖海散人。为什么历史选中了罗贯中来完成这部小说呢？大概有两个原因：

一是他自幼爱好文艺。罗贯中成长在单亲家庭中，幸运的是他的父亲非常慈爱、开明，不仅没有非要他继承父业从商，还支持他的文艺理想，送他到杭州慈溪读书。那时的杭州是全国的文艺中心，许多说话艺人在这里说书，许多文艺圈的名人——比如写出了《窦娥冤》的关汉卿——都先后搬迁到这里。罗贯中在这里与志同道合的编剧、小说家，甚至说书艺人为伍，乐不思蜀，念完了他个人的写作研修班。

二是他也在乱世做过谋士。元朝末年天下大乱，罗贯中跟随张士诚，在其手下做幕僚。他最大的功绩就是为张出谋划策打败了朱元璋的部下。但是张士诚这个人，先是起义反对元朝，再是归降，看到元朝气数将尽，又上演了称王的闹剧。

罗贯中自此对他失去了信心，返回老家太原。难怪罗贯中写政治斗争如此精彩生动，看来要归功于他的亲身经历了。

这两件事，第一件奠定了罗贯中的写作功底，也激发了他的创作灵感；第二件使一个优秀的写作者与创作内容发生了共振。于是在罗贯中50多岁，饱读诗书且饱经风霜后，这部不朽的小说《三国演义》诞生了。

由于罗贯中惊人的社会观察力和概括力，深厚的历史与文学涵养，他不仅继承了传统三国故事叙事上的长处，更使这些故事摆脱了单纯的娱乐和教化功能，具有了更深远的历史意义、哲学意义，庶几类似于司马迁所追求的“**究天人之际，通古今之变，成一家之言**”。举一例来说：民间流传的《三国志平话》用一梦来结构全书：西汉初年高祖刘邦残杀功臣，功臣们托生为三国诸侯，最终颠覆了汉王朝。这是民间因果报应的价值观，将救赎寄希望于超时空超能力，是无力的幻想。而小说家罗贯中从桓灵时期宦官祸国、黄巾起义写起，写到吴主、蜀主皆因中消亡国至此三分归晋。这就揭示了天下大势合久必分分久必合的历史宿命，并且探讨了治乱兴衰的原因。这是罗贯中的个人见识对《三国演义》的贡献。

在文学意义上，既往的三国人物非好即坏，性格单一，故事与故事之间呈现割裂状态；罗贯中发展了各类人物性格中的主导因素，也有意展现了其丰富性；以特定的情节，展现各路英雄的风采；又按照人物的核心性格提炼、安排情节；还在人物与人物、故事与故事的撞击中，反映三国的矛盾关系，人性的丰富多彩。这就是罗贯中的贡献，当然这一切也都是因为站在巨人的肩膀上。历朝历代民间艺人的参与，使这本小说既有民间气息——民间的审美趣味和价值观，又有知识分子的立场和见识。

四、毛宗岗

接下来出场的这个人物毛宗岗职业有点特殊，叫“文学批评家”。当然，这里所说的批评不是“指责”，而是“鉴赏和评价”。

文学批评家做的第一项工作就是批注。这就和今天读书写夹评一样。比如毛宗岗在第四十五回说：“**文有正衬与反衬。写鲁肃老实以衬孔明的乖巧，是反衬也。写周瑜乖巧以衬孔明为加倍乖巧，是正衬也。**”（355页）“乖巧”一词是古今异义，这个语境中可以简单地理解成“多谋”，甚至“投机取巧”。这一例，是他对小说技法的评价。除了增加旁批、每回之前的总评，毛宗岗还大胆修改了这部作品：增删内容，整顿回目，修正文辞，甚至改换诗文，这些都被他写入毛批本正文前《凡例》一文。我们现在流行的一百二十回本，普遍都是毛宗岗修订后的版本。

读毛宗岗批评本《三国演义》，时而为他的文采见识击节叫好，更仿佛隔着数百年想见到他读书时的激越与心跳。比如评“三顾茅庐”这一回，批注玄德望孔明之急：

> **玄德望孔明之急，闻水镜而以为孔明，见崔州平而以为孔明，见石广元、孟公威而以为孔明，见诸葛均、黄承彦而又以为孔明。正如永夜望曙者，见灯光而以为曙也，见月光而以为曙也，见星光而又以为曙也；又如旱夜望雨者，听风声而以为雨也，听泉声而以为雨也，听漏声而又以为雨也。《西厢》曲云：“风动竹声，只道金佩响；月移花影，疑是玉人来。”玄德求贤如渴之情，有类此者。**（287页）

可惜的是，对于毛宗岗其人其事我们知道的不多，只知道他生于明崇祯五年，是个贫寒卑微的读书人。但是他所评定的《三国演义》，我们今天仍在广泛阅读；他在《读<三国志>法》一文中阐释的小说创作技法，又使后世小说家、理论研究者广为受益。这一切足以使他名留青史。

另外，他还对《三国演义》做过一个重大增补，就是把《临江仙·滚滚长江东逝水》一词放在了全书的卷首。

这首词的作者大有来头：杨慎，状元及第，明代第一大才子。本来人生应该平步青云，后来却因为当廷给皇帝提意见，受了廷杖，谪戍云南，终老于斯。正是这样的非凡才华和坎坷的人生际遇使他写出了《临江仙》这首词。

滚滚长江东逝水，浪花淘尽英雄。是非成败转头空。青山依旧在，几度夕阳红。

白发渔樵江渚上，惯看秋月春风。一壶浊酒喜相逢。古今多少事，都付笑谈中。

上阙起首两句“滚滚长江东逝水，浪花淘尽英雄”。以时间的长流写英雄的不朽，紧接一句“是非成败转头空”却大破前言，诉说人生奋斗空虚，时光流逝唯青山永在。下阙人物出场，“渔樵”在古代是隐者的象征，用“白发”写饱经风霜，用“惯看”写波澜不惊。“一壶浊酒喜相逢”是谁和谁相逢？渔樵之间吗？有没有可能是词人杨慎和渔樵的相逢？有没有可能是杨慎假想自己历尽繁华之后归隐，又遇到了昔日的朋友？“古今多少事，都付笑谈中”苍凉有之，洒脱有之；是参透功名的虚无，也是举重若轻的笑纳。寥寥62个字，折射出了作者对人生价值的不断叩问和深刻沉思。

《三国演义》是一部讲述精彩故事的书，描述的是一群乱世中积极进取的英雄，将这样一首词放在开篇，以一持万，既是对“浪花淘尽英雄”的赞美，又是对“是非成败”的开解。此词一加，《三国演义》即不再是记录战争权谋的娱人耳目之书，而是历史之书、人生之书。这样的厚度，既是罗贯中给予的，又是杨慎通过自己的人生体验为这部小说进行的加冕。

陈寿、裴松之、罗贯中、毛宗岗，正是一代代知识分子以及无名艺人的薪火相传，才有了《三国演义》这部小说的诞生，才有了我们民族的文明、文化、精神气象、性格品质的传扬。读《三国演义》，要想见文字背后若干双托举的手、若干个肃立的人。有没有发现，这几个人全部生活在乱世？为什么他们更爱《三国演义》？他们又将怎样的个人情感投注到这部作品中呢？

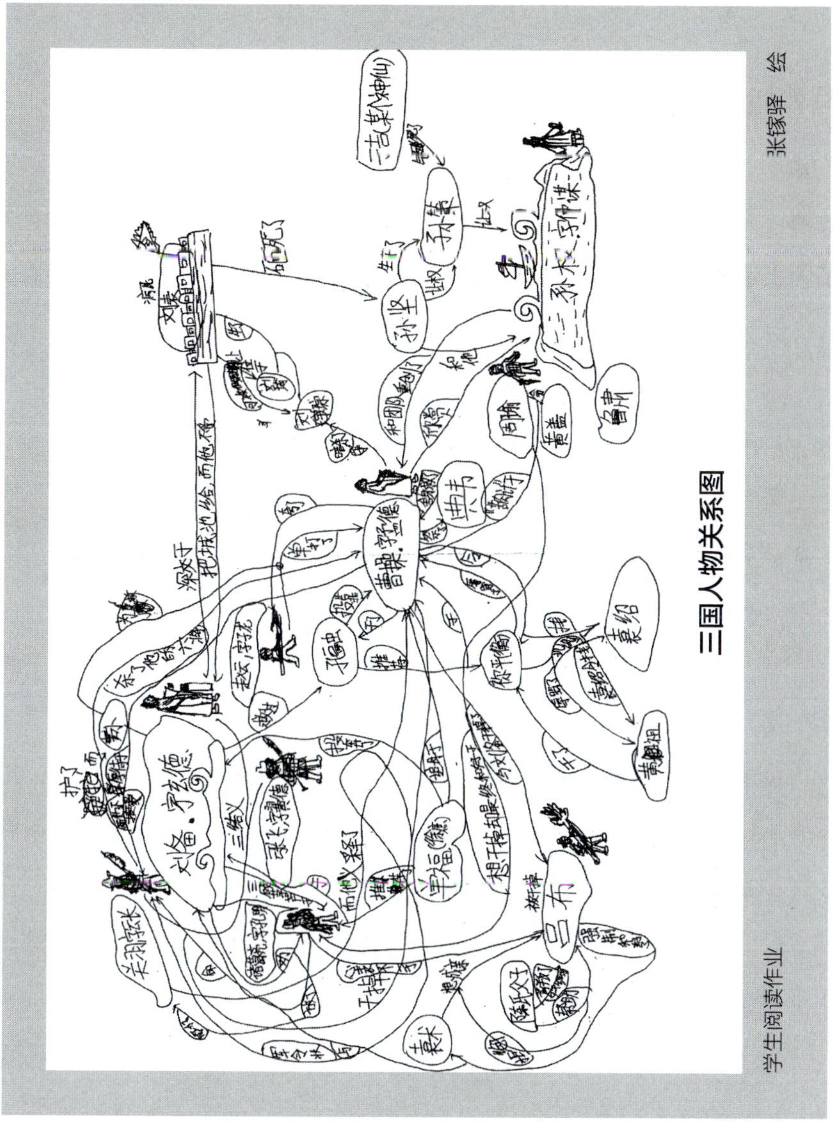

学生阅读作业 张镓驿 绘

思辨读写

观看纪录片

观看《国家宝藏》第三季《午门 · 前世传奇》(历史演绎小品),了解《三国演义》卷首词作者杨慎的生平。

写作加油站:

1. 毛宗岗将杨慎的《临江仙 · 滚滚长江东逝水》放在《三国演义》的卷首,极大地提升了小说的历史感、哲思感。你也可以试着在自己的作品前附上卷首词,提纲挈领地奠定文章基调,吸引读者阅读。

2. 欣赏毛宗岗评"三顾茅庐"这一回,尝试断句:

玄德望孔明之急闻水镜而以为孔明见崔州平而以为孔明见石广元孟公威而以为孔明见诸葛均黄承彦而又以为孔明正如永夜望曙者见灯光而以为曙也见月光而以为曙也见星光而又以为曙也又如旱夜望雨者听风声而以为雨也听泉声而以为雨也听漏声而又以为雨也

3. 下列选项中与下面这首词《临江仙 · 滚滚长江东逝水》属于同一词牌的是(　　)

滚滚长江东逝水,浪花淘尽英雄。是非成败转头空。青山依旧在,几度夕阳红。　白发渔樵江渚上,惯看秋月春风。一壶浊酒喜相逢。古今多少事,都付笑谈中。

A. 谋略敢欺诸葛亮,陈平岂敌才能。略施小计鬼神惊。名称吴学究,人号智多星。(施耐庵)

B. 千古江山,英雄无觅,孙仲谋处。舞榭歌台,风流总被雨打风吹

去。斜阳草树，寻常巷陌，人道寄奴曾住。想当年，金戈铁马，气吞万里如虎。（辛弃疾）

C. 昨夜因看蜀志，笑曹操孙权刘备。用尽机关，徒劳心力，只得三分天地。屈指细寻思，争如共、刘伶一醉？（范仲淹）

D. 往事越千年，魏武挥鞭，东临碣石有遗篇。萧瑟秋风今又是，换了人间。（毛泽东）

参考答案：

2. 玄德望孔明之急/闻水镜而以为孔明/见崔州平而以为孔明/见石广元/孟公威而以为孔明/见诸葛均/黄承彦而又以为孔明/正如永夜望曙者/见灯光而以为曙也/见月光而以为曙也/见星光而又以为曙也/又如旱夜望雨者/听风声而以为雨也/听泉声而以为雨也/听漏声而又以为雨也

3. A

所谓“意在笔先”，我们在惊叹《三国演义》的叙事之妙时，首先要了解作者的“意”在何处。小说为什么从“天下大势”写起？“拥刘贬曹”这个标签又有着怎样丰富的含义？

第十七讲

演义历史

小说的价值观如何把握——《三国演义》主题之辨

阅读导引

阅读回目：

第一、六十、六十四、七十八、八十四、八十五、九十回

阅读指导：

三国是一个特殊的历史时期，把握历史小说《三国演义》的主题思想，首先要从宏观上感受分合循环的历史观，把握主旋律“拥刘反曹”，再有就是在形形色色的人物（特别是小人物）身上感受乱世中兼容的价值观与人性中崇善的道德追求。这些小人物散见在小说的角角落落，但却如钻石的断面一样使这部小说呈现出绚烂的色彩。

在阅读一本大书时，我们除了关注主要人物，还要关注小人物，这才能使我们充分感受到名著的深邃。

阅读支持：

1.漆身吞炭：春秋时，晋国有个勇士名叫豫让，投靠在智伯门下，很受智伯的礼遇和重用。后来智伯被赵襄子所杀，豫让为给主公报仇，漆身吞炭，改变容貌和声音，连妻子都认不出自己。可惜刺杀还是失败了。赵襄子把豫让抓起来，说：“你舍生取义，确实令人尊敬。但这次我不能饶恕你了！”豫让说：“多谢赵公厚义，但我临死前请求你能把外袍脱下来，让我刺三剑，偿我为主复仇的意愿。我死而无怨了。”赵襄子见他这样忠诚，大为感动，便脱下外袍。豫让刺了赵襄子的外袍之后，自刎而亡。

《三国演义》是一本字数达64万的鸿篇巨制，不可能像随笔一样追随

灵感，林间散步信手拈来；需有大沉思，登高地，才能不畏浮云遮望眼，览众山而觉其小。文学研究者郭英德教授认为：作为一本演义历史的小说，小说家在叙写历史事件、塑造人物时，总是贯穿着特定的历史意识和价值观念，表现着他对社会、人生和生命的独特感知、感受和感性。所谓“意在笔先”，我们在惊叹《三国演义》的叙事之妙时，首先要了解作者的“意”在何处。

一、分合循环的王朝历史宿命

《三国志》一书分“魏书”“蜀书”“吴书”三部分，上不接东汉桓灵二帝，下不涉司马晋朝之事，小说家当从何处起笔，何处搁笔？截取本身就一定带有着鲜明的象征意蕴。罗贯中在结纂小说时上采《后汉书》，下采《晋书》，再参照司马光的《资治通鉴》，重新从历史的长河中截取了三国故事进行加工和表达。

《三国演义》开篇第一段：**话说天下大势，分久必合，合久必分。周末七国分争，并入于秦。及秦灭之后，楚、汉分争，又并入于汉。汉朝自高祖斩白蛇而起义，一统天下，后来光武中兴，传至献帝，遂分为三国。**（1页）这处少有的议论已经鲜明地点出了“天下大势”之机。推其致乱之由，殆始于桓、灵二帝宠信宦官。

这是“由果及因”，指出罪责。上有中涓之祸，下遂有黄巾之乱；继而引出曹操、刘备、孙家父子一干擎天英雄，其后有三国之事。小说行文至九十回，借由诸葛亮的《出师表》回扣开头：“**亲小人，远贤臣，此后汉所以倾颓也。先帝在时，每与臣论此事，未尝不叹息痛恨于桓、灵也。**”（729页）到小说结尾处，又有蜀主宠幸宦官黄皓，吴主孙皓宠幸中常侍岑昏而至亡国。

小说首尾呼应，追本穷源：这种结构的设定不仅表征了王朝兴衰循环的道理，而且揭示了一个王朝最终灭亡的种种原因，比如宦官和外戚败坏朝政，超越国家的个人权欲，结党营私，等等。

二、拥刘贬曹的价值取向

人们在评价《三国演义》时常用到“尊刘贬曹”这种说法，即以蜀汉为正统，以曹魏为僭国；以刘备为仁德贤君，以曹操为奸臣贼子。在小说中也的确存在这种倾向，第二十三回“祢正平裸衣骂贼 吉太医下毒遭刑”，二十四回“国贼行凶杀贵妃”，六十六回“伏皇后为国捐生”，六十九回“讨汉贼五臣死节”，所有对于曹操的反对小说都事无巨细、淋漓尽致地描写了出来。而刘备呢？事实上他入主西川，侵人州地，也在当时遭到了各种反对，也有人以中原曹操为英雄为正统，跑到魏地，这些遭到了刘备的血腥镇压，其事迹却不见诸小说，只存在于史册的缝隙中。这是放大曹操的残酷而规避刘备的残酷。为了美化刘备，小说不惜虚构了猎户刘安这一角色，讲他欲献野味而不得，杀妻供刘备尝鲜。

为什么会形成“拥刘贬曹”的倾向？

汉献帝于国没有寸功，曹操平定中原救民水火，为什么会有那么多人（也可能只是反对的人都悉数写出来了）飞蛾扑火也要反对他拥护献帝呢？董贵妃和伏皇后或许是出于一己私利，那么荀彧、崔琰这些士大夫呢？吉太医这种小人物呢？

历史学家吴晗在《奸雄与能臣》一文中有清晰的阐述：古人对国家的观念并不那么具体。比较具体的象征是皇帝，有了皇帝，也就有了政府，有了法制，也就会有统一的安定的局面，否则天下就会大乱。因此，“忠君”与“爱国”这两个词语总是连用的。要爱国就得忠君，不忠君也就是不爱国，皇帝没有了，也就失去了忠、爱的对象，也就失去了和平、统一、安定的秩序。至于皇帝是什么人，什么样子，那倒关系不大。重要的是要有一个统一的政府和法制。从秦始皇统一以来，二世残暴，统治时间短，秦亡，没有听说过有人要复秦的，但从汉朝起，情况不同了，刘姓王朝统治了几百年，维持了几百年和平、统一、安定的生活秩序。在这几百年中，在百姓中建立了这样一个信念，要生活安定，就得统一，要统一就得要有皇帝，而且只有刘姓的才算。所以曹操尽管在事实上推动了历史的进步，但是在观念上，人们还不能接受他。

人们厌恶曹操，这只是其中的一个原因；还有一个原因，就是他杀吕伯奢，杀孔融，杀皇后，虽然也称得上是“非常之时行非常之事”，但毕竟挑战了人们的道德底线，引起了人们的反感。

那为什么“拥刘”呢？首先是沾了他姓刘的光儿。刘备在政治上一直以继承汉鼎为自我定位，还给对手贴上了“名为汉相实为汉贼”的标签；因此曹操得多少唾液，他就得多少令名。只是后来，曹操固然不好处理与汉献帝的关系，刘备要维持定位，也遗命诸葛亮强而北伐，政治包袱也不小。至于“拥刘”的其他原因，自然还有礼贤下士，比如三顾茅庐；爱民如子，比如“携民过江”；这些都在本书“刘备”一文中提到，不复赘述。另外，刘备集团的关羽、诸葛亮也多为后世所推崇，出于这种集体效应，刘备的声名又高了一番。

关于“拥刘贬曹”，还有两点需要注意：

其一，毛宗岗强化了小说的这种倾向。我们今天读到的《三国演义》基本都是毛氏整理之后的版本。他批评陈寿的《三国志》以曹魏为正统，而明确肯定朱熹在《通鉴纲目》中尊蜀汉为正统的观念。在黄权降魏后有一首诗，写“**紫阳书法不轻饶**”，“紫阳”就指的是朱熹，“不轻饶”就是批评黄权背蜀。此一事可见朱熹的道德取向。看曹操刺杀董卓不成逃亡，又于路杀吕伯奢，毛宗岗感叹要是陈宫不收留他，伯奢果然报官，曹操就此身死，他该有多好的美名。至于刘备，他夺西川强取同宗刘璋基业，毛宗岗却援引徐州事件为他辩白，说不过是“因时而变”。另外，小说的回目名称经过毛氏修订整理，称曹操则“曹阿瞒”“国贼”“奸雄”；称刘备则“汉王”“先主”，这些都给人“拥刘贬曹”的鲜明印象。至于原因，则先有朱熹之教，再有明亡清兴之愤。

其实刘备也好，曹操也好，不过活成了后世的文化符号，不断被基于各种需要表达着。罗贯中大书“三顾茅庐”，讴歌刘备的礼贤下士，也是在元末动乱年代士人渴望被赏识的心声。明朝徐渭写《狂鼓吏》，虚构祢衡在阴间击鼓数说曹操的种种罪过，正是为了映射当朝严嵩的专权。所以“拥刘贬曹”不过是一时的情绪情感映射到了小说里。

第二点需要注意的是，虽然小说在主观上存在着“拥刘贬曹”，但客观效果又是另一回事。比如小说除了详细记载曹操做过的坏事，也不遗余力地记载了曹操做过的英雄事，甚至记载了他帮助蔡文姬，教育儿子，分香侍妾等等琐事；记载了他横槊赋诗的浪漫事儿，出迎许攸忘记穿鞋这样的性情事儿，为典韦而哭的真情事儿；还在结尾引一首长诗充满感情地赞颂他：“**文章有神霸有气，岂能苟尔化为群？**”（627页，下同）曹操，是小说家在《三国演义》中倾力最多塑造的人物，对于他的人格的丰富性充满了敬畏，“**书生轻议冢中人，冢中笑尔书生气！**”就是面对这个人物的谦卑。连毛宗岗这个铁杆的“拥刘派”，也在曹操喊出那句“宁使人负我，休教我负人”之后赞扬他的真性情，“**孟德不失为心口如一之小人**”，“**试问天下人，谁不有此心，谁复能开此口**”（24页）。至于刘备，小说虽然一力维护，在他借入荆州和益州时，还是借蔡瑁、王累之口，鲜明地指出他心术不正，待人不忠。

三、兼容的价值观与崇善的道德主题

三国乱世，局势多变，每个人都经常面临着选择，甚至选择之后的再选择。诸葛一门族兄弟三人，诸葛亮事蜀汉，诸葛瑾事东吴，诸葛诞事曹魏，这三人一生连同他们的子孙都忠贞不二，奉主不改。虽三国时有操戈，却通信不辍，情谊不断。除了这样的奇观，三国诸雄中，大部分都曾有过投降经历：刘备、关羽、法正、姜维、黄忠、张辽、张郃、甘宁、严颜……当然，还有一些人宁死不屈，引颈就戮，如庞德、张任。总之，动乱之中，叛逃、归降、死节、报仇都时有发生。三国时代，远承战国——诸侯并立有养士之风，近承汉代——四百年"独尊儒术"的伦理教化，价值观方面既存在着"良臣择主而事，良禽择木而栖"，"非但君择臣，臣亦择君"的实际想法；又存在着"士为知己者死""食君之禄，忠君之事"的道德坚守。形形色色的选择并存，才使得这本小说是一部人情大赏。

以黄权为例，这个人物早年从刘璋，后来降刘备，再降魏，且投降后分别得到了二主的赏识。这是为什么？他的经历或许能折射那个时代的价值观和道德观。

第六十回刘璋正议迎刘备入蜀，**一人自外突入，汗流满面，大叫曰："主公若听张松之言，则四十一州郡，已属他人矣！"**（482页，下同）"汗流满面"意为心中急切，"突入"意为顾不得礼节。其后黄权为刘璋分析刘备之长，迎其入川之险，又提出应对措施斩张松，绝刘备，闭境绝塞，以待时清。句句言中事情关键，连诸葛亮知道后都觉后怕。可惜刘璋昏庸，不用其言。后来刘璋欲出涪城亲迎刘备，黄权恐其一离巢穴，被人所害，**叩首流血，近前口衔璋衣而谏。璋大怒，扯衣而起。权不放，顿落门**

学生阅读作业　　张家祺　绘

牙两个。璋喝左右推出黄权。权大哭而归。这段描写真惊心动魄。小说中没提，在史书上还写到黄权因为此事被外放为县官。六十二回，玄德异心已露，黄权不顾两颗门牙之痛切，再次苦谏。用他自己的话说，这是食禄多年，不忍主公被害，“不忍”二字中满含情义。

那么刘备入主成都后对于黄权是什么态度呢？我们读小说六十五回：

玄德到公厅，升堂坐定。郡内诸官，皆拜于堂下，惟黄权、刘巴，闭门不出。众将忿怒，欲往杀之。玄德慌忙传令曰：“如有害此二人者，灭其三族！”玄德亲自登门，请二人出仕。二人感玄德恩礼，乃出。（528页）有人认为此举不独收二人心，正欲收众人之心；堪比曹操哭典韦——哭给众人看。世人往往乐于从权谋上去理解，其实这也是对于忠诚品格的一种赞扬与肯定。黄权是怎么回报刘备的尊重呢？在蜀吴战争的关键时刻，备欲尽驱水军深入吴境，黄权遂谏“**臣愿为前驱。陛下宜在后阵，庶万无一失**”（666页）。若不是黄权甘做肉盾，刘备在火烧七百里连营时很难全身而退，回到白帝。这才有了小说中刘备说：“**黄权被吴兵隔断在江北岸，欲归无路，不得已而降魏：是朕负权，非权负朕也。**”（673页，下同）不仅不罪其家属，而且仍给禄米以养之。后世的研究者也有人认为刘备的“是朕负权，非权负朕也”不仅指此次战略安排失误，还是反思自己接收西川集团后并没有予以重用，所以黄权虽然受封右将军，其后却鲜有露面机会。无论如何，刘备的宽容、罪己，都让人不能不想往三国时代，人心之豁达明亮。那么曹丕一方是怎么看待黄权的投降呢？小说八十五回记载了这件事：

却说黄权降魏，诸将引见曹丕，丕曰：“卿今降朕，欲追慕于陈、韩耶？”陈平、韩信选择刘邦是择明主而侍，有个人功业的考虑。曹丕提起二人，既有对黄权的抬举、看重，又暗含讥诮。要知道曹丕对于投降的人其实是刻薄的，看他把于禁投降的画面刻在武帝墓，令其守墓抑郁而亡，就知道他的手段。**权泣而奏曰："臣受蜀帝之恩，殊遇甚厚，令臣督诸军于江北，被陆逊绝断。臣归蜀无路，降吴不可，故来投陛下。败军之将，免死为幸，安敢追慕于古人耶！"丕大喜，遂拜黄权为镇南将军，权坚辞不受。**曹丕居然大喜！想来是黄权的真情、黄权的知恩图报打动了他。封为重职，是对他美好品格的褒奖。**忽近臣奏曰："有细作人自蜀中来，说蜀主将黄权家属尽皆诛戮。"权曰："臣与蜀主，推诚相信，知臣本心，必不肯杀臣之家小也。"丕然之。**结尾这小小的一笔更令人惊诧。黄权已经投降，却在新主面前不讳言与旧主相知之情，"丕然之"的"然之"意思是认为他说得对，暗含赞许的态度。历史记载，后来黄权的儿子尽忠蜀国，殁于国事。《三国演义》是一本写尽权谋的书，堪称官场教科书，曹丕与刘备更是个中高手。但是面对黄权，敌对的双方竟然都泛起了温柔，好像呵护着一束善良的火苗一样。其实不管是选择死节，还是转投新主，只要所作所为符合人性的善意，就是《三国演义》这本书所竭力弘扬的。

再来略看一下围绕西川易主事件，各个人物的人生选择。孟达，叛刘璋、叛刘备、再叛曹魏，都是只以自己的功业为上，这是投机钻营的表现。张松，卖主求荣，被其兄张肃告发，全家尽斩于市，这是道德失败者的下场。王累，倒悬于城门以命进谏，因刘璋不听，割断绳索而亡——这是死节的代表。谯周，一劝刘璋投降刘备，二劝武侯勿伐中原，三劝后主降晋——这是不拘主而顺应天意。李恢，伏阶劝谏，为刘璋拒听之后，知其必败，转投刘备，尽力于新主，冒着生命危险说服马超来降；老将严颜，先有力战保自家州郡，后被张飞、刘备感化，坦然接受新主，为其连收数郡——这是"良禽择木而栖"的代表；刘璝、泠苞、张任、邓贤、杨怀、高沛，用智用力，死战到底——这是食其禄忠其事的典范。

张任曾定计落凤坡前射杀了庞统，他的死尤令人感佩。来看小说六十四回：

玄德谓张任曰："蜀中诸将，望风而降，汝何不早投降？"张任睁目怒叫曰："忠臣岂肯事二主乎？"玄德曰："汝不识天时耳。降即免死。"任曰："今日便降，久后也不降！可速杀我！"玄德不忍杀之。张任厉声高骂。孔明命斩之以全其名。后人有诗赞曰："烈士岂甘从二主，张君忠勇死犹生。高明正似天边月，夜夜流光照雒城。"玄德感叹不已，令收其尸首，葬于金雁桥侧，以表其忠。（517页）

与西川易主事件相关的还有六十四回"杨阜借兵破马超"一事。韦康全家为马超所杀，门下参军杨阜为主公报仇心切，泪流出血，借兵姜叙，叙母置生死于度外，勉励二人早行忠义之事——"**汝若不听义山之言，吾当先死，以绝汝念**"（519页，下同）。同谋赵昂，其子正在马超军中，其妻亦勉夫早为君父报仇——"**君若顾子而不行，吾当先死矣！**"**阜宗弟七人，一齐来助战……阜身中五枪，犹然死战**。后来夏侯渊驱走马超，将杨阜来见曹操，操嘉之，卒与之爵。这几乎是《三国演义》中最鲜血淋漓的一段故事，让人想起二十九回许贡门客刺杀孙策事件，再遥想起战国时代漆身吞炭为主报仇的豫让。此是战国遗风不疑。

正如刘备葬张任于金雁桥侧，曹操赐爵于杨阜，《三国演义》中类似的情节很多，小说家每写到，都着力用笔：忠义、坦荡、视死如归这些美好品格穿越时空感动着我们，记录这些人物的风采、品行是这本小说极大的文化贡献，对美好人性的追求是《三国演义》永恒的道德主题。

思辨读写

写作加油站：

写一篇《黄权传》，思考黄权的每一次选择折射出来的三国价值观。

阅读加油站：

推荐阅读：吴晗《奸雄与能臣》。

从纪传体的《三国志》到故事体的《三国演义》，小说家经历了怎样的创作过程？试举一例，看看小说家在写作时如何先从纪传体中抽离出了故事，再依赖故事重塑了人物。

第十八讲

从纪传出发

小说家如何找到故事——《三国演义》剪裁之妙

阅读导引

阅读回目：

第十、十一回

阅读指导：

《三国志》是一本纪传体史书，以个人传记为主，同一件事散见在多人的传记中。要想还原成一个个故事，需要同时读多人传记，有时还需要根据主题，发挥想象力，进行删繁就简、移花接木，使故事更为紧凑、完整。有时又采择《搜神记》《世说新语》等书中的相关介绍，视需要编入故事，增加趣味性。阅读这一回，愿读者初步领略到历史小说的写作手法。

阅读支持：

1.《世说新语》:《世说新语》是南朝宋文学家刘义庆撰写的文言志人小说集，其内容主要是记载东汉后期到魏晋间一些名士的言行与轶事。

2.《搜神记》:《搜神记》是东晋史学家干宝著录的笔记体志怪小说集，其主角有鬼，也有妖怪和神仙，杂糅佛道，所记多为神灵怪异之事，也有一部分属于民间传说。

《三国演义》的全名为《三国志通俗演义》，《三国志》是史书，“通俗演义”指“小说化”。众所周知，《三国志》是一本纪传体史书，打开目录都是一个个人的名字，它是怎么变成一本以情节叙事为主要形式的小说呢？如何找到故事，是小说家要面临的一大难题。

耳熟能详的故事已经在数十代的流传中发展得比较成熟了，非著名的、琐碎的故事更能见出小说家的本领。我们试以第十一回“刘皇叔北海救孔融 吕温侯濮阳破曹操”为例，来试还原一下创作过程，或许会在材料的组织上带给我们一些有益的启发。

概括来讲，第十一回承袭上一回“报父仇曹操兴师”而来，话说曹操杀红了眼睛，陶谦欲自缚谢罪，帐下谋士打包票：“**某虽不才，愿施小策，教曹操死无葬身之地！**”（85页）。第十一回可以看作徐州事件余音。怎么写，当然要先读“演义”的母本《三国志》，搞清楚事件面目。纪传体史书以人物为纲，使得同一个事件分布在不同的人物传记中。

《三国志·陶谦传》对此事件的记载是：“**兴平元年，**（太祖）**复东征，略定琅邪、东海诸县。谦恐，欲走归丹杨。会张邈叛迎吕布，太祖还击布。是岁，谦病死。**”[①]“会张邈叛迎吕布”表明曹操最终放缓对陶谦的攻击原因在于吕布的偷袭。那么陶谦有没有“三让徐州”呢？

《三国志·先主传》对此事的记载是：“**曹公征徐州，徐州牧陶谦遣使告急于田楷，楷与先主俱救之。时先主自有兵千余人及幽州乌丸杂胡骑，又略得饥民数千人。既到，谦以丹杨兵四千益先主，先主遂去楷归谦。谦**

① 陈寿，《三国志》[M]，北京：中华书局，2006年，154页。

表先主为豫州刺史，屯小沛。”[①]这段话表明刘备早先兵微兵杂，依附青州田楷，后来得到了陶谦的兵力资助，改为依附陶谦。在徐州事件中，田楷本来与先主俱救之，但他后来却从事件中消失了。是否是他意识到了救助行为又危险又不划算而撤退了，改为观望了？历史没有写，小说把这种猜测移花接木安到了孔融身上，让孔融的犹豫反衬刘备的仗义。不知道刘备做了什么，只知道他最终得到了陶谦的信任，陶谦不仅给了刘备兵，还给他讨了官，分了地盘。根据《三国志·先主传》记载，陶谦确实在病重时对谋士糜芳说过：“**非刘备不能安此州也。**”[②]看来“三让徐州”虽然是对刘备的美化，但美化的基础是存在的。徐州事件确实是刘备人格魅力的一次胜利，也是三国时代任人唯贤的一个明证。在刘备谦辞徐州时，我们也在劝说的队伍中看到了孔融的身影，特别是他说的惊人之语——“**袁公路冢中枯骨何足介意**”[③]，由此可以侧面推之，徐州事件孔融一直也是参与的，那么为了小说线索更加集中，抛却田楷这个人物，直接把相关事情都放在孔融身上也具有合理性。

从曹操的角度看，《三国志·武帝纪》的记载是：“（陶）**谦将曹豹与刘备屯郯东，要太祖。**”[④]这段记载表明刘备确实参与了徐州保卫战，“要”在此处当通“邀”，是请战之意。“**太祖击破之，遂攻拔襄贲，所过多所残戮。会张邈与陈宫叛迎吕布，郡县皆应。荀彧、程昱保鄄城，范、东阿二县固守，太祖乃引军还。**”[⑤]“会”意为恰好遇到，也就是说吕布袭兖州是在太祖击破曹豹和刘备之后，不存在刘备一封信就退了曹操之兵的说法。

---

① 陈寿，《三国志》[M]，北京：中华书局，2006年，521页。

② 陈寿，《三国志》[M]，北京：中华书局，2006年，521页。

③ 陈寿，《三国志》[M]，北京：中华书局，2006年，521页。

④ 陈寿，《三国志》[M]，北京：中华书局，2006年，7页。

⑤ 陈寿，《三国志》[M]，北京：中华书局，2006年，7页。

再来从孔融的角度读史料，他是以不孝之罪被曹操下令斩首的，为晋朝所讳，故《三国志》不存孔融传，其事迹在《后汉书》中存录。**时，黄巾复来侵暴，融乃出屯都昌，为贼管亥所围。融逼急，乃遣东莱太史慈求救于平原相刘备。备惊曰："孔北海乃复知天下有刘备邪？"即遣兵三千救之，贼乃散走。**[①]看来孔融请刘备的原因是黄巾侵暴，跟徐州事件本身没有关系。

上文提到的东莱太史慈，后来归吴，传记在《三国志·吴书》中。太史慈年轻时为避祸走辽东，孔融虽然不认识他，但"**闻而奇之，数遣人讯问其母，并致饷遗**"[②]。孔融被黄巾军围剿时正值太史慈回来探母，他遂从母命，冒着危险帮助孔融向刘备求救。《三国演义》中这段故事几乎是《三国志》的白话版本。

材料读清楚后，我们看看小说家罗贯中是怎么组织材料的。

上一回说到某人进谏要让曹操死无葬身之地。我们都等着听计策呢，忽然开始说这个人叫糜竺，哪里哪里人，家里很有钱，是一个商人；后来怎样以德行感动了化身为美妇人的火德星君，避免了一场大火，从此散家财、济贫苦。毛宗岗批注道："**叙事到极急时，偏用一缓。**"[③]（75页）这段出现在《搜神记》里的灵异事件在这里使得《三国演义》写实、沉重的文风忽而清扬。罗贯中左手写历史演义，右手写神仙奇闻；一边严肃地在史书演义中注入自己的史学观念、道德信仰，一边轻快地对奇闻趣事津津乐道。这不仅是叙事宕开一笔，也是美学不同趣味的共存。当然，这里介绍糜竺，也是为了其后事迹张本。徐州事件之后，糜竺归刘备，从此他和其弟糜芳的名字就和蜀汉集团紧密联系在一起。前文介绍糜竺是富商，才有

---

① 范晔，《后汉书》[M]，北京：中华书局，1999年，1259页。

② 陈寿，《三国志》[M]，北京：中华书局，2006年，705页。

③ 罗贯中，毛宗岗，《毛宗岗批评本<三国演义>》[M]，长沙：岳麓书社，2015年，75页。

了后文刘备落难时他的倾力资助——送家奴两千，金银若干，还将自己的妹妹嫁给了刘备——就是后来为不拖累赵云和阿斗投井的糜夫人。

从糜竺写起，写到陶谦去求救兵，史书上只说去求救青州田楷，备在楷处。小说却改为一路求救田楷，一路求救孔融。然后放下田楷一端，只写孔融这一路。十万火急之中，又夹叙孔融谒名士李膺的一段童年往事，为后来这个人物与曹操的故事张本。本该出现在《世说新语》中的神童故事，又被罗贯中拿来做了闲文，延迟读者的阅读满足。

写到糜竺求救于孔融，“**正商议间，忽报黄巾贼党管亥部领群寇数万杀奔前来**”（87页）。这一来，接入“刘皇叔北海救孔融”一事。有此事，又先要插入孔融救济太史慈母一事。刘皇叔打败了围孔融的黄巾军，又去救徐州陶谦。这一移花接木之法，虽然完全抛弃了田楷，但使叙事完美聚拢在“徐州事件”上，和上文曹操血洗徐州联系得非常紧密。这是以“徐州”二字为绳，将琐碎事件完美串联起来。本来，刘备帮助孔融镇压黄巾军和他跟随田楷处帮助陶谦这两件事之间存在着时间差，他为何到了田楷处，史书上不载，去掉田楷后，这两件事紧密地连接在了一起，变现实时间为文学时间——这就是小说家的功力。

那么，刘备救陶谦，又怎么过渡到这一回的后半部分“吕温侯濮阳破曹操”呢？小说家再次在时间上做起了手脚。按照《武帝纪》，吕布偷袭，明明是在曹操击败了刘备之后，小说为了突出刘备的丰功伟业，让他给曹操写了一封信，劝他罢手，曹操正在气头上，却收到兖州有失的战报，只得听从郭嘉建议卖个人情给刘备，退军回老家。如此，徐州之局的化解全系玄德一人、一信，这才有了其后陶谦涕泪横流地对他说：“**君若舍我而去，我死不瞑目矣！**”（91页）“陶恭祖三让徐州”的理由就此充分，刘备的才名、声名、德名就此树立。这不仅在叙事上完美地转入吕布与曹操的

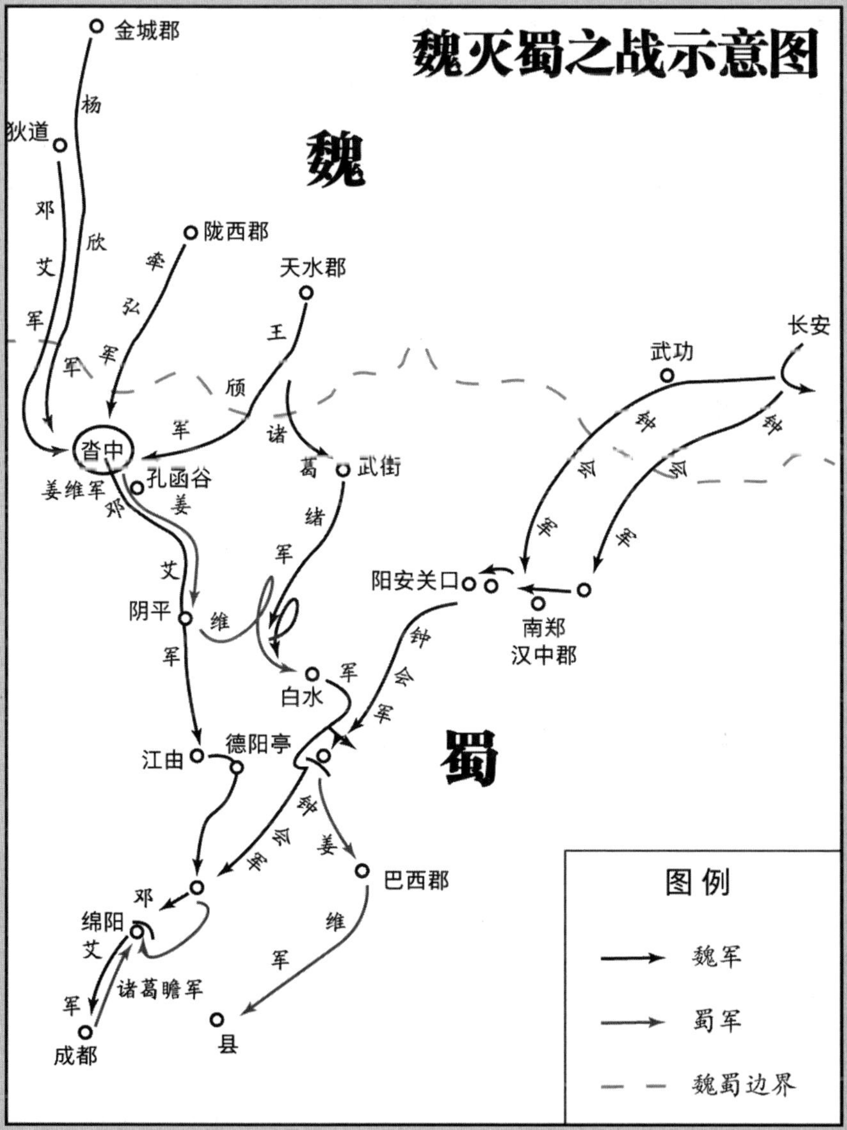
魏灭蜀之战示意图
魏
蜀
金城郡
杨欣军
狄道
邓艾军
陇西郡
天水郡
王颀军
沓中
孔函谷
姜维军
诸葛绪军
武街
长安
武功
钟会军
阳安关口
南郑
汉中郡
阴平
白水
江由
德阳亭
巴西郡
绵阳
诸葛瞻军
成都
县
图例
魏军
蜀军
魏蜀边界

魏灭蜀之战示意图

相争，更在主题上完成了对刘备这个人物的塑造。往前看，之所以将孔融作为串联人物，也是因为他求救刘备事件说明了刘备的“素有英名”。小说家在写作时先是从纪传体中抽离出了故事，再依赖故事重塑了人物。

毛宗岗评价这一回时说：“**本是陶谦求救，却弄出孔融求救；本是太史慈救孔融，却弄出刘玄德救孔融；本是孔融求玄德，却弄出陶谦求玄德；本是玄德退曹操，却弄出吕布退曹操。种种变幻，令人测摸不出。**”（74页）变化莫测又合情合理，正是对小说家高超叙事艺术的最高褒奖。

思辨读写

写作加油站：

闲笔，是指与正事无关的话，可以调整叙事节奏，丰富审美情趣，造成读者的延迟满足。正写到有人进谏让曹操死无葬身之地，忽然开始讲述糜竺以德行感动了化身为美妇人的火德星君，避免了一场大火，从此散家财、济贫苦。这就是一处闲笔，不仅调节了叙事节奏，也为糜竺、糜芳归刘备张本，也因为糜竺是富商，才有了后文刘备落难时他的倾力资助——送家奴两千，金银若干，还将自己的妹妹嫁给了刘备——就是后来为不拖累赵云和阿斗投井的糜夫人。你也可以在较长的习作中加入闲笔。

阅读加油站：

读《三国志 · 武帝纪》选段，解释加点词。

太祖击破之，遂攻拔襄贲，所过多所残戮。会张邈与陈宫叛迎吕布，郡县皆应。荀彧、程昱保鄄城，范、东阿二县固守，太祖乃引军还。

1. 郡县皆应：________________

2. 会张邈与陈宫叛迎吕布：________________

听听看，猜一猜：

听电视剧《三国》中的音乐，猜人物，想象一下历史事件或场景。

参考答案：

1. 响应　2. 恰逢

如何能够在人物众多、事件众多的历史时空中找到主干，编织副线，预设伏线，重置文学时空，是对小说家叙事能力的重大考验。来看罗贯中如何做到。

第十九讲

时空交错

小说家如何编织故事——《三国演义》叙事之巧

阅读导引

阅读回目：

第六十、六十三、七十一、七十二、七十六、七十七回

阅读指导：

《三国演义》是一本描述乱世的历史小说，如何能够在人物众多、事件众多的历史时空中找到主干，编织副线，预设伏线，重置文学时空，是对小说家叙事能力的重大考验。叙事方法大致分为正叙、倒叙、插叙，各法有各妙，间错行进可使叙事摇曳多姿。要想充分体会，可以在阅读原著的同时，读一些相关的文学评论。本文仅以一回“管中窥豹”带读者领略一下叙事的妙处。

阅读支持：

1. 卫青：中国西汉时期将领、外戚，杰出的军事家，民族英雄，一生七次出击匈奴，收取河南地，为汉武帝时期汉朝在汉匈战争中所取得的胜利做出巨大的贡献。汉武帝皇后卫子夫之弟、大司马骠骑将军霍去病之舅。

2. 霍去病：西汉名将、杰出军事家。十八岁为剽姚校尉，率领八百骑兵深入大漠，两次功冠全军，封冠军侯。十九岁时升任骠骑将军，指挥两次河西之战，歼灭和招降河西匈奴近十万人，俘匈奴祭天金人，直取祁连山。这是华夏政权第一次占领河西走廊，从此丝绸之路得以开辟。后与卫青率军深入漠北，消灭匈奴主力七万余人，封狼居胥山。

3. 刘封：在《三国演义》之中，刘封出场在第三十六回“玄德用计袭

樊城 元直走马荐诸葛”，其本为罗侯寇氏之子，但年少时便成了孤儿，被舅舅刘泌收养。刘备投奔荆州刘表后，在樊城刘泌家中见到了器宇轩昂的刘封，遂将其收为义子，改名刘封。关羽对于刘备收刘封为义子之事极为不满，为此反对道，“兄长既有子，何必用螟蛉？后必生乱”，也正因如此，造成了刘封与关羽之间关系的紧张。

三国，是乱世中的乱世，以乱世之典范、人才之繁盛为人们津津乐道。在同一时空中，中原、蜀汉、江南，甚而辽东、南方分别发生了什么，多线并进，如何能够在人物众多、事件众多的历史时空中找到主干，编织副线，预设伏线，重置文学时空，是对小说家叙事能力的重大考验。

《三国演义》叙事之妙早已为清人毛宗岗所察，著《读三国志法》一文详叙之。现代文艺理论，将叙事之法用正叙、倒叙、插叙等名之。小说第七十二回“诸葛亮智取汉中 曹阿瞒兵退斜谷”备诸法之妙，本文试以此为例品析、学习。

小说第六十七回“曹操平定汉中地”到第七十三回“玄德进位汉中王”凡七回，重点讲的是刘备集团从曹操手中夺取汉中的过程。

此卷前，毛宗岗写道：“**此卷叙事之法，有倒生在前者：其人将来，而必先有一语以启之，如操之夸黄须是也；有补叙在后者：其人既死，而举其未死之前追叙之，如操之恶杨修是也；有横间在中者：正叙此一事，而忽引他事以夹之，如两军交战之时，而杂以曹彰、杨修两人之生平是也。至于曹操之平代北，则因曹彰而及焉，曹丕之忌曹植，则又因杨修而及焉；其他正文之中，张、赵、马、魏、孟达、刘封诸将，或于彼忽伏，或于此忽现，参差断续，纵横出奇，令人心惊目眩。作者用笔，直与孔明用兵相去不远。**”（568页）

玄德义子刘封与曹操儿子黄须儿事，载于《三国志·任城威王彰传》裴松之引《魏略》的补注中。曹操的语言“**卖履小儿，常使假子拒敌！吾若唤黄须儿来，汝假子为肉泥矣！**”（597页）取自史书原文，人物风貌跃然纸上。其后的事实却是：“**曹彰晨夜进道，西到长安而太祖已还。**”[①]并不存在两个儿子的对阵。此时引入曹彰，插入黄须儿事，除为了体现毛宗岗所谓叙事的多样性以外，还有三妙：

一则千里伏脉之妙。七十八回曹操陨殁，曹彰提兵而来，后事如何？正因为七十二回先借曹操之口写彰之神勇、之有功业，才有了曹丕大惊，恐夺其权；正因为借曹操审问诸子志向，曹彰明言“**大丈夫当学卫青、霍去病，立功沙漠**”（582页），才有后文他甘愿去兵权臣曹丕，而不是兵戎相见。这不仅是情节的伏笔，更是性格的伏笔。由此可见小说家采撷史书材料的用心良苦。七十九回前有曹操之子黄须儿释兵权，后有刘备义子封因不救关羽之罪被斩。原因何在？小说家也早伏笔于此。曹操骂刘备没儿子，只能借假儿子上战场。在第七十六回，小说又借孟达劝刘封语再次强调了刘封这一身份的尴尬：“**将军以关公为叔，恐关公未必以将军为侄也。某闻汉中王初嗣将军之时，关公即不悦。后汉中王登位之后，欲立后嗣，问于孔明，孔明曰：‘此家事也，问关、张可矣。’汉中王遂遣人至荆州问关公，关公以将军乃螟蛉之子，不可僭立，劝汉中王远置将军于上庸山城之地，以杜后患。此事人人知之，将军岂反不知耶？何今日犹沾沾以叔侄之义，而欲冒险轻动乎？**”（612页）另外，这一回小说又因叙杨修言及曹丕、曹植之争，也应在七十九回。由此观之，七十九回“兄逼弟曹植赋诗 侄陷叔刘封伏法”与七十二回完美照应。这种写法被毛宗岗称为“**隔年下种、先时伏着之妙**”[②]（8页）。犹如善弈者下一闲着于数十着之前，而其应在数十着之后。譬如小说六十三回孔明托付云长守荆州之时，**云长曰：大丈夫既领重任，除死方休。孔明见云长说个“死”字，心中不悦。**

① 陈寿，《三国志》[M]，北京：中华书局，2006年，333页。

② 罗贯中，毛宗岗，《毛宗岗批评本<三国演义>》[M]，长沙：岳麓书社，2015年，8页。

（509页）后来，云长果然死在任上。第七十七回，孙权欲招降关羽，**主簿左咸曰："不可。昔曹操得此人时，封侯赐爵，三日一小宴，五日一大宴，上马一提金，下马一提银，如此恩礼，毕竟留之不住，听其斩关杀将而去，致使今日反为所逼，几欲迁都以避其锋。今主公既已擒之，若不即除，恐贻后患。"**（615页）权从其言杀之。看来关公之死早已在第二十六回挂印封金时埋下伏笔；同样，时隔二十五回之后华容道曹操之活也于此处埋下伏笔。第六十九回司马懿言"王必嗜酒性宽，不堪此任"，后在耿纪之乱中果然应验。"隔年下种"不仅在于情节的遥应，更在于对人情事理的启迪。

二则添丝补锦之妙。"**凡叙事之法，此篇所阙者补之于彼篇，上卷所多者匀之于下卷，不但使前文不拖沓，而亦使后文不寂寞；不但使前事无遗漏，而又使后事增渲染，此史家妙品也。**"（9页）应在这一回就是曹操平代北一事，方于此处补叙。再如诸葛亮求娶丑女黄氏为配本在未出草庐之前，却于一百十七回诸葛瞻死难时才道出。设若在武侯出山前先讲黄氏，则孔明的天机莫测变成了闺阁之语，神秘尽失。所谓插叙，是按照文学时间，于当叙时叙出。

三则人物大赏之妙。《三国演义》详写的文臣武将就有数十位，然时代人才之盛又远不是这几十位能够表现的，还有若干曹彰这样的人物，虽无大故事，却也给一个镜头，让人凭吊一个时代精神的强劲。写曹彰，也为了写曹操。刚写完他诛杀伏皇后，又写他为国为民深情戒子："**居家为父子，受事为君臣。法不徇情，尔宜深戒。**"（582页）刚写完曹操战场上节节败退，失瓦口隘、天荡山、汉中地；就写他在为人父上比刘备更有作为。这种立体交织塑造人物的方法使这本书不止是记载战争和权谋的小说。

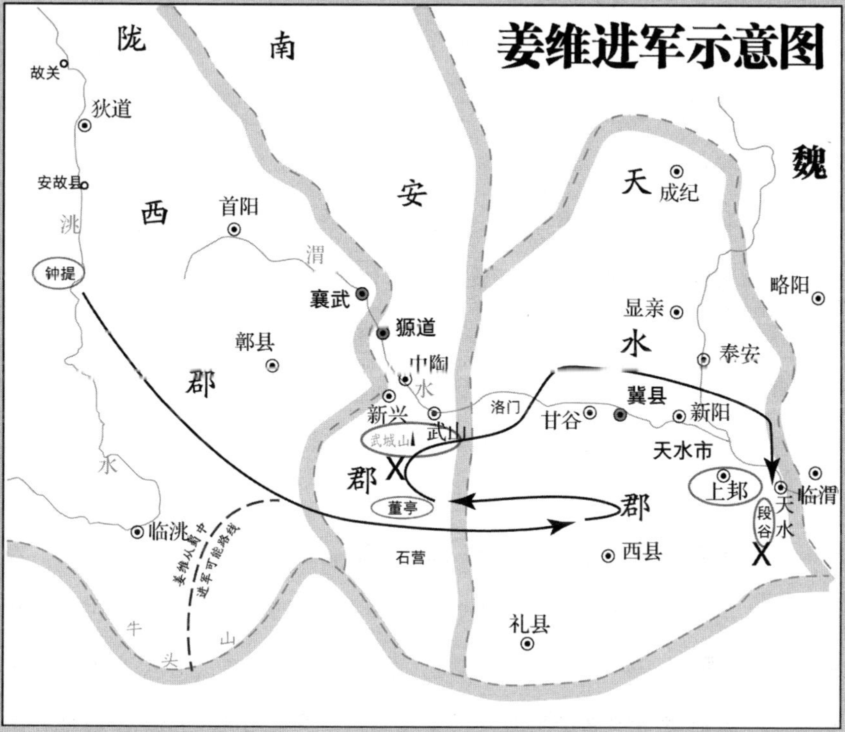
姜维进军示意图
陇
南
安
西
郡
天
水
郡
魏
故关
狄道
安故县
洮
水
首阳
渭
钟提
襄武
獂道
鄣县
中陶
水
新兴
武山
武城山
洛门
甘谷
冀县
新阳
天水市
成纪
显亲
略阳
秦安
上邽
临渭
天
水
段
谷
董亭
石营
西县
礼县
临洮
姜维从蜀中
进军可能路线
牛
头
山

姜维进军示意图

以上论黄须儿部分，再来看杨修，杨修在《三国志》中没有独立的传记，后来裴松之引鱼豢《典略》和《世语》将其事迹补注在《三国志·陈思王植传》中，显然史家认为他一生波澜皆与曹植相系。这段小说正是根据裴松之的补注改写的。

第七十二回重点写曹操在汉中战场上局势不利，心中烦忧：

> **操屯兵日久，欲要进兵，又被马超拒守，欲收兵回，又恐被蜀兵耻笑，心中犹豫不决。适庖官进鸡汤。操见碗中有鸡肋，因而有感于怀。正沉吟间，夏侯惇入帐，禀请夜间口号。操随口曰："鸡肋！鸡肋！"惇传令众官，都称"鸡肋"。**（582页）

此处写战争大势，竟以一碗鸡汤、一块鸡肋写起，这是举重若轻之笔。拔矢啖睛的武将夏侯惇只知其音，不晓其意，略无疑问，即以"鸡肋"二字作为夜间口号。此是反衬杨修的聪明。

行军主簿杨修，见传"鸡肋"二字，便教随行军士，各收拾行装，准备归程。有人报知夏侯惇，惇大惊，遂请杨修至帐中问曰："公何收拾行装？"读者此时也被蒙在鼓里，这是代读者一问。**修曰："以今夜号令，便知魏王不日将退兵归也。鸡肋者，食之无肉，弃之有味。今进不能胜，退恐人笑，在此无益，不如早归，来日魏王必班师矣。故先收拾行装，免得临行慌乱。"**（582页，下同）真的至于"临行慌乱"吗？恐怕此处杨修之意不在几件行装，乃在猜中魏王心意的自得。这点自得不令人知，则不够享用。**夏侯惇曰："公真知魏王肺腑也！"**岂不知正是这句话让杨修送了性命。奸雄心事贵在莫测，岂能令人知之？以下三件事无不围绕这句话而来，小说家实是借夏侯惇之口点明主旨要害。

叙事再次接续曹操前文的犹豫不决，写他心乱不能安睡，手提钢斧绕寨私行，遂发现端倪。修以鸡肋之意相对时内心大概得意非凡，以为像上一回猜赌“绝妙好辞”时会得到一句“正合孤意”的夸奖，没想到转瞬间身首异处，头被悬在了辕门之外。这一形势的剧变，连读者也要怔愣不已。

小说紧接一行：**原来杨修为人恃才放旷，数犯曹操之忌**。最妙在“原来”二字，令读者为杨修之死讶异不平、满怀愤懑时，才娓娓道出原委。想想看，《三国演义》成书历数百年说书艺人、民间文人的加工润色，要吸引人来听来看，恐怕“且听下回分解”和“原来”两语是看家本领，前者留扣子，后者抖包袱，用现代叙事学术语叫作“伏笔”和“倒叙”。

恃才放旷：倚仗（自己的）才能而对自己的行为不加约束。以下三个事例无不围绕这个词展开：猜出园门之意，遂明示于众匠人；看到“一合酥”三字，“竟取匙与众分食”，还美言“岂敢违丞相之命？”；曹操梦中杀人不欲人知其诈，修偏偏点明其意。这三个故事的张力在于一面是杨修的洋洋自得，一面是曹操的虽喜实怒——“**操虽称美，心甚忌之**”“**操虽喜笑，而心恶之**”“**操闻而愈恶之**”。

此三件事，曹操本欲使他人不知而炫己之能，却为杨修所破借来逞己之能，曹操能不厌恶？恃才放旷，“放旷”者意为忘记自己的身份，更忘记曹操的身份、性情。

上文提纲挈领句“数犯曹操之忌”，曹操之忌第一桩便是比自己聪明，知道自己的心意，小说家以三事佐证；第二忌则是身后事，而杨修恰恰参与了曹丕、曹植的争宠，小说家再以三事佐证。细读后三事，唯第一事修有过失，知曹丕密请朝歌长吴质，“径来告操”，“径”一字，是不加思量，既没和曹植商量，又没考虑安危，犹如便服临阵，直面刀枪。毛宗岗在其后批注：“操即不杀修，修后必为丕所杀。”（按《三国志》记载，后曹丕继位，果然杀了和他共同辅佐曹植的丁仪，可为毛宗岗推断的佐证。）

其后两事，一为斩吏出门，一为为植做答教小抄儿，本质上并没错误，只是聪明外露，被曹丕阴袭，是修与植二人不知政治险恶，不知曹操奸雄心思。小说至此，回扣一句：**“此时已有杀修之心，今乃借惑乱军心之罪杀之。”**

此种倒叙之法，赚尽读者眼球，使人先错愕、愤怒，而后叹息“原来如此”；比之以时间延续而平叙之，更让人多生几分醒悟——“凡有聪明而好露者，皆足以杀其身也”——明代李贽读此事就有所感。这种叙事法上的设计使得《三国演义》这部小说脱离了打打杀杀、阴谋阳谋的娱乐功能，不明言教化而有教化之功。

小说倒叙之后又转为正叙，不以杨修被杀而为终结，而以曹操悔杀杨修而终结。话说曹操好面子，强而进兵，大败之际被魏延射中失却门牙两个，“方忆杨修之言，随将修尸收回厚葬，就令班师，却教庞德断后”。杨修“身死因才误”，名传也是“因才彰”，这种叙事方法可谓“繁花之上再生繁花”。又，七十二回回目“诸葛亮智取汉中 曹阿瞒兵退斜谷”主线是蜀魏汉中争夺战，杨修之事不过是插叙，写曹操“方忆杨修之言”是将叙事又拉回主线。插叙有摇曳生姿之功，正叙有擎天巨木之稳，如此穿梭自然，令人佩服。

“鸡肋”事件，见于《三国志·武帝纪》裴松之对于汉中之战的补注中，原文采自《九州春秋》，但未写此事之后曹操即杀杨修。按照《三国志·陈思王植传》中裴松之引《典略》的补注记载：**“植后以骄纵见疏，而植故连缀修不止，修亦不敢自绝。至二十四年秋，公（曹操）以修前后漏泄言教，交关诸侯，乃收杀之。修临死，谓故人曰：‘我自故以死之晚也。’其意以为坐曹植也。修死后百余日而太祖薨。”**这就表明曹操杀杨修在他自汉中退兵三四个月之后，而不是退兵之前。也可以推断杀杨修的决定是在他病重期间作出的，目的是剪除曹植的羽翼，以巩固他的接班人曹丕的统治。小说家在处理这个史实的时候，淡化了曹操的这一安排，戏剧性地将杨修之死连缀在鸡肋事件之后，然后写曹操强而进兵再次失败，为汉中争夺战添一道曲笔。这是移花接木，剪裁之妙；是“文似看山不喜平”的叙事之妙。

说完七十二回本身，再将其放在与其他章的关系中去考量。“杨修之死”实则前有风信，后有余波。

风信，毛宗岗的叫法是“**将雪见霰、将雨闻雷**”①（7页），意为将有一段正文在后，必先有一段闲文以为之引。此处写杨修之聪，先在前一回，即七十一回蔡文姬事中，与曹操共猜蔡邕碑刻之谜。才女蔡文姬猜不出来，众谋士猜不出来，曹操也要“上马行三里”才能猜出来，唯独杨修立时便知。更妙的是这绝妙好辞正是一位少年天才邯郸淳十三岁那年所作，“文不加点，一挥而就”，杨修敏悟大抵与此神童相类。再妙的是此段结尾“**众皆叹羡杨修才识之敏**”（573页），岂不知下一回断头悬首正因为此。再往前看，小说六十回“张永年反难杨修”又是一处闲文，有修“**自恃其才，小觑天下之士**”（478页）一笔与七十二回“恃才放旷”遥相呼应。

余波，毛宗岗名之“**浪后波纹、雨后霡霂**”②（8页），意为文前有先声，文后必有余势。此处余波指的是曹操既杀杨修，一日遇见其父杨彪，问他为何看起来如此消瘦。杨彪则绵里藏针地回答说：“愧无日磾先见之明，犹怀老牛舐犊之爱。”操为之改容谢之。这段故事引自《后汉书·杨彪传》，成语“舐犊之爱”就出自于此。同一回目之中，有曹操作为父亲炫耀黄须儿，教导黄须儿；又有他为了政治利益而残忍杀害别人的儿子，伤

① 罗贯中，毛宗岗，《毛宗岗批评本<三国演义>》[M]，长沙：岳麓书社，2015年，7页。
② 罗贯中，毛宗岗，《毛宗岗批评本<三国演义>》[M]，长沙：岳麓书社，2015年，8页。

父亲之心。此笔若在此回急写，一来小说旁逸太多，使人忘却汉中之争的主线；二来感情的沉淀不够，越是写曹操杀人当下不能体他人伤痛，越是在其后闻“舐犊”之语深为惭愧——“改容谢之”的“谢”是道歉的意思。杀其子而不知其父为何消瘦，读来令人惊悚；令人想起吕伯奢之死，被借了头的粮官之死，不禁深感奸雄之恶毒，深恶政治之丑恶。

上文所述，杨修之死散见三回；以第七十二回为坐标，又有世子之争散见在三回之内：第六十八回曹操封魏王后从贾诩言立丕为世子、七十二回借杨修之死回溯世子之争，又有七十九回“兄逼弟曹植赋诗”作为余波。若再寻章，又有杨彪事散见三回：一是第六回阻谏董卓迁都被贬为庶民；二是第十三回施反间计欲治李傕、郭汜；三是第二十回曹操虑其与袁术姻亲之谊将其下狱，后得孔融劝阻放归田里；后来这一笔就是曹操因杀杨修向杨彪道歉——父子二人，见证了政治家曹操的阴暗面。

按照毛宗岗的理论，这种散见各章、断断续续的写法有“**横云断岭、横桥锁溪之妙**”[①]（7页），这样做避免了连续叙事造成的过实、过笨之感，使文势错综变化，读者也充满发现的乐趣。“五关斩将、三顾草庐、七擒孟获”有连出重拳的冲击和过瘾；世子之争散见各章则令读者有寻寻觅觅、自我介入的快感。这都是叙事之妙。

只是毛宗岗论《三国演义》文章之妙，止于“故事讲得吸引人”；其实叙事之妙除了在乎情节的好看，也在乎笔法本身能否为塑造人物服务。再次回思七十二回的情节：用杨修之死这一曲笔再写曹操之败，是为了写诸葛亮之智；写黄须儿是写曹操为父，写杨修之死是写曹操为将、为魏王，写此二人实是写曹操。除了对主要人物起到塑造作用，杨修、曹植、曹彰、曹丕也都有其独立的审美价值。杨修身上那种强烈的安全感，或称

① 罗贯中，毛宗岗，《毛宗岗批评本<三国演义>》[M]，长沙：岳麓书社，2015年，7页。

为对危险的不自知，是因为他“世代继簪缨”，其祖上自杨震始，四世为国家重臣，其父杨彪官至三公，声望之高，连曹操也不敢轻易加害。看杨修大胆揭露曹丕，其举动之冒失让人遥遥想起袁绍当年敢和屠夫董卓叫板。再看他“**笔下龙蛇走，胸中锦绣成。开谈惊四座，捷对冠群英**”（600页）。才思如此敏捷，能够七步成诗的曹植当然愿意攀以为友。因此写杨修也是写曹植，二者互为映带。只是这一团队输就输在了文学技艺惊人，却不知人性之深、权谋之叵测。最典型的事件是在第六十八回，曹操出征，植以文辞夸王之能，而丕却暗暗流泪以动曹操之情。这是将曹植与曹丕对写。作为建安文学的代表人物，曹操何尝不为植之才而动心？作为政治家，他最终却还是选择了阴鸷但稳重的曹丕为嗣。曹操的犹豫正是因为他的身上既有曹植的浪漫，又有曹丕的心计，写二者也是在写曹操。红学研究者尝谓晴雯为黛玉陪笔，袭人是宝钗映带。《三国演义》中的人物何尝不有类似的主笔、陪笔？

思辨读写

编辑文章：

《三国演义》中关于杨修的记录散落各处，如果要编辑一篇《杨修之死》的文章，为了充分反映杨修之死的原因，你会将哪些内容编辑进去呢？

写作加油站：

小说第七十二回重点写曹操在汉中战场上局势不利，心中烦忧：操屯兵日久，欲要进兵，又被马超拒守；欲收兵回，又恐被蜀兵耻笑，心中犹豫不决。适庖官进鸡汤。操见碗中有鸡肋，因而有感于怀，遂以“鸡肋”为夜间口号。写战争大势，竟以一碗鸡汤、一块鸡肋写起，这是举重若轻之笔，“风吹草动”之法。正如电影中描述一场战争，往往并不直接展现大场面，而是先从马蹄震动下小草的摇动写起。你在讲述大事件前，也可以从“萍末微风”“蝴蝶翅膀”写起。

阅读加油站：

读毛宗岗《读三国志法》选段，为其断句。

凡叙事之法此篇所阙者补之于彼篇上卷所多者匀之于下卷不但使前文不拖沓而亦使后文不寂寞不但使前事无遗漏而又使后事增渲染此史家妙品也

参考答案：

凡叙事之法/此篇所阙者补之于彼篇/上卷所多者匀之于下卷/不但使前文不拖沓/而亦使后文不寂寞/不但使前事无遗漏/而又使后事增渲染/此史家妙品也

故事与故事组合会形成一加一大于二的效果。这样写作难度更高，阅读乐趣也高。试举两例看看章回内部的故事是如何组合在一起的。

第二十讲

章回叙事

小说家如何组合故事——《三国演义》的故事串效应

阅读导引

阅读回目：

第二、六十回

阅读指导：

长篇小说往往时空穿梭，尤其需要考虑故事与故事的排列组合。读完整本《三国演义》后，不妨翻看章回目录，思考故事与故事怎样交叠在一起，会产生一加一大于二的效果。

阅读支持：

张松：蜀郡成都人，建安十三年，为益州牧刘璋别驾从事，被派遣至曹操处而不为其所存录，因而怀怨恨。回蜀后，劝刘璋与曹操断绝关系，并说服刘璋连好刘备；其后，与法正密谋奉刘备为主。又说服刘璋迎刘备以击张鲁，皆为璋所采纳。建安十七年，暗助刘备，为其兄张肃所告发，刘璋怒而将他斩杀。

《三国演义》是我国第一部长篇章回体历史演义小说，后世明清小说多以章回为体例。少年读书时曾经纳闷，有的回目表述的是同一件事或者相邻的两件事，这种按照时间线性叙事的方式很容易理解；可是，有的回目表述的是完全不同的两件事，比如第八十回“曹丕废帝篡炎刘 汉王正位续大统”，那为什么不放在两回中去讲呢？后来才琢磨出：故事与故事组合会形成一加一大于二的效果；这样写作难度更高，阅读乐趣也更高。

以第二回为例，“张翼德怒鞭督邮 何国舅谋诛宦竖”这两件事为何放在一回里？粗看的话，两部分是这样连接的：督邮被鞭后，太守差人捕捉。玄德三人往投代州刘恢。恢留匿在家不题。**却说十常侍既握重权，互相商议，但有不从己者诛之。**（14页）“不题”意为“按下一头”，“却说”则“开启另一头”。看似只是话分两头说，但细看就知道作者为何将这两件事放在一起了。

小说第一回“斩黄巾英雄首立功”，重点写东汉朝廷镇压黄巾起义，诸多英雄立功。第二回实际上是第一回的余波。

张翼德为何会怒鞭督邮？不仅在于督邮个人的跋扈，这口恶气早已远远地埋下了。先是朱儁、孙坚等除黄巾功臣各受封赏，“**惟玄德听候日久不得除授**”（12页）。

三人郁郁不乐，上街闲行，正值郎中张钧车到。玄德见之，自陈功绩。钧大惊，随入朝见帝曰：“昔黄巾造反，其原皆由十常侍卖官鬻爵，非亲不用，非仇不诛，以致天下大乱。今宜斩十常侍，悬首南郊，遣使者

布告天下，有功者重加赏赐，则四海自清平也。”（13页，下同）这是借由张钧之口点明汉末大乱，根源在宦官。可是其时宦官势力正盛，寸舌之力就令皇帝逐了张钧，更为可怕的是深谙吏道，一眼就看出“**此必破黄巾有功者，不得除授，故生怨言**”。这才有了权宜之下，玄德受了微官县尉。署县事一月，与民秋毫无犯，民皆感化。能够造福一方本来也是好事，结果**到县未及四月，朝廷降诏，凡有军功为长吏者当沙汰，玄德疑在遣中**。这是十常侍操纵下的朝廷卸磨杀驴，有能力的人当官，对于这些蠹国之人并没什么好处。督邮先问玄德出身，再以沙汰相威胁，无非想索要贿赂。这一举动，遥应上一回中卢植被囚。可知国家在十常侍掌控之下，已经被蠹蚀到了何种地步。从上一回到这一回，小说家一手写黄巾战争表现国家衰微，一手写宦官祸国乃罪恶之源——有功的卢植被谗，有过的董卓被赏，义愤的张钧被逐，实干的刘备见欺；弓箭越拉越满，先有“张翼德怒鞭督邮”这一小射，再有“何国舅谋诛宦竖”这一大爆发。纵观整回，虽然上半回发生在河北定州小县衙里，下半回发生在汉灵帝宫中，前后时间也差了几年，但是都有一个共同的线索“十常侍”。这就是话分两头说，但“精神”为一体。

再举六十回“张永年反难杨修 庞士元议取西蜀”为例。这一回的主要内容是张鲁威胁之下，刘璋领衔的西蜀即将生变。

刘备迎张松之事不见诸《三国志》正史，裴松之以《吴书》补注之：**备前见张松，后得法正，皆厚以恩意接纳，尽其殷勤之欢。因问蜀中狭阔，兵器府库人马众寡，及诸要害道里远近，松等具言之，又画地图山川处所，由是尽知益州虚实也。**[①]张松是否曾去见过曹操，《武帝纪》未提，裴松之引《益部耆旧杂记》中记载了这个故事——“**刘璋遣诣曹公，曹公**

① 陈寿，《三国志》[M]，北京：中华书局，2006年，526页。

不甚礼。”[1]

为了使故事能够呈现组合效应，小说家先是从历史繁河中提炼出了张松这个线索人物，改易史实，设定他原本就画好了西川地图准备倒戈；再沿着这个人物，提炼出两组互相对立的故事：一是曹操傲贤慢士，乱棒打走了张松，刘备礼贤下士获取了西川之图；二是张松、法正卖主求荣，黄权、王累苦谏刘璋。夹在这两组故事中间的还有一组故事：张松、法正建议刘备摆下鸿门宴立取西川，刘备以其恩信为例不愿意遽然动手。

为了彰显对比的效果，小说家发挥想象，增添了很多细节——

“曹公不甚礼”，怎么不甚礼？“**每日去相府伺候，求见曹操。**”“**张松候了三日，方得通姓名。左右近侍先要贿赂，却才引入。**”（477页）这是以手下人之傲慢写曹操之傲慢。正面接触时，张松欲拿西川卖个好价钱，极言天下不太平；而曹操新破马超回，正傲睨得志，心中最骄傲事乃天下新定——二人话茬针尖对麦芒。再是曹操沙场点兵扬军容之盛，张松驳以吾蜀中“**但以仁义治人**”（479页）。曹操炫耀昔日战功以作威胁，而张松驳以华容道逢关羽、割须弃袍于潼关之败绩作羞辱——二人这是铁盆碰上铁刷子。看来张松虽是小人，却无法以“硬”得之。

“**备前见张松，后得法正，皆厚以恩意接纳，尽其殷勤之欢。**”什么叫“**尽其殷勤之欢**”？小说家极尽想象之能事。写张松未到界口，为首一员大将赵云已经等候多时了；“**军士跪奉酒食，云敬进之**”（480页）。到了荆州界口，早有百人侍立，击鼓相接，另一员大将关云长已经洒扫驿庭，恭候歇晚。次日早膳毕，上马行不到三五里，又见玄德引着伏龙、凤雏，亲自来接。遥见张松，早先下马等候。这样的规格，能不令张松受宠若惊？这样的三接，与曹操处“三日才通姓名”自然是云泥之别。

---

① 陈寿，《三国志》[M]，北京：中华书局，2006年，527页。

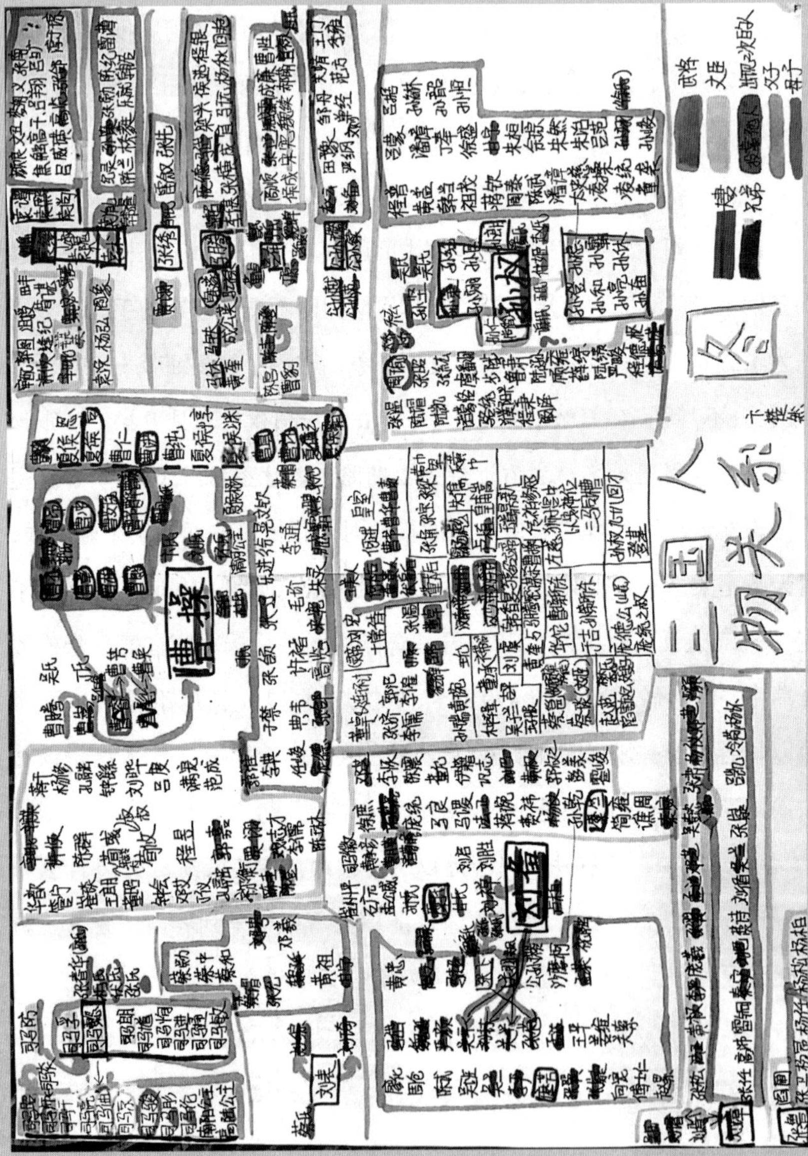

学生阅读作业

卞楚然 绘

最妙的还在其后的对谈。饮酒间，玄德只说闲话，并不提起西川之事。待张松以言语挑之，庞统以言语相接，玄德又一语漾开：“**二公休言。吾有何德，敢多望乎？**”（481页，下同）张松再挑，玄德再谦。自此一连留张松饮宴三日，并不提起川中之事。松辞去，玄德于十里长亭设宴送行。**玄德举酒酌松曰：“甚荷大夫不外，留叙三日，今日相别，不知何时再得听教。”言罢，潸然泪下**。这是以眼泪为钓钩，以宽仁爱士为钓钩，终于钓得张松自己开口奉上西川。又以蜀道崎岖数语，钓得西川地图；直至钓得法正、孟达一干人等。只因一人倾心，蜀道变了通途。看来小人之心，非得以“软”得之，软语温存，眼泪霖霖。曹操逞强，刘备示弱；曹操对之以直，刘备待之以虚；曹操败而刘备胜。

这个故事组合，小说家的意图非常鲜明，即是通过曹操与刘备的对比，突出得士者得天下的道理。正是在同一回中，小说家甚至借刘备之口直接点明这一点。

玄德曰：“**今与吾水火相敌者，曹操也。操以急，吾以宽；操以暴，吾以仁；操以谲，吾以忠：每与操相反，事乃可成**。”（484页）这是叙事最终回到了塑造人物身上。

故事组合的暗线在哪儿？六十回一开始即写道：“**松乃暗画西川地理图本藏之，带从人数骑，取路赴许都。早有人报入荆州，孔明便使人入许都打探消息。**”（477页）结尾写道：“**孔明命云长等护送数十里方回。**”（482页）原来这一切都是孔明导演的一出戏，赵云、关羽、刘备、庞统人人都是演员，而张松却在其中动了真情。

这一回中的其他两组故事，感兴趣的可以自己去看。总之，通过这三组故事的组合在情节上使西川版图山雨欲来风满楼，在人物塑造上使不同的人物形象、人生选择鲜明悦目。

至于前文所提第八十回“曹丕废帝篡炎刘 汉王正位续大统”，也如上文一样是将曹魏与蜀汉对应着写，本书在“禅让”一文中有提及。再如第八十五回“刘先主遗诏托孤儿 诸葛亮安居平五路”写刘备白帝托孤后，魏、吴窥蜀，转到诸葛亮安居平五路；魏、蜀、吴三方互相窥伺，小说中有多个故事的组合都是以三方互动连接在一起的。还有如第十八回“贾文和料敌决胜 夏侯惇拔矢啖睛”，第五十九回“许褚裸衣斗马超 曹操抹书间韩遂”，这两回都是将文士谋略与武将英勇两相对照着组合在一起。总之，章回内部的组合颇多耐人寻味之处，有兴趣的可以自行分析，也可以在自我创作中挑战这种有趣的组合法。

思辨读写

思考：

《三国演义》第十八回“贾文和料敌决胜　夏侯惇拔矢啖睛”、第三十八回“定三分隆中决策　战长江孙氏报仇”是以怎样的方式组合在一起的？起到了怎样的效果？

写作加油站：

小说第六十回“张永年反难杨修　庞士元议取西蜀”，以张松在曹魏和西蜀的不同境遇作为故事的明线，以张松密谋献图，被诸葛亮探知为暗线，明暗线交织，使读者兴致盎然。《水浒传》中第十五回“杨志押送金银担　吴用智取生辰纲”故事组合方式与此类似，明写杨志押送，暗写吴用一伙巧夺。在写作中，你也可以试试这种明暗交织的写作方式，会使你的故事充满悬念和阅读乐趣。

阅读加油站：

1. 读《三国志》裴松之注选段，解释加点词意思：

备前见张松，后得法正，皆厚以恩意接纳，尽其殷勤之欢。因问蜀中狭阔，兵器府库人马众寡，及诸要害道里远近，松等具言之，又画地图山川处所，由是尽知益州虚实也。

（1）因问蜀中狭阔：________________

（2）松等具言之：________________

2.《杨修之死》三部分情节，你觉得如何排列更加引人入胜？选择后写出你的理由。

A.（一）（二）（三）

B.（三）（一）（二）

C.（二）（一）（三）

D.（二）（三）（一）

备注：《杨修之死》三部分情节：（一）因鸡肋事件杀杨修；（二）修恃才放旷数犯曹操之忌；（三）曹操兵败厚葬杨修。其中第二部分是插叙，以“原来杨修恃才放旷”开头。

参考答案：

1.（1）于是 （2）详细

2. A

跋

以活动激发阅读兴趣
以习题提升阅读品质

——《三国演义》整本书阅读教学设计

2018年8月19日，我受邀在人民教育出版社举办的第十二届“人教杯”名著阅读经验交流暨成果展示会上，做专题发言，受到与会专家的肯定和台下同行的欢迎。

现将发言稿呈现如下，分享给更多的教师同行，以及中小学生和家长。

《三国演义》整本书阅读，可以用这样两句话来概括：“以活动激发阅读兴趣，以习题提升阅读品质”，这两句话外显的主语是“《三国演义》整本书阅读教学设计”，内在主语是“语文教师”，其实在整个《三国演义》阅读教学的过程中，我一直在思考的是语文教师在整本书阅读教学中的作用。

首先，语文教师应该是先读者。教师自己对阅读有深刻的领悟，才有可能知道这本书真正的闪光点，并带领学生将这些金子挖掘出来。比如我自己在阅读《三国演义》的时候，写了六万多字的阅读笔记，后面四十回的笔记还在继续中，诚心觉得这本书带给我巨大的收获，在整个阅读教学中我都怀着一种热望，希望将这本书的精彩传递给学生。自己的阅读体验使我时而冒出灵感，设计出一些点子激发学生阅读兴趣，也使我原创阅读习题感觉不费力，甚至饶有趣味。

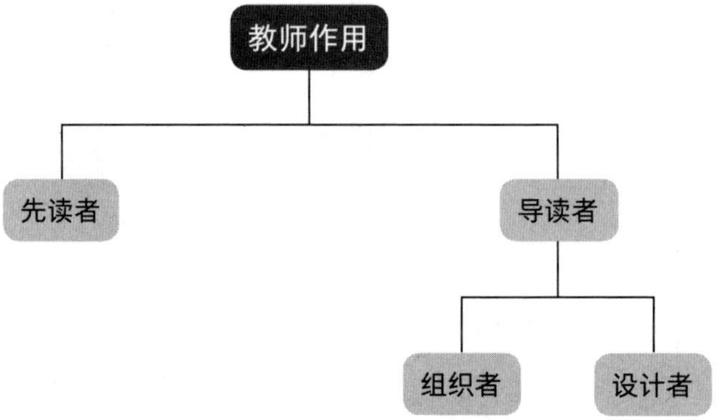

图1　教师在阅读引导中的作用

其次，语文教师应该是导读者，即阅读活动的设计者、组织者。其中一项工作就是整合资源，进行专题教学。“资源”指的是语文教材和自读课本中所有与“三国”相关的篇章、诗词，以及《三国演义》这本小说和裴松之注版的《三国志》。比如说教材中的《南乡子·登京口北固亭有怀》与《江城子·密州出猎》都引用了孙权的典故，我就将其放在这个专题处理；从裴注版《三国志》中能够找到“孙权射虎”这个典故的原文，就可以拿来给学生自己读。再比如说对于阅读梯度的设计：整个阅读历程经历了暑假的自由阅读，开学后的教师导读、生生共读阶段，最后达到运用所学自主阅读、拓展阅读的阶段。这个过程就是教师逐渐放手，教会学生读、激发学生读的过程，可谓一场精心设计的目送。

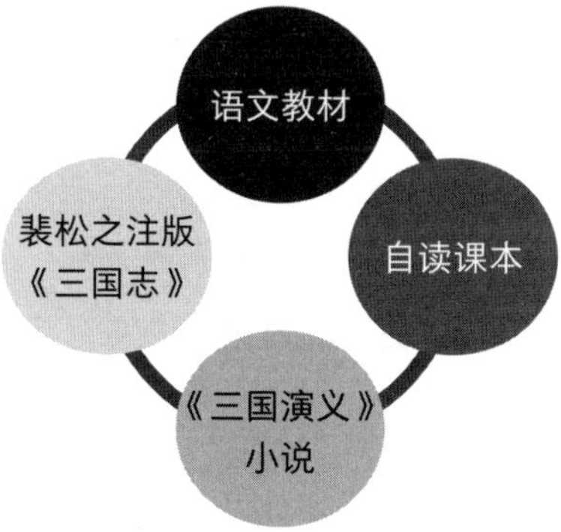

图2　整合资源，专题教学

一、以活动激发阅读兴趣

这里的“活动”是广义的，指“听、说、读、写、画、演”等一切能让学生动起来的、灵活的学习形式，当然，这一切都是以“读”为核心的。

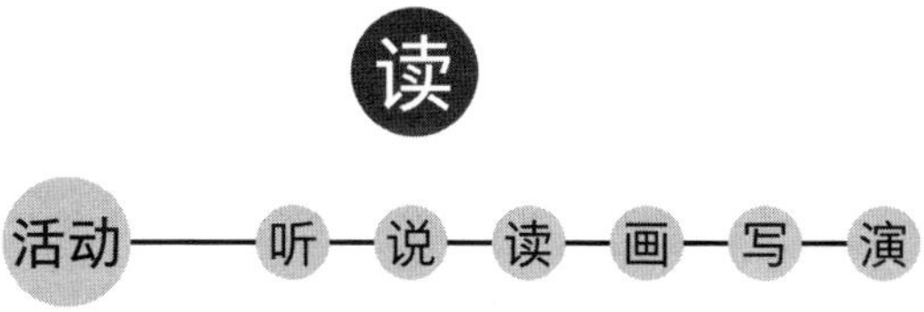

图3　以活动激发兴趣

我将阅读按照教师介入的深浅分为了以下几个课型。这几个课型的递进正是教师一步步放手让学生阅读的过程。教，教学生的是阅读方法；引导，导向的是学生的阅读兴趣。

表1 整本书阅读中的几种课型

阅读课型	篇目
教读	《出师表》《隆中对》 《南乡子·登京口北固亭有怀》和《江城子·密州出猎》(均含有孙权典故)
教师引导下自读	《青梅煮酒论英雄》《刘玄德三顾茅庐》《诸葛亮舌战群儒》
自主阅读表演展示	桃园三结义/青梅煮酒论英雄/三顾茅庐/舌战群儒/蒋干盗书/华容道义释曹操/白帝城托孤/空城计/邓芝使吴/曹操结好关云长关公挂印封金/非常君臣：孙权与周泰
1+X 拓展阅读	通俗史书《易中天品三国》、文史散文《品三国文人》之“曹操、嵇康”章节、小说《三国配角演义》

“教”，教的是读书方法

“导”，导的是读书兴趣

以《三顾茅庐》为例谈一谈“教师引导下的自读”课型如何处理。“三顾茅庐”这出精彩的故事，最突出的艺术特色就在于不厌其烦的人物铺垫和环境渲染，我列了表格引导学生梳理、体会这一点，这是必做题目。在选做题目部分我设计了四个角度的写作任务，都配有“教师指导”，比如，“角度三：从诸葛亮的朋友和他自己的口中你感受到诸葛亮的志向是‘隐逸’还是‘入世’？”配有的教师指导是：“要格外关注小说中的人物所唱的诗词。”到了《青梅煮酒论英雄》又换了一种方式导读。老版电视剧《三国演义》这一段落完全遵照原著去拍，新版的《三国》这一段加了不少台词和戏份，我为学生播放了影视片段，请学生讨论孰优孰劣。再组织辩论：曹操请刘备赴的这次酒宴，是不是“鸿门宴”？导学卷上给了“鸿门宴”的语文知识，辩论之前我要求学生把自己的观点和依据在导学卷上梳理，再发言。这些经典片段的教师领读，都是希望能够以点带面地教会学生怎样去阅读《三国演义》，在读的时候应该注意些什么。

表2 《三顾茅庐》导学局部

次第	时间	景色	所遇人物	出场作用
一访	夏日	特点： 作用：	司马徽	
			农夫	
			崔州平	
二访	隆冬	特点： 作用：	石广元	
			孟公威	
			诸葛均	
			岳父	
三访	新春	虽遇孔明，犹在高卧		

渲染气氛 表现人物

必做题目 梳理重点

表3 选做题目 深入思考

角度一	小说是如何正面表现刘备“思贤若渴”的？ 教师指导：要充分研读刘备的语言描写、动作描写，在写作时可适当摘引原文进行。
角度二	小说是如何侧面表现刘备的“思贤若渴，礼贤下士”的？ 教师指导：可以从关张二人的侧面衬托、景色衬托、所遇人物铺垫几个方面或详或略进行分析。
角度三	从诸葛亮的朋友和他自己口中你感受到诸葛亮的志向是“隐逸”还是“入世”？ 教师指导：可以关注一下几个方面：不同人物对诸葛亮的评价，他自己的语言和行为，小说中的各种诗词。
角度四	罗贯中为何如此浓墨重彩描写“三顾茅庐”？如果是你来写小说，你会怎样写？ 教师指导：这个角度需要了解罗贯中的写作背景，思考“三顾茅庐”的传播效应。如果你自己写作，你需要有一个明确的写作目的，比如你想表现什么。

选做题目 深入思考

（续表）

角度五	小说中借司马徽之口说出“何又惹他出来呕心血”，你觉得诸葛亮是否会因他“走出隆中”而后悔？ **教师指导：这个角度既需要发挥想象，又需要结合小说中的相关情节，更需要从情节中去体会诸葛亮的性格，如此，才能使你的想象显得有理有据。**

下面再谈“自主阅读 表演展示”的课型操作。先在班内结小组，展示，各班再推举优秀的组到年级去展示。这次三国片段的展演，准备时间非常仓促，但是孩子们的热情还是给老师带来了很大的惊喜。在没有要求的情况下，很多小组几乎是一夜之间就自发借来了戏服。比如“舌战群儒”小组，女版“诸葛亮”穿着长袍，摇着羽扇，将两千来字的台词说得流利又从容，小组间磨合出的辩论气场如此强大，作为老师的我被深深地感染了。再比如表演“青梅煮酒论英雄”的两个小组，一组找来了一棵梅树，一组借来了一个酒器。又比如表演“蒋干盗书”的小组，扮演“蒋干”的学生为人物设计的表情以及袖着手的肢体动作，无处不体现出他对人物的揣摩。还有的小组在演完正剧“青梅煮酒”后，又演绎了一版学校内论英雄，评点了他们的诸位老师和同学。我觉得只要没有恶搞，让经典活在当下，恰恰体现了学生对这个典故的喜爱。

除了这几种课型，我还组织了其他活动来激发学生兴趣。学习初期我布置学生绘制《三国演义》人物关系图。考虑到这个学习任务的难度，布置作业时设置了弹性，可以画三国中一方或是事件中的人物关系图，实在有困难，抄一遍网上现成的关系图也算完成作业。收上作业，也收获了很多惊喜。有的学生画完图后像地图一样标示了图例，注得非常详细，比如有一个图例是“投靠他人，出现两次的人”，凡是这种图例，他都在图中用蓝笔标注了。看到这儿，我简直可以想象学生多么认真地去翻书。还有

学生表演《三国演义》片段　　方维钧　夏启瑞　演出《青梅煮酒论英雄》

图4　准备的道具各有奇招

的学生绘制的人物关系图信息非常丰富，在孙权的阵地画了水和舟，表现了他所据的地利；在曹操和孙权这两个人物之间用双向箭头标注了二者关系，一个方向标注“欣赏”二字，一个方向标注“他和他的团队重创了”几个字，虽然稚嫩，但看出了学生的思考。这份作业的作者是一个语文成绩平时比较靠后的孩子，但是这次的学习任务激起了他的兴趣。再看吕布的画像，头戴的是紫金冠、手里拿的方天画戟也真的有两个小枝，足见他的细心。再比如，有的学生专门画了赤壁之战关系图，不仅把其中的经典故事表现得很清楚，而且每个人物形象不仅头饰、帽饰准确，甚至表情都十分到位，比如，蔡瑁、张允画的是流泪，曹操是志在必得的得意，刘备是满脸忧惧，从隐约看出的铅笔线稿可以感受到学生的反复设计。

阅读深入期，我又布置了为三国人物画像这项作业，目的在于引导学生精细研读文本，揣摩人物形象。考虑到不是每个学生都擅长画画，我布置成了选做作业，鼓励原创，也可以参考甚至照着网上的资源画。下面挑选几幅年级中的优秀作品来品析：

第一幅荀彧的画像，服饰和低头行礼的体态都表现了他是汉臣而非曹臣的政治立场；第二幅形式感非常强烈，一面表现关羽的赤胆忠心，另一面又表现了他的刚愎自用；第三幅黄忠，须发表现老龄，阔肩表现健壮，画面前部着意突出的弓箭表现他的神勇，没有认真研究过人物不会表现得这么准确；第四幅董卓，小作者在眼神上花了心思，用斜视和挑眉表现董卓的唯我独尊。还有的学生参照了网上的剧照画，或是直接根据动漫形象画。

这并没有关系，完全原创对美术才能的要求很高，但学生挑选图片的过程、临摹的过程本身就是对人物的体悟、理解，既是一种美术表达，也是一种阅读表达。我们还在课堂上交流谈论这些画，比如为什么用红蓝双色表现关羽，再如为什么在众多曹操的剧照中挑选了这幅来临摹，它表现了人物怎样的性格，用色和影视形象不同，出于何种考虑。讨论的过程就是学生之间思想碰撞的过程，这引起一些学生饶有兴趣地再去翻书、精读。

除了这几项活动，我还要求学生进行每天5分钟课前演讲与同学交流自己阅读《三国演义》的感想，可以评说人物，议论小说手法。这是一项综合性活动，呈现的形式是口语表达，背后却是阅读理解、写作、制作PPT等多种能力的综合。每一天，每一位同学都对其他同学是一个启发、触动，学生们不甘示弱，表达欲望强烈，大部分同学的演讲质量都是中上乘的。比如有的同学，演讲的题目是“会哭的刘备”，以哭为切入点讲了

图5　学生阅读作业

刘备的哭才、哭疆、哭名，最后小结“哭”表现了这个人物怎样的性格和策略，还在拓展环节跟大家分享了他自己非常喜欢的一句写刘备的词“求田问舍，怕应羞见，刘郎才气”。5分钟演讲很容易泛泛而谈，这位同学的切入点特别好，给其他同学带来了启发。还有的同学，演讲的题目是“蜀国姜维的成败”，他援引了三幅图：《诸葛亮北伐图》《姜维进军图》《魏灭蜀之战示意图》，得出的结论是姜维的“成”在于他有卓越的战术，“败”

会哭的刘备

“甚相敬爱，便有不舍之心”“执手垂泪不忍相离”“洒泪而别”

第七回　哭来一位猛士

200年，孙策病逝，孙权“悲号”导致军心不稳，被张昭、周瑜极力挽回，险些失了社稷。

哭才

张飞醉酒打了曹豹，让吕布夺了徐州抓了刘备的俩夫人，张飞要以死谢罪，刘备说：“兄弟如手足，妻子如衣服。衣服破，尚可缝；手足断，安可续？”说罢痛哭流涕。

第十五回　哭来一位死忠

哭疆

因见己身髀肉复生，潸然流涕，边哭边对刘表说：“日月磋跎，老将至矣，而功业不建，是以悲耳！”

第三十四　哭出一片安身之地

鲁肃再次奉命来讨荆州，刘备见此，又是一场掩面大哭。诸葛亮在一旁添油加醋，使耍无赖变得有理有据。

第五十六回　哭着守住了荆州

哭名

刘备兵败新野，百姓相随不离，刘备当着十万百姓的面大哭：“为吾一人而使百姓遭此大难，吾何生哉！”，要投江而死，使“闻者莫不痛哭”，船开走了，刘备回头看到很多百姓还没有上船，又“望南而哭”

“哭告”经过刘表墓地，率众将拜于墓前，刘表英灵保佑百姓，言辞悲切，军民无不落泪。曹军追至，刘备哭着说：“举大事者必以人为本。今人归我，奈何弃之？”第四十一回这三次哭，环环相扣，层层递进，触动了百姓，将自己爱民如子、仁慈宽厚的美名传遍天下，博得令名

第十五回　哭来一位死忠

小结

刘备依靠眼泪树立起自己宽厚、仁慈忠义的形象，他不断变换着花样地哭，既感动了百姓，舍家舍命苦苦相随，又感动了文武百官，心甘情愿鼎力相助。他凭借这“三哭”，驰骋疆场，所向披靡，建功立业，打下了半壁江山，实属不易。

拓展　分享

楚天千里清秋，水随天去秋无际。遥岑远目，献愁供恨，玉簪螺髻。落日楼头，断鸿声里，江南游子。把吴钩看了，栏杆拍遍，无人会，登临意。

休说鲈鱼堪脍，尽西风，季鹰归未？求田问舍，怕应羞见，刘郎才气。可惜流年，忧愁风雨，树犹如此！倩何人唤取，红巾翠袖，揾英雄泪！

（《水龙吟·登建康赏心亭》）

图6　学生归纳总结，角度独到，让人惊喜

在于他缺乏战略眼光。这就带有研究意味了，给同学们树立了很高标准，其他同学也都想“我也要讲出点东西来”。

通过这些活动，我确实感到班里阅读《三国演义》成了一股风气。但是作为这本书的粉丝和他们的语文老师，我常常觉得这本书还有特别好的东西要分享给学生，于是就想到了用习题的形式。

二、以习题提升阅读质量

关于“以习题提升阅读质量”，我有以下三点思考：首先，我觉得应该以教师阅读提升学生阅读，因此坚持原创习题，在习题中体现自己作为语文教师的阅读思考；其次，练习题的形式灵活机动，不需要专门的文学讲座，犹如游击巷战，比较好地解决了时间有限而阅读无限的矛盾；最后，充分发挥习题的导学功能，以往一说到出题，检测功能被谈论和被应用得比较多，我这里特别想谈的是练习题对于学生阅读的引导功能。它抛砖引玉，点到为止，却让学生在自主阅读时不断实践做题时的所得。举例来说明。

比如针对开篇词《临江仙》，我们备课组就出了一组题目，其中第1题是“下列选项中与这首词属于同一词牌的是”，四个选项，四阕词都引用了三国典故，比如范仲淹的“昨夜因看蜀志，笑曹操孙权刘备。用尽机关，徒劳心力，只得三分天地”。这道题既落实了“词牌”这个语文知识点，又带着学生做了相关拓展阅读；做试卷时的阅读也是很重要的阅读形式啊，何妨轻松一点，有趣一点？

第2题，是为了对学生暑假自由阅读《三国演义》的情况进行摸底而命制的：以教材中的“孙权劝学”为例，推介一位《三国演义》中的好领导，并结合事例加以说明。这道练习题既考查学生对于情节的掌握，又需要他们对人物做出判断。后期讲评时，我又将其拓展为一道写作题目：《三国演义》中的好领导、坏领导。留的是选做作业，交的同学却不少。我想这个思考的角度是学生喜欢的。

又出了一组共5道题是源自于我自己的阅读感触。与其用陈述句直接跟学生说老师阅读时如何如何，不如用练习题，让学生带着悬念和思考一起读读。第1题：关公遇害后阴魂不散，与老僧普净一番对话后魂魄才得以归天。有人认为这个情节是封建迷信，也有人认为这个情节安排得很有价值，你支持哪种观点，阐明你的理由。老僧普净的话中有一句是："今将军为吕蒙所害，大呼'还我头来'，然则颜良、文丑、五关六将等众人之头，又将向谁索耶？"这本小说一面大张旗鼓地歌颂关公的神武，另一面又对他的残暴进行了批判。

第2题：以填空的形式引导学生关注小说对战争残酷性的反思，第一处是诸葛亮七擒孟获，看到火烧藤甲兵的惨状垂泪叹息："吾虽有功于社稷，必损寿矣！"第二处是徐庶反驳庞统："那此间八十三万人马，性命如何？"每次读到这儿我都想：终于有人为曹操的士兵说句话了。习题的形式是让学生填诸葛亮和徐庶这两个人名，能填出来的人不多，看来很多同学错过了这些话，通过这道题不少学生注意到了这本小说的反思精神，我觉得这就是阅读品质的提升，就是以教师的阅读引导学生的阅读。

第3题给了一段小说选段，让学生填写这位将军的名字。这个选段讲的是吕蒙治军严明。他的一位同乡为防大雨打湿铠甲，取了民间的箬笠来盖，被他挥泪斩首的故事。读《三国演义》容易把注意力只放在曹操、刘备等一线人物身上，其实这部小说塑造的人物众多，而且每一个都很生动，通过作答这道题，我希望学生能够关注更多的人物，领会他们的风采。

第4题是《杨修之死》阅读题。这篇小说由三部分情节组成：(1) 曹操因鸡肋事件杀杨修；(2) 杨修恃才放旷数犯曹操之忌；(3) 曹操兵败厚葬杨修。其中第二部分是插叙，我在出题时将这一部分按照时间顺序放在了最前面，去掉了“原来杨修数犯曹操之忌”的“原来”二字。题目的要求是让学生给这三部分情节挑选一个最佳的叙述顺序，并说明理由。出这道题是希望他们能注意到这个故事的插叙特色。《三国演义》这部小说脱胎于说书艺人的话本，非常擅长讲故事，从情节排列的讲究就可以看出来。这道题在学生实际作答时涌现出了一批精彩又有趣的答案。

第5题是一道文言文阅读题目。在《三国演义》小说第三十六回，作者借程昱之口道出徐庶原本是一个游侠，为替人报仇而杀了人，后被朋友劫法场所救，由是感激，折节向学。在《三国志》裴松之注引《魏略》中提到了这段故事。我读到后觉得主题十分适合学生，就出成了这个课外文言小段。在阅读理解部分，让学生根据故事情节推断“折节向学”这个成语的意思。这道题的命制其实是从《三国演义》这部小说中汲取教育营养，以语文的方式哺育给学生。

用习题的形式让学生与小说对话，就是让学生带着问题思考，而不是平铺直叙地填鸭；就是在激发学生的阅读兴趣，而不是耽溺于细节的考查。这些题目撒豆成兵，时而关注情节，时而关注人物，时而聚焦主题，时而又聚焦写法，虽只是一滴一滴淅淅沥沥洒到学生身上，但是润物细无声，焉知不会在某个际遇中催生出一朵花、一树果、一个春天？

而我们语文老师，无论是精心设计学习活动激发兴趣，还是命制习题提升阅读品质，都需要以阅读者的心贴近图书，以教育者的专业姿态贴近学生。阅读教学本质上来讲是师生之间、生生之间阅读感悟的传递、碰撞，以及成长。我想：我还有我的诸多同行们，要走的路还很长，要带着一颗享受的心去上路，更重要的是要一路同行。

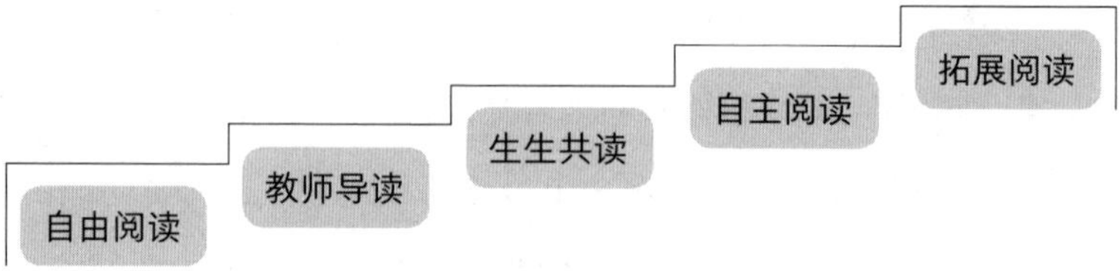

图7　一场精心设计的目送